현장에서 바로 써먹는

무역실무 마케팅

현장에서 바로 써먹는

무역실무 마케팅

최병훈 · 홍재화 지음

중앙경제평론사

머리말

이 책을 쓴 2명의 공저자는 대한무역투자진흥공사, 즉 코트라(KOTRA)에 같이 입사했습니다. 이후 최병훈은 계속 코트라에 있으면서 국내 기업들의 해외 진출을 지원하였고, 홍재화는 1995년도에 퇴사하여 제조 및 무역을 해왔습니다.

제(최병훈)가 처음 해외근무를 하던 1990년대 중반만 해도 우리 상품의 위상은 일본 상품들과 비교 대상 자체가 아니었습니다. 한국의 대표적인 수출상품도, 대표하는 기업도 별로였습니다.

지금은 삼성과 LG가 해외 가전시장을 싹쓸이 하고 있습니다만, 당시에는 일본 가전 상품들이 매장을 수놓았고, 삼성과 LG의 가전들은 구석에 쭈그리고 앉아 별 볼일 없는 저가품 취급을 받고 있었습니다. 현재 전 세계 시장에서 우수한 평가를 받고 있는 현대자동차도 값싼 플라스틱 상품이라는 굴레에 묶여 있었습니다.

하지만 지금의 해외시장 환경은 확연히 다릅니다.

현재 우리 상품들은 세계 11대 경제 대국에 무역규모 7위라는 눈부신 '프리미엄 코리아'의 후광을 누리고 있습니다. 하지만 중저가 시장은 가성비의 대명사인 중국 상품이 휩쓸고 있고, 베트남과 인도네시아 등의 후발 개도국 상품들이 속속 진입함에 따라 더 이상 우리가 설 자리가 없습니다. 글로벌 차원의 '무한 경쟁', '총성 없는 전쟁'이 전 세계 방방곡곡에서 벌어지고 있습니다.

이제 우리 상품이 나아갈 곳은 고품질, 고가시장으로 표현되는 프리미엄 상류시장입니다. 상류시장의 진입장벽은 난공불락에 가깝습니다. 상품의 역사와 브랜드 파워, 소비자 인지도 등은 물론 참여 기업들의 시장방어 능력은 타의 추종을 불허합니다.

하지만 최단 기간에 경제 대국으로 우뚝 서도록 뒷받침한 세계 최고의 저력과 잠재력을 지닌 우리 기업들에게 프리미엄 상류시장은 못 넘을 벽은 결코 아닙니다.

코로나19 발발 직후 세계 최초로 진단키트를 만든 것도 우리 기업이고, 세계 가전시장을 초격차로 점유하고 있는 것도 우리 상품들입니다. 세계 경제 대국이라는 국가 프리미엄과 전 세계 구석구석으로 속속 확산되고 있는 비즈니스 한류가 우리 상품에 대한 해외 소비자들의 구매 의욕에 군불을 지피고 있기 때문입니다.

제가 최근 근무했던 유럽의 변방, 북유럽에 위치한 스웨덴에서도 한류의 물결은 거세게 일고 있습니다. 자발적인 K-pop 동호회 모임이 결성되어 한류의 전도사 역할을 수행함은 물론 우리 화장품과 식품의 현지 시장 확산에 앞장서고 있습니다. 이에 힘입어 우리 자동차의 현지 시장점유율은 10%, TV는 80%, 휴대폰은 40% 수준에 이르고 있습니다.

이와 같은 우호적인 환경에도 불구하고 앞으로 우리를 둘러싼 해외 마케팅 환경은 불확실성의 연속입니다. 너무나 빠르게 변하다보니 변화의 흐름을 따라가기도 어렵고 가늠하기도 어렵습니다.

따라서 우리 중소·중견기업들의 발 빠른 대응이 그 어느 때보다 절실합니다. 특히 전략적인 대응이 필요합니다. 주먹구구식으로 대응해서는 승산이 없습니다.

독자가 속한 기업의 비전 달성을 위한 중장기 전략과 전술을 마련하고 추진해야 합니다. 해외마케팅은 옵션이 아니라 필수입니다. 인구 5천만 명의 협소한 시장에만 기대서는 독자가 속한 기업이 생존할 가능성은 희박합니다.

우리의 수출시장은 250여 개국에 이르고, 전 세계 인구는 75억 명에 달합니다. 무한 시장 그 자체입니다. 인터넷의 발달에 따른 다양한 글로벌 마케팅 수단의 출현은 우리 중소·중견기업에는 기회입니다. 아마존이나 알리바바와 같은 B2B 플랫폼과 검색엔진 키워드, 원격화상회의 등의 활용 등을 통해 우리 상품의 경쟁력을 어필할 수 있는 가능성이 높아졌습니다.

이와 같은 변화의 소용돌이 속에서 우리 중소·중견기업의 맞춤형 전략적 대응 방안을 이 책에 담고자 했습니다. 중소·중견기업의 강점은 민첩성과 유연성입니다. 코로나19 진단키트를 전 세계에서 가장 빨리 만들어 중견기업의 반열에 오른 씨젠의 경우가 대표적인 사례입니다.

급변하는 환경에 맞추어 기업의 전략과 전술이 바뀌어야 합니다. 과거에 얽매이고 집착해서는 설 땅이 없습니다. 특히 해외마케팅을 담당하시는 우리 중소·중견기업 임직원들의 적극적인 변화 대응 여부에 따라 자사의 존망이 좌우될 가능성이 농후해졌습니다.

이 책은 '1부 해외마케팅 이론편'과 '2부 해외마케팅 실전편'으로 구성되었습니다. 즉, 해외마케팅 실무에 필요한 기본적인 이론과 현장 사례들로 구성하여 우리 중소·중견기업 해외마케팅 담당자분들의 활용도를 높이고자 했습니다.

하지만 미흡한 부분도 적지 않을 것이고 사례로 다룬 내용들이 독자가 처한 환경에 적합하지 않을 우려도 배제할 수 없습니다. 그럼에도 불구하고 나름 축적한 경험을 독자 여러분들과 함께 공유할 기회를 갖게 되어 감사하기 이를 데 없습니다.

아무쪼록 이 책이 독자 여러분의 업무 추진과정과 성과 달성에 조그마한 도움이라도 되었으면 하는 바람입니다. 감사합니다.

대표 저자 최병훈

차례

2장 중소기업의 전략은 달라야 한다

3장 실무진의 준비사항

4장 무역실무 준비

5장 협상 전략

6장 제품 전략

7장 가격 전략

8장 유통 전략

9장 촉진 전략

10장 정부지원 활용

1부

해외마케팅
이론편

1장

해외시장 조사 첫걸음
(탐색조사)

아무리 바빠도 해외시장 정보조사는 필수

해외마케팅의 출발점은 해외시장 조사이다.

어떤 시장에서 우리 회사 상품이 잘 팔릴지, 그 시장에 잘 팔려면 우리 회사 상품의 현지화는 어떻게 해야 할지, 어떤 유통채널을 통하는 것이 효과적일지 또는 특정 시장에 어떤 상품을 팔면 잘 팔릴지, 현지 시장 진출에 필요한 사전 구비 요건은 무엇인지, 현지 시장에서 우리 상품과 경합하는 상품들은 어떤 것인지 등을 조사해서 우리 상품의 해외 목표시장을 선정한다. 즉, 현지 시장 진출에 필요한 제반 요소를 파악하고 준비하기 위한 해외시장 조사는 해외마케팅의 출발점이다.

조사 결과가 정확할수록 우리 상품의 해외마케팅 성공 확률이 높아지는 것이 당연함에도 불구하고 실제로 우리나라의 많은 중소기업들은 해외시장에 진출할 때 해외시장 조사에 많은 노력을 기울이지 않는 편이다. 지피지기 백전불퇴라고 했다. 해외마케팅뿐만 아니라 국내 마케팅 전략 수립의 첫걸음도 시장조사이다.

시장조사 결과를 바탕으로 객관성에 입각한 대내외 환경 분석을 통해 우리 상품의 주요 성공 요인(CSF, Critical Successful Factor)을 도출한 다음 실현 가능한 마케팅 목표를 설정하고, 목표 달성을 위한 마케팅 전략을 수립하고 전략 실현을 위한 마케팅 믹스 계획을 수립하는 것이 마케팅 전략 수립 프로세스이다.

첫 단추가 어긋나면 아무리 공을 들여도 제대로 된 전략을 수립할 수가 없다. 따라서 철저하고 정확한 해외시장 정보 수집을 위해 많은 공을 들여야만 한다.

인터넷의 발달 덕분에 요즘은 해외시장 정보 수집도 참 편해졌다. 인터넷 서핑만 잘해도 값진 자료를 책상머리에 앉아서 수집할 수 있다. 불과 10여 년 전만 해도 수출입 통계자료나 해외바이어 정보를 입수하려면 KOTRA나 무역협회 등 수출 유관기관의 자료실을 방문해야만 했다. 효율적인 해외 정보 수집 절차와 정보 활용방안은 다음과 같다.

해외 목표시장 탐색조사

우리 기업이 수출할 수 있는 상품은 크게 2가지로 구분할 수 있다. 우리 기업이 제조한 제품과 다른 기업의 제품을 구입 또는 대행해서 수출할 수 있다.

본격적으로 해외시장 조사에 돌입하기에 앞서 상품과 제품의 개념 차이를 이해하고 가자. 아주 간단히 이해하자면 제품은 만든 것, 상품은 파는 것이다. 따라서 우리 기업의 수출상품은 우리 기업의 제품도 될 수 있고 다른 기업의 제품도 될 수 있다.

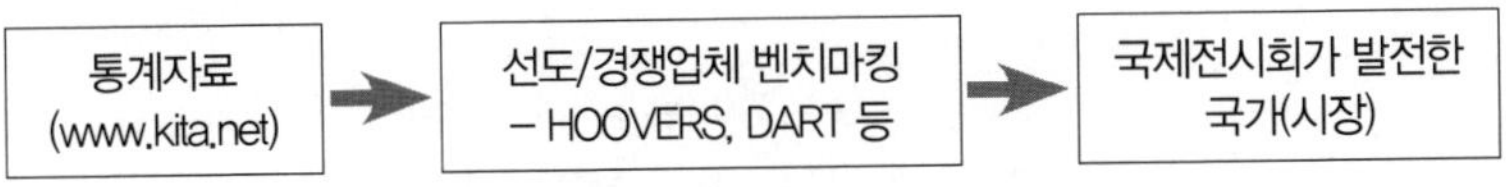

〈그림 1-1〉 해외 목표시장 선정을 위한 탐색조사

우리 기업의 수출상품이 정해졌다는 것을 전제로 수많은 해외시장에서 목표시장을 선정하기 위한 탐색조사에 나서는 것이 해외시장 정보조사의 첫 단계가 된다. 효과성과 효율성 차원에서 내가 제시하는 해외 목표시장 선정을 위한 탐색조사는 〈그림 1-1〉과 같다.

우리나라의 수출 통계자료부터 조사해 보자. 우리 기업 수출상품의 수출입 통계 검색할 때 사용 가능한 품목코드는 HS Code와 MTI Code가 있는데, 우선 HS Code 10단위(예 : 0000.00.0000)로 국별 수출 현황 자료를 최근 5개년 기준으로 뽑아보자. MTI Code 활용법은 뒤에서 다룬다.

HS Code

※ HS Code는 총 10단위(우리나라)로 구성
- 세계 공통은 6단위까지
- 국제통일상품분류체계(The Harmonized Commodity Description and Coding System 또는 Harmonized System)
- 신국제통일상품분류 : 국제통일상품명 및 부호체계)
- 관세징수 및 통계 작성

품목이 추상적, 세계 공통

MTI Code

※ MTI Code는 총 6단위로 구성
- 우리나라에서만 통용
- 산업자원부(Ministry of Trade and Industry)

* 현재는 산업통상자원부(Ministry of Trade, Industry and Energy)
- 무역 동향 분석 목적

품목이 구체적, 신규 품목 물색에 유용

〈그림 1-2〉 HS Code vs MTI Code

상위 수출 국가와 최근 수출 증가 또는 수출 감소 시장 등 유의미한 정보를 추출해 낼 수 있다. 수출통계부터 조사하는 이유는 우리

〈그림 1-3〉 HS Code로 조회한 특정 품목의 수출 상위 국가

체성분 분석기(HS Code : 9018.19.8000)의 주요 수출국 및 수출금액

(단위 : U$ 천, %)

순번	국가명	2019년		2020년		2021년		2022년(1~2월)	
		금액	증감율	금액	증감율	금액	증감율	금액	증감율
총계		**67,761**	**7.4**	**69,616**	**2.7**	**70,641**	**1.5**	**14,497**	**37.6**
1	미국	18,964	34.5	18,421	−2.9	16,845	−8.6	5,096	132.1
2	네덜란드	9,203	−8.7	15,743	71.1	12,135	−22.9	1,989	25.9
3	일본	9,172	−9.3	7,419	−19.1	9,518	28.3	1,587	−20.3
4	중국	6,237	−38.7	4,839	−22.4	5,640	16.6	766	−14.7
5	칠레	199	16.2	3,354	1,582.4	2,688	121.3	698	96.5
6	싱가포르	3,384	166.6	2,534	−25.1	2,816	11.1	500	3.7
7	브라질	1,427	7.4	1,215	−14.8	1,580	35.4	490	188.3
8	호주	1,200	−0.4	1,166	−2.8	1,749	409.1	425	46.6
9	대만	1,053	49.1	1,106	5.0	2,053	142.2	330	−12.5
10	독일	1,018	1.9	1,073	5.4	928	28.1	267	59.6
11	이집트	742	191.7	848	14.3	268	−92.0	207	84.2
12	베트남	1,071	20.1	775	−27.7	454	−24.1	204	316.2
13	멕시코	419	−15.9	724	72.8	618	−2.4	199	207.1
14	인도네시아	975	19.9	717	−26.4	531	130.0	182	9,768.0
15	사우디아라비아	816	17.8	691	−15.4	755	−31.8	179	11.9
16	러시아	556	−19.9	633	13.9	304	−49.9	142	441.4
17	북마리아나 군도	0	0.0	615	0.0	739	31.3	133	−22.1
18	태국	749	102.3	606	−19.1	939	30.9	122	−62.2
19	폴란드	379	34.6	598	57.9	972	40.6	80	−67.0
20	아랍에미리트 연합	534	−26.5	563	5.4	224	−35.4	77	808.5

* 자료 : www.kita.net

상품의 수출 가능성이 높은 해외 목표시장을 탐색하기 위해서다.

250여 개국에 달하는 우리나라의 수출시장 모두를 대상으로 수출을 진행할 수도 없고 효율적이지도 않다. 따라서 수출 통계자료를 바탕으로 목표시장 추출 기준을 정해보자. 예를 들어 첫째, 수출 상위 20개국, 둘째, 최근 수출증가율이 높은 상위 10개국 등과 같은 변수를 적용하여 서로 중첩되는 국가(시장)를 예비 해외 목표시장으로 분류하는 방식이다.

우리나라는 수출로 먹고사는 나라다. 세계 무역 9위, 수출실적으로만 하면 7위 이내에 드는 나라다. 이는 우리나라의 수출상품이 방대하고 전 세계 방방곡곡 가지 않는 곳이 없다는 의미다. 따라서 우리나라의 수출통계는 처음 수출을 시도하는 기업이나 신규 수출시장을 물색하는 기업에게 있어 방향타를 알려주는 매우 값진 보고임이 분명하다.

우리나라의 통계자료를 입수해서 유의미한 형태의 정보를 생산(예비 해외 목표시장 선정)했다면 다음은 국내외의 경쟁업체 홈페이지를 조사한다. 요즈음 국내외 업체 모두 크든 작든 자사의 성공적인 신제품 개발이나 신시장 개척, 해외 비즈니스 성과 등을 자랑스럽게 공개하는 것이 트렌드다. 대외 공신력 제고와 신용도 향상, 자금 확보와 이해관계자와의 원활한 커뮤니케이션 등에서 이점이 많기 때문이다.

따라서 우리 상품을 취급하는 선도 기업과 경쟁 기업의 홈페이지를 꼼꼼히 조사하면 그들이 어떤 해외시장에 진출하고 있는지, 그들이 어떤 인증을 보유하고 있는지, 그들의 주력상품은 어떤 특성을 보유하고 있는지 등에 대한 정보를 수집할 수 있다. 이를 기초로 선도 기업과 경쟁 회사들이 진출하고 있는 시장(국가) 명단을 작성한다.

2020	12	보건복지부 '혁신형 의료기기기업' 선정
	11	산업통상자원부 '혁신기업 국가대표 1000' 선정
	04	HCV 정량분석키트(*AccuPower*® HCV Quantitative RT-PCR Kit)와 *ExiStation*™ 글로벌펀드 구매리스트 등재
	02	HBV 정량분석키트(*AccuPower*® HBV Quantitative PCR Kit) 유럽 체외진단시약 인증(IVD List-A CE) 획득, 아시아 최초
2019	10	HCV 정량분석키트(*AccuPower*® HCV Quantitative RT-PCR Kit) 유럽 체외진단시약 인증(IVD List-A CE) 획득, 아시아 최초
	08	자회사 (주)써나젠테라퓨틱스 설립
	01	HIV-1 정량분석키트(*AccuPower*® HIV-1 Quantitative RT-PCR Kit)와 *ExiStation*™ 글로벌펀드 구매리스트 등재
2018	10	HIV-1 정량분석키트(*AccuPower*® HIV-1 Quantitative RT-PCR Kit) 유럽 체외진단시약 인증(IVD List-A CE) 획득, 아시아 최초
	05	자회사 ㈜에이스바이옴, BNR17 브라질 공급 계약
	04	자회사 ㈜에이스바이옴, BNR17 미국, 캐나다 라이센싱 계약
	03	지카 다중분자진단키트 브라질 ANVISA 승인
2017	07	우수기술연구센터 지정 / 산업통상자원부
2016	12	중소기업 지식재산 경영 인증 / 특허청
	10	지카 다중분자진단키트(AccuPower® ZIKV(DENV, CHIKV) Multiplex Real-Time RT-PCR Kit) WHO EUAL 등재
2015	09	유한양행에 기술이전 계약 체결 – SAMiRNA를 이용한 3개 신약후보물질
		두뇌역량우수전문기업(K-BrainPower) 선정 / 산업통상자원부
2014	11	*Lb. gasseri* BNR17 체지방 감소 생리활성 기능 2등급 인정(식약처)
	07	SAMiRNA™ 원천특허 등록(미국)
2012	06	혁신형 제약기업 인증 / 보건복지부장관
	05	사노피와 항암 RNAi신약 공동연구 계약
	01	Dual-hotstart 특허 출원
2011	06	판교 R&D센터(판교 코리아바이오파크 내) 개소
	04	치매 진단키트 (ApoE 유전자) 핵심기술 특허 출원
2010	12	민간기업 최초로 먹는물 바이러스 검사기관 인증 취득

〈그림 1-4〉 경쟁사 홈페이지 조사

앞서 우리나라의 수출통계와 우리 수출상품의 선도 기업 및 경쟁 기업의 홈페이지를 방문해서 수출 가능성이 많은 국가(시장)들을 명단으로 만들어 놓았다.

최종 목표시장 선정에 앞서 만들어 놓은 국가(시장) 명단에 누락된 국가(시장)는 없는지 또는 최종 판단의 정확성을 기하기 위해 이번에는 우리 기업의 수출상품과 관련된 유수의 국제전시회를 개최하는 국가들을 조사해 보자.

특정 산업이나 품목관련 국제전시회는 주최 국가(시장)의 산업규모가 방대하고 고도화되었거나 내수시장 규모가 막대하거나 이도저도 아니면 인근 국가(시장)가 그러한 성향일 때 지속적으로 개최될 수 있기 때문이다. 대한무역투자진흥공사, 즉 코트라(KOTRA)가 운영하는 https://origin.buykorea.org/onlineshowcase/tradeshow.do이나 구글 등을 통해서도 정보 수집이 가능하다.

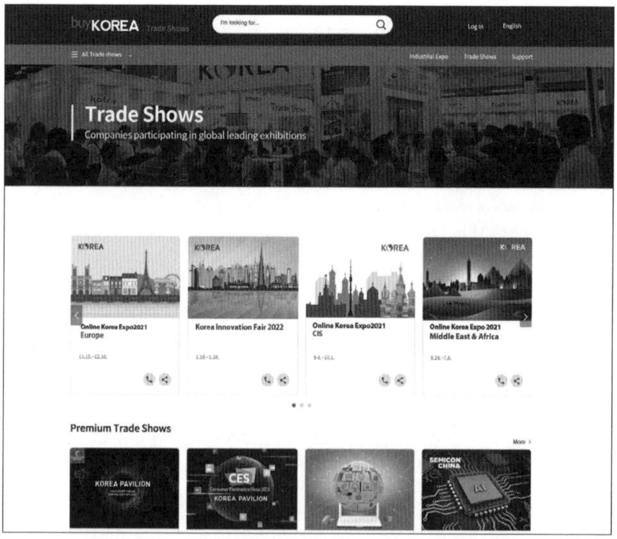

〈그림 1-5〉 국제전시회 조사

* 자료 : https://origin.buykorea.org/onlineshowcase/tradeshow.do

해외시장 탐색조사 결과 더블 체크(double check)

돌다리도 두드려야 하는 세상이다.

앞서 어렵사리 조사를 수행해서 정리한 예비 해외 목표시장에 대한 검증 실시가 매사 불여튼튼이다. 나의 검증조사 절차는 〈그림 1-6〉과 같다.

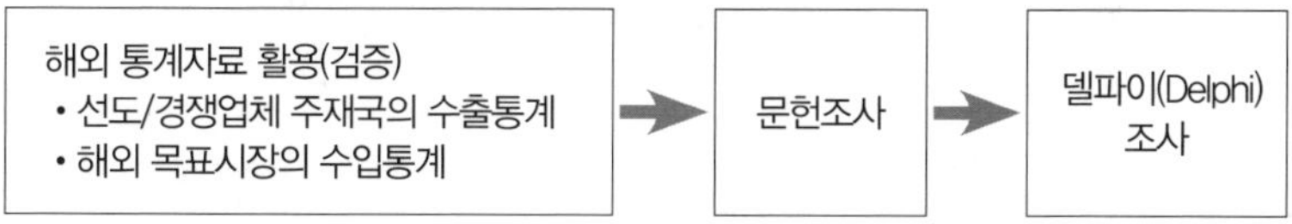

〈그림 1-6〉 예비 해외 목표시장에 대한 검증 방법

첫 단계는 해외 통계자료를 확인한다.

우리 기업 수출상품의 선도 및 경쟁 기업 국가의 수출통계를 조사해서 그들의 주요 수출 국가를 조사한다. 다음은 해외 목표시장 국가(시장)의 수입통계를 통해 주요 수입 국가를 알아본다. 이렇게 조사한 결과가 우리가 탐색조사를 통해 선정한 예비 해외 목표시장과 일치할수록 목표시장에 대한 정확성을 기할 수 있다.

〈그림 1-7〉 문헌조사 사이트(KOTRA 트라이빅)

* 자료 : www.kotra.or.kr/bigdata/guide

다음은 문헌조사이다.

문헌조사란 남들이 생산해 놓은 2차 자료를 의미한다. KOTRA나 무역협회, 구글과 네이버 등의 검색엔진을 통해 예비 해외 목표시장에 대한 2차 자료를 검색한다.

하지만 2차 자료가 남들이 생산한 정보인 만큼 우리 기업 상품과 딱히 일치하는 자료를 대하기는 어렵다. 예를 들어 우리 기업의 수출 상품이 자동차 오일 필터이고 목표시장의 하나가 인도인 경우 인도의 자동차 오일 필터 시장을 검색한다면 검색창에 뜨는 정보가 없거나 상당히 소수일 것이다.

따라서 세부 품목 검색보다는 인도의 자동차 시장 또는 인도의 자동차 부품시장 같은 상위의 키워드로 검색해서 단서를 찾아 우리 수출상품과 연계될 수 있는 유의미한 키워드를 찾아내야 한다.

보다 상세한 우리 상품과 직결되는 정보를 입수하려면 Frost와 같은 글로벌 컨설팅사의 서비스를 이용할 수 있다. 인터넷이 일상화된 환경에서 정보의 홍수시대에 살고 있지만 검증된 '돈 되는 정보'의 가격은 역설적으로 더 비싸졌다. 해외 주력 시장의 시장 진출 확대를 위해 글로벌 컨설팅 회사를 통한 정보 수집에 매년 억대 이상의 비용을 지불하는 국내 중견기업들이 다수임을 상기하자.

MTI Code 활용한
신규 수출품목 발굴

앞서 우리 기업의 수출상품이 정해진 상태에서 해외 목표시장 선정을 목적으로 하는 해외시장 정보 수집 방법과 절차를 다루었다. 이번에는 우리가 잘 아는 해외시장을 대상으로 신규 수출상품을 발굴하거나 신규 품목을 개발하기에 앞서 수출통계 활용방법에 접근해 본다.

우선 MTI Code 6단위를 기준으로 우리나라의 전체 수출품목을 알아보고, 우리 기업이 생각하고 있는 품목의 주요 수출시장 등을 검색해서 우리 기업을 둘러싼 환경과 함께 신규 상품의 매칭 포인트를 물색해 보는 것도 좋은 방법이 될 수 있다.

MTI(Ministry of Trade & Industry) Code는 우리나라의 산업부가 품목별 수출입 현황 분석을 목적으로 개발한 상품코드인 까닭에 HS Code와는 달리 구체적인 수출품목 파악이 가능하다. 특히 HS Code 10단위 기준 우리나라의 총 수출품목은 11,800여 개(HS Code 6단위로는 5,300여 품목)에 달하는 반면, MTI Code 6단위로는 1,300여 품목 전후여서 품목별 산업별 수출동향 파악에 용이한 장점이 있다.

〈그림 1-8〉 MTI Code로 조회한 우리나라의 수출품목

우리나라의 수출품목(MTI Code 6단위) 문헌조사-통계조사

(단위 : U$ 백만, %)

순번	코드	품목명	2021년(1~12월)		2022년(1~2월)	
			수출금액	수출증감률	수출금액	수출증감률
1	831110	메모리 반도체	82,431	28.9	12,822	21.7
2	831120	프로세서와 컨트롤러	30,405	29.3	5,555	26.8
3	742000	자동차부품	21,581	21.7	3,633	6.1
4	133200	경유	14,166	39.8	2,890	70.1
5	836120	OLED	14,527	33.2	2,741	33.0
6	813800	전산기록매체	12,935	28.3	2,529	70.5
7	228900	기타 정밀화학 원료	10,454	44.7	2,213	53.8
8	746120	화물선	16,743	1.4	2,174	-25.9
9	226200	의약품	8,489	20.5	1,904	29.6
10	831190	기타 집적회로 반도체	9,140	37.5	1,859	54.9
11	133120	자동차 휘발유	8,173	127.3	1,829	127.5
1301	012202	국화	1	-20.7	0	0.0
1302	012203	튤립	0	-75.2	0	-90.6
1303	012204	백합	4	-19.0	0	-99.2
1304	012206	히아신스	0	0.0	0	0.0
1305	012207	글라디올러스	0	0.0	0	0.0
1306	012208	아이리스	0	0.0	0	0.0

2장

해외시장 종결조사 (세부정보)

해외 목표시장 선정

우리나라의 수출시장은 약 250개국에 이른다. ISO(국제표준화기구)가 인정한 국가가 249개국에 이르는 점을 감안하면 전 세계 모든 국가, 지구촌 방방곡곡에 우리나라의 수출상품이 나래를 펼치고 있다는 사실을 여실히 보여준다.

참고로 세계의 국가는 2021년 기준 UN 회원국은 193개국, 세계지도에는 237개국, 세계은행 통계는 229개국, 유럽 기준으로는 193개국이다. 또한 FIFA(국제축구연맹) 가입국은 208개국이며 IOC(국제올림픽위원회) 가입국은 205개국이고 미국이 인정하는 국가 수는 195개국이다.

이와 같이 전 세계 국가 수가 서로 다른 이유는 특정 국가나 기관 등이 적용하는 국가 인정기준이 각각 다르기 때문이다. 예를 들어 미국은 팔레스타인을 국가로 인정하지 않는 반면, UN은 국가로 인정하고 있다.

우리나라는 현재 전 세계 56개국과 17건의 FTA(자유무역협정)를 발효 중으로 어느 나라보다도 자유무역경제 영토가 넓은 수출 중심 국가이다.

하지만 삼성이나 LG와 같은 우리나라의 대표적인 글로벌 기업들도 250여 개국에 달하는 전체 수출시장을 대상으로 수출하지 않는다. 전략시장과 주력시장 등으로 해외시장을 구분한 후 현지법인을 설립하여 직접 마케팅 활동을 펼치는 곳도 있고, 현지의 독점 에이전트를 통해 현지 마케팅을 주도하는 곳도 있고 우리나라에서 삼성 브랜드 상품을 현지 수입상에 수출하는 등 차별화된 접근방식을 취한다.

수출 실적이 꽤나 되는 중견기업과 중소기업들의 수출시장 수효도 50개국을 넘는 경우는 별로 없다. 경영전략 차원에서 효과성과 효율성 우선 원칙에 따라 수출규모가 크고 수익률이 좋으며 성장 가능성이 높은 해외시장을 선별하여 이들 시장에 선택과 집중을 하고 있다.

이와 같은 관점에서 1장에서는 여러 단계를 거쳐 해외 목표시장을 선택하기 위한, 단서 확보를 위한 해외시장 탐색조사 방법을 살펴보았고 조사 결과에 대한 확신을 불러일으키기 위한 추가조사 방법까지 섭렵해 보았다.

대기업과 중견·중소기업을 막론하고 인적자원과 예산상의 제약을 받지 않는 조직은 없다. 따라서 주어진 환경에서 선택과 집중은 선택사항이 아닌 필수적인 요소이기 때문에 수많은 해외시장에서 우리

기업의 진출 가능성이 높고 성장 가능성이 높은 시장을 식별해서 우선순위에 따라 단계적으로 시장 진출을 추진하는 체계적인 계획이 필요하다.

해외 목표시장 선정 및 우선순위 결정

앞선 1장에서 해외시장 탐색조사와 탐색조사 결과에 대한 확인 사살 조사를 통해 우리 상품의 해외 목표시장 후보 국가(시장)들의 명단이 만들어졌다. 이를 기준으로 최종적으로 해외 목표시장을 선정해서 해외 목표시장의 수를 압축할 필요가 있는데 해외시장 매력도 분석기법을 활용하면 유익하다.

시장매력도 분석은 BCG(Boston Consulting Group) Matrix 분석기법을 차용해서 목적에 적합한 변수만 제대로 대입하면 기대하는 효과를 거둘 수 있다.

실제로 많은 컨설팅 기업들이 BCG Matrix의 변수를 조작해서 다양한 분석 결과를 도출하고 있다. 우선 BCG Matrix의 전략사업단위 분석기법과 적용 전략을 살펴보면 〈그림 2-1〉과 같다.

X축은 경쟁 기업과 비교한 우리 기업 전략사업의 상대적 시장점유율이고 Y축은 우리 기업의 평균 사업성장률을 변수로 채택하여 우리

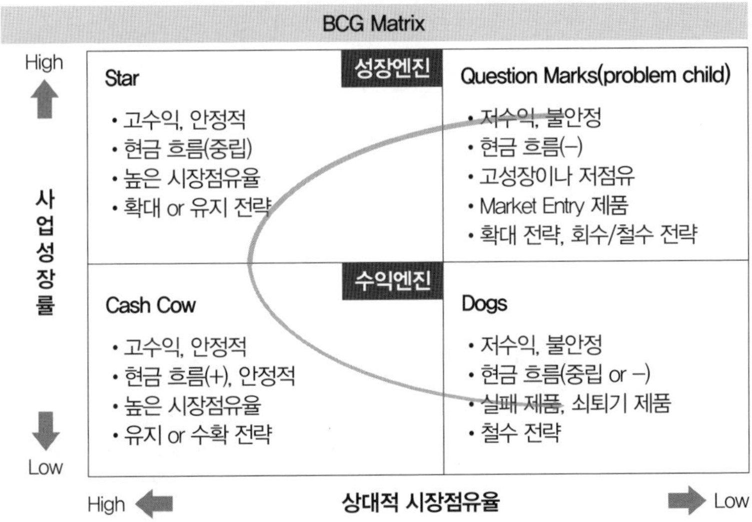

사업단위 적용 전략	
① 확대(build) 전략	– 시장점유율 확대 전략, Question Marks와 Star에 적합
② 유지(hold) 전략	– 현 시장점유율 유지, Cash Cow에 적합
③ 수확(harvest) 전략	– 사업단위의 현금 흐름 증대, Cash Cow 및 Question Marks에 적합
④ 철수(divest) 전략	– 사업단위 처분, 경쟁력 상실, Question Marks 및 전망이 어두운 Dogs에 적용

〈그림 2–1〉 BCG Matrix의 전략사업단위 분석기법과 적용 전략

기업 전략사업들의 현 주소를 파악한 후 우리 기업의 입장에서 사업단위별로 확대 또는 유지, 수확 및 철수 전략을 구사하는 의사결정을 하는 데 활용하는 것이 골자이다.

이와 같은 BCG Matrix 기법을 활용하여 앞선 1장에서 해외시장 조사를 통해 도출한 해외 목표시장을 대입한 시장 매트릭스 분석 결과가 〈그림 2-2〉와 같이 도출되었다고 가정하자.

이 경우 목표시장의 진출 우선 국가(시장)는 성장시장 → 신규시장 → 수익시장 → 쇠퇴시장의 순이 된다. 〈그림 2-2〉에서 성장시장은 일본과 브라질, 인도 등이고 신규시장은 미국과 독일, 수익시장은 터키와 중국, 중동 등이 해당된다.

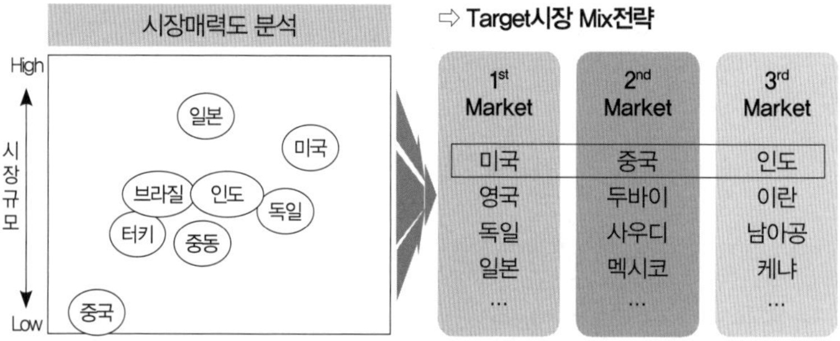

〈그림 2-2〉 해외시장 매력도 분석 결과(예시-1)

한 걸음 더 나아가 보자. 시장매력도 분석 결과를 실무에 적용하기에는 너무 단순하다는 생각이 들기 때문이다.

일단 해외 목표시장으로 선정된 국가(시장)들을 선진국과 중진국, 후진국으로 범주를 분류하고 범주 내에서 시장매력도의 성장시장 → 신규시장 → 수익시장 → 쇠퇴시장(국가)의 순으로 정렬할 수 있다.

정렬 결과는 범주별 상위 국가(시장)들을 하나의 묶음 단위로 간주하여 활용하면 좋을 것 같다. 일례로 우리 기업의 여건상 3개 국가(시장)만 진출을 시도한다면 〈그림 2-2〉의 경우 미국, 중국, 인도가 해당

되는 방식이다.

이와 같이 범주별 상위 국가(시장)들을 하나의 묶음으로 다룬 이유는 일반적으로 선진국의 시장 진입 장벽이 높고 각종 인증 등 구비서류가 많아 시장 진출에 많은 시간과 노력이 필요한 반면 중국, 후진국 시장들은 선진국에 비해 다소 덜 까다로운 면이 있고 시장 자체도 선진국 시장에 비해 가변성이 많아 시장 진출 성과도 기대 이상으로 빠를 수 있어 해외시장 진출 성과와 노력 측면에서 포트폴리오를 구성하는 효과를 거둘 수도 있다.

우리 기업 상품 시장의 특성에 따라 선진국, 중진국, 후진국이 아닌 다른 유용한 변수가 있다면, 그 변수를 활용해서 시장을 범주별로 나

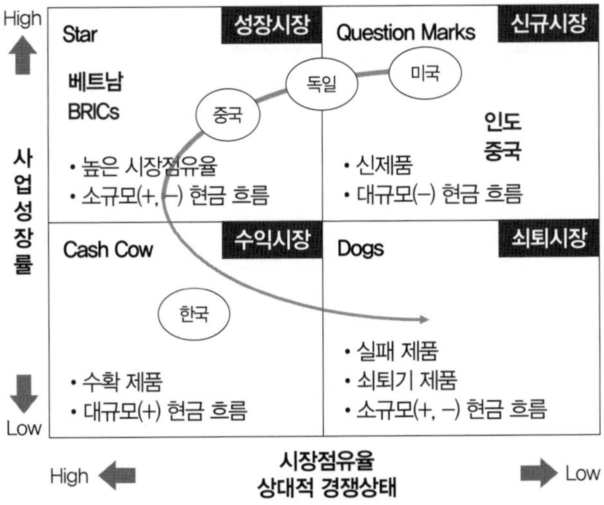

〈그림 2-3〉 해외시장 매력도 분석 결과(예시-2)

눌 수 있다면 더욱 좋은 방안이 될 수 있다.

해외시장 매력도 분석은 현재 우리 기업이 여러 해외시장에 진출하고 있는 상황이라면 향후 어떤 국가(시장)에 더욱 주력해야 할지, 또는 여러 수출상품이 있다면 어떤 수출상품의 시장 확대에 주력할지 등에 대한 의사결정에 활용 가능하다. 앞서 살펴본 전략사업단위(SBU, Strategic Business Unit)별 의사결정 체계를 시장의 특성으로 표현해보면 성장시장 → 신규시장 → 수익시장 → 쇠퇴시장의 개념 도출이 가능하고 상품의 속성을 반영하면 성장상품 → 신규상품 → 수익상품으로 나누어 의사결정에 접근하면 좋을 것 같다.

해외 목표시장 세부조사 항목

우리 기업의 해외 목표시장과 시장별 우선순위를 결정했다. 그렇다고 무턱대고 내지를 수 없다.

우리 기업이 목표로 하는 해외시장은 어디를 막론하고 국내외 경쟁기업들과 각축을 벌이는 무한 경쟁시장이고, 시장별로 시장 진출을 위한 사전 구비요건도 있어 이에 대한 조사를 철저히 수행하고 이행해야만 한다. 또 선정한 해외 목표시장별로 시장 진출에 필요한 필수적인 정보를 수집해야 한다.

해외 목표시장 세부정보 수집 항목은 〈그림 2-4〉와 같다. 크게 필수조사 항목과 부가조사 항목으로 구분하여 접근할 수 있다.

필수조사 항목은 현지 시장의 특성과 시장규모, 시장지배구조, 현지 생산 및 공급 동향, 수출입 동향 등 현지 시장의 현황과 향후 성장 전망 등을 파악하는 데 유용한 정보뿐만 아니라 우리 기업 상품의 현지 인지도 제고를 위해 활용 가능한 현지에서 개최되는 주요 전문 전

목표시장 세부정보 수집

필수조사 항목	부가조사 항목
• 시장 특성 및 시장규모 • 시장지배구조 • 시장 전망 • 생산 및 공급현황 • 수출입 동향 • 수출입 관련제도 • 경쟁 동향 • 유통구조 • 소비자(Buyer) 선호도 • 필수 및 권장 인증서 • 주요 전문 전시회 • 주요 전문지	• 벤치마킹 사례 • A/C 모범 사례 • 하드웨어 환경 • 글로벌 기업의 거점 구축 • 상관습 및 비즈니스 문화 • 한국 상품 진출 현황 • 한국 상품에 대한 인지도

〈그림 2-4〉 해외 목표시장 세부정보 수집 항목

시회와 주요 전문지 등도 포함한다.

정보는 많은 양보다는 필요한 항목 위주로 수집하고 분석하는 게 유용하다.

필수조사 항목은 1장에서 소개한 KOTRA의 트라이빅(www.kotra.or.kr/bigdata/guide)과 구글 등과 같은 검색엔진을 통해서 상당 부분 충당할 수 있다. 해외 목표시장의 경쟁 동향이나 유통구조 등과 같은 일부 항목의 조사가 여의치 않은 경우는 KOTRA의 해외시장 맞춤형 조사 서비스나 Frost와 같은 글로벌 컨설팅 기업들을 통해 유료로 정보를 수집할 수 있다.

부가조사 항목은 KOTRA의 국별 정보나 외교공관 등의 홈페이지와 구글 검색 등을 통해 대부분 수집이 가능하다. 부가조사 항목은 우리 기업 수출상품의 현지화와 현지 진출 전략을 수립할 때 주요한 단서를 제공하기도 하며, 현지 바이어들과의 미팅 시 유용하게 활용할 수 있는 내용들이 주류를 이룬다.

해외 목표시장 진출 체크 포인트

앞서 해외 목표시장 선정에 필요한 해외시장 탐색조사를 진행하고, 이를 토대로 해외 목표시장을 선정하고, 해외 목표시장 진출에 필요한 구체적인 정보를 수집했다. 시장별 상관습과 시장지배구조, 필요한 인증, 소비자 선호도 등을 조사하고 파악한 목적은 우리 기업 상품의 현지 시장성과 창출을 위한 현지 맞춤형 상품화에 있다.

미국 시장 진출을 위해서는 UL, 유럽 시장은 CE, 이슬람 식품이나 화장품 시장 진출을 위해서는 할랄 인증 획득은 필수다. 이 외에 어떤 국가는 상품에 특정 성분이 포함된 경우 수입을 불허하기도 하고, 현지에서 서비스를 담당하는 지정기관이 없는 경우 기계류와 설비재의 수입을 불허하기도 한다.

또한 대다수의 개발도상국들은 자국 산업 보호를 위해 현지에서 완제품을 생산하기 위해 수입되는 반제품이나 원재료에 대해서는 무관세 또는 낮은 관세를 적용하는 반면, 완제품의 수입에 대해서는 높

인증서	하드웨어 환경	사전 구비요건	기본요건
• FDA(미국) • UL(미국) • CE(유럽) • JIS(일본) • VDE(독일) • Eco-label(환경) • RoHS, ISO…	• 정밀 센서 및 전자기기 • 주파수 • 불량 전력	• 벤더 등록 • PQ (Pre-Qualification)	• RTB 증빙자료 • 정형거래조건별 견적서 • 홈페이지 • 전자 카탈로그

〈그림 2-5〉 해외 목표시장 진출을 위한 체크 포인트

은 관세율을 적용하는 경우가 비일비재할 뿐만 아니라 사전 예고 없이 한시적으로 수입제한이나 수입금지 조치를 단행하기도 한다.

따라서 우리 기업의 해외 목표시장과 아울러 현지 시장 진출을 위한 사전 준비사항을 면밀히 준비하면서 현지 시장의 상관습을 숙지하여 현지인과의 맞춤형 상담을 준비하는 것은 아무리 강조해도 지나치지 않다.

해외시장 진출 마무리를 위한 세부조사는 목표시장별로 필수 인증서와 하드웨어 환경, 그리고 우리 상품의 현지 시장 진출을 위한 사전 자격취득 요건, 현지 바이어에게 어필 가능한 RTB(Reason to Believe) 자료와 견적서 등을 준비하기 위한 구체적인 항목들을 망라해야 한다.

필요한 인증서가 무엇인지, 전력은 220V인지, 110V인지, 주파수는 50Hz인지, 60Hz인지, 현지의 어떤 기업에 사전 벤더 등록이 되어야 하는지, 제한경쟁입찰에 참여하기 위해 사전참가자격(PQ, Pre-

Qualification)을 획득해야 하는지, 현지 바이어들에게 어떤 실적자료를 제시하는 것이 우리 기업에 대한 신뢰 형성에 도움이 되는지, 현지 바이어가 선호하는 정형거래조건들은 어떤 것인지 등등을 조사해서 우리 기업 상품에 반영하고, 필요한 경우 현지 기업이나 정부 또는 기관 등에 벤더 등록이나 PQ 신청서 등을 제출하고, 현지 바이어와의 맞춤형 상담에 필요한 증빙자료 등의 준비에 착수한다.

해외마케팅은 전형적인 B2B거래의 속성을 띠는 까닭에 해외바이어들의 주된 관심사항은 한국 공급업체의 지속 가능성 여부와 상품의 검증된 성과로 귀결된다. 한국의 잠재 파트너 상품이 특허를 보유하고 있는지, 실용신안은 가지고 있는지, 공인된 검증기관에서 발급한 성능시험서 등은 있는지, 한국이나 미국과 같은 주요 시장에서 성과를 내고 있고 평판이 좋은지를 증빙할 수 있는 정보, 즉 RTB를 중시하는 경향이 짙다. 홈페이지 정보와 전자 카탈로그 등은 말할 나위도 없다.

백문이 불여일견, 현장조사

문헌조사와 인터넷 조사 등을 통해 입수한 정보를 바탕으로 현지 시장 진출에 필요한 사항을 로드맵으로 정리해서 추진하는 한편, 본격적인 현지 시장 진출 노력에 앞서 기회와 여력이 된다면 출장을 통해 현지 시장을 눈으로 직접 확인할 수 있다면 금상첨화다.

현재까지 남들이 생산해 놓은 2차 자료 위주로 수집하고 분석해오다 보니 뭔가 허전하고 아쉬운 느낌이 드는 것은 어쩔 수 없다. 남들이 수집한 자료는 2차 자료, 내가 직접 수집한 자료는 1차 자료로 통칭된다.

리서치 전문회사들은 〈그림 2-6〉과 같이 조사대상의 모수를 대변할 수 있는 표본을 추출하여, 이들 표본들과의 면대면 접촉을 통해 설문조사나 관찰을 통해 1차 자료를 수집한다. 우리 기업 담당자가 해외 목표시장 출장길에서 이와 같은 방식을 접목해서 현장 실사한다면 현재까지 어렵사리 수집해 놓은 정보조사에 화룡점정을 찍는

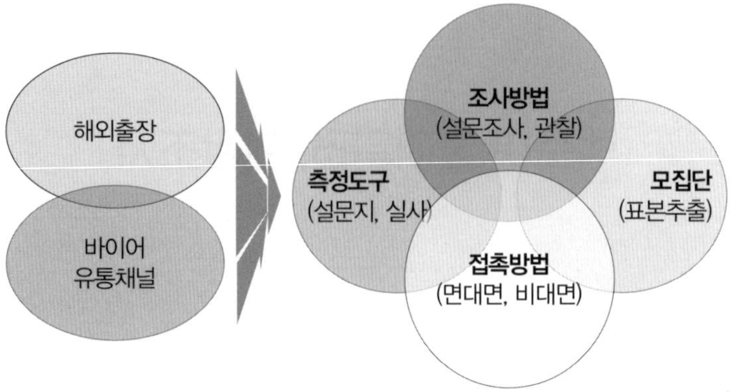

〈그림 2-6〉 리서치 전문회사의 1차 자료 수집방법과 출장길 현장조사 방안

격이 된다.

현지 바이어들보다 더 좋은 표본이 있을까?

이들과 면담할 때 미리 작성한 인터뷰 항목들을 바이어와 유통채널 담당자들의 입을 통해 확인할 수 있다면 가장 확실한 설문조사 결과를 도출할 수 있는 것 아닌가? 유통채널에서 소비자의 반응을 살피고 세밀히 관찰한다면 가장 확실한 실사 결과를 도출할 수 있지 않을까? 현지 바이어의 사무실이나 생산공장을 방문하여 눈으로 살필 수 있다면 가장 효과적인 신용조사의 방편이 되지 않을까?

이와 같이 해외 목표시장 출장길에 사전에 면밀히 준비된 인터뷰 시트를 바탕으로 현장조사를 실시한다면 우리 상품의 현지 시장 진출에 매우 유용함에 틀림없다. 우리 상품의 현지 소비자 반응을 살피고 의견을 구하기 위해 외국의 리서치 회사에 FGI(Focus Group

Interview)를 1회 요청하는 비용이 최소 5천만 원을 상회함을 감안할 때 해외 출장길에서 현지 현장조사에 많은 노력을 기울여야 할 개연성은 충분하다.

3장

해외마케팅 전략 수립

목표시장에 대한 1차 자료와 2차 자료 모두 수집했으니

이제 목표시장 진출 전략을 수립할 차례다.

상황이 여의치 않아 2차 자료만 수집했다고 해도

목표시장 진출 전략 수립을 망설일 필요가 없다.

정보가 부족한 부분은 추후 보완해서 수립한

목표시장 진출 전략을 업데이트하면 된다.

환경 분석, 제대로 하자

시장조사를 통해 수집한 정보를 바탕으로 환경 분석을 통해 우리 기업의 성공 요인(CSF, Critical Successful Factor)을 도출한 후 우리 기업의 마케팅 목표를 설정하는 절차로 넘어간다. 현장에서는 〈그림 3-1〉과 같이 CSF를 ISSUE라고도 표현하는데, 이를 전략 방향 도출이라고도 얘기한다.

환경 분석은 외부 환경 분석과 내부 환경 분석으로 구분된다.

외부 환경 분석은 우리 상품과 연관된 STEP(Society, Technology, Economy, Environment, Policy) 상황을 분석하여 우리 상품을 둘러싼 거시환경 측면의 기회와 위협 요소를 식별하기 위해 수행한다.

내부 환경 분석은 우리 기업과 우리 상품을 비즈니스 모델 단계별로 경쟁 기업 및 경쟁 상품과 비교하면서 소비자의 관점에서 바라본 객관적인 우리 상품의 강약점을 파악하기 위해 실시한다.

외부 환경 분석과 내부 환경 분석의 결과물인 우리 상품의 위협과 기회 요인, 그리고 강약점을 한 장에 일목요연하게 정리한 후 우리 상품의 성공 요인(CSF) 도출을 위해 SWOT 분석을 활용한다. 이렇게 도출된 CSF를 전략 방향 도출이라고 표현하기도 한다. B2C도 B2B도 환경 분석 절차는 동일하다.

• 독일 시장 진출 관점

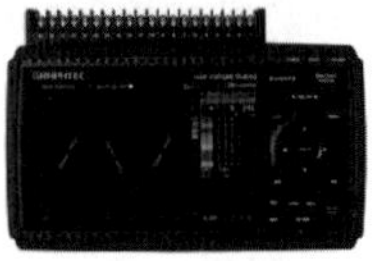	**강점요인(Strength)** • S1 : 높은 기술 수준 • S2 : 가격, 품질 경쟁력 • S3 : 해외시장 진출 경험(중국) • S4 : 경영진의 해외 진출 의지	**약점요인(Weakness)** • W1 : 브랜드 인지도 미약 • W2 : 현지 네트워크 부재 • W3 : 마케팅 전문 인력 부족
기회요인(Opportunity) • O1 : 시장 성장 지속 전망 • O2 : 전문 유통채널 존재 • O3 : 원산지 효과 미미	**강점-기회 전략(SO)** • DAQ 제품 → 전문 유통채널 공략 집중	**약점-기회 전략(WO)** • 현지 전문 전시회 참가 • 현지 전문지 광고 • 현지 디스트리뷰터 선정 및 활용
위협요인(Threat) • T1 : 높은 진입장벽 – RoHS 인증서, 높은 A/S 기대 수준 등 • T2 : 시장 성숙단계 진입 – 참여업체 다수, 가격경쟁 심화 • T3 : 고몰입 상품	**강점-위협 전략(ST)** • 현지 동종 업체와의 전략적 제휴 및 진출 수단의 다양화 → ODM, OEM, 위탁판매 등	**약점-위협 전략(WT)** • 중장기 시장 진출 노력 불가피

ISSUE

• 전문 유통채널 공략
• 진출 수단의 다양화(ODM 등)
• 현지 전문 전시회 참가
• 현지 디스트리뷰터 선정 및 활용
• 중장기 시장 진출 노력 수행

현재의 마케팅 상황을 극복하기 위한 다양한 전략 방향 및 대안 강구

〈그림 3-1〉 SWOT 분석과 CSF 도출(예시)

정량적, 정성적 마케팅 목표 설정

시장조사 결과와 분석을 통해 SWOT 분석을 통해서 CSF를 도출했다면 다음 단계는 마케팅 목표 수립이다. 일반적으로 B2C 마케팅의 경우 목표는 매출 50억 원, 시장점유율 8%, 신규 고객 창출 50명 등과 같이 측정 가능한 정량적 목표로 수립한다.

하지만 전형적인 B2B 비즈니스 유형인 해외마케팅 목표는 처음부터 정량적 목표를 수립하는 것은 현실성과 상당한 괴리를 띠게 된다. 흔히들 처음 진출하는 해외시장에서 성과를 거두는 데 3년이 걸린다고들 한다.

실제로 그렇다. 국내 기업이 미국의 전문 전시회에 참가하여 경쟁력 있는 상품을 선보여도 처음 1, 2년간 현지 유력 바이어들은 눈길조차 주지 않는다. 3년 연속 참가할 때쯤 현지 유력 바이어들의 발걸음이 국내 기업의 참가 부스로 향하는 것이 상례이다.

왜냐하면 현지 바이어의 경우 해외의 신규 공급선과 파트너 관계를 형성하는 데 있어 가격 및 품질 경쟁력과 아울러 국내 기업의 지속 가능성을 최우선 순위로 꼽기 때문이다. 이는 우리 기업이 국내에서 기존 협력업체를 다른 신규 업체로 전환하는 경우에도 적용되는 동일한 방식이 아닐까?

따라서 신규 해외시장 진출 전략 수립 시의 마케팅 목표는 공허한 정량적인 목표보다 현지 바이어 명단 입수, 바이어 조사, 바이어 접촉, 현지 에이전트 후보 압축, 현지 에이전트와의 밀당, 현지 에이전트 계약과 같은 실현 가능한 정성적인 목표 수립이 타당하다. 현지 개최 전문 전시회 참가 2회나 현지 출장 3회, 인콰이어리 발송 5회 등은 정량적 목표로 설정 가능하다.

〈그림 3-2〉는 신규 해외 목표시장 진입을 위한 정성적 목표를 단

1단계	2단계	3단계	4단계
▷타깃 마케팅 (Target Marketing) 〈전략적 제휴 대상〉 〈관심 바이어〉 • 바이어 조사 • 인콰이어리 발송 • 세일즈 에이전트 (Sales Agent) 후보 발굴	▷미국 시장 마케팅 전략 수립/실행 • 전시회/컨퍼런스 • 전문지 광고 • 로드 쇼 등 ▷타깃 마케팅(Target Marketing) 2단계 • 전략적 제휴 대상 선정 여부 결정 • 현지 에이전트 후보 선정	▷고정 거래선 확보 • 타깃 집중 기업 • 초기 주문(Initial Order)의 반복 주문 (Repeat Order) 전환 ▷현지 에이전트 선정 ▷신규 거래선 발굴 • 에이전트 활용 극대화 ▷브랜드 인지도 제고 노력 집중	▷피드백/평가 • 1차년도 마케팅 사업 성과 평가/피드백 • 에이전트 관계 심화 여부 ▷중장기 사업 방향 수립 • 해외 거점 운영 방향 • 마케팅 추진 계획 • 제품 개선 방향 등
마케팅 인프라 구축	마케팅 인프라 가동	마케팅 활성화	피드백/ 중장기 전략

〈그림 3-2〉 해외시장 진출 정성적 목표

계별로 설정한 예시이다.

물론 100만 달러 수출과 같은 기분 좋은 정량적인 목표를 설정하고 실현된다면 더할 나위 없겠지만 첫술에 배부른 것은 없다.

바이어 타기팅

그간 해외시장 조사 결과를 바탕으로 수집된 정보를 바탕으로 해외 목표시장을 선정하고 현지 시장 진출에 필요한 인증이나 스펙, 벤더 등록과 같은 사전 준비사항을 알아보고 이를 구비하기 위한 작업에 착수했다.

이제 해외 목표시장 진출의 핵심 중의 핵심인 현지 바이어(파트너)를 물색하고 적정 파트너를 선정하는 절차가 남아있다. 해외 목표시장의 바이어 명단은 콤파스나 옐로우페이지와 같은 바이어 디렉토리나 구글, 링크드인 또는 KOTRA 등을 통해 입수할 수 있다. 많은 바이어가 중요한 것이 아니라 어떠한 유형의 바이어들이 우리 기업의 현지 시장 진출에 가장 적합한지를 판단하여 타기팅해야 한다.

우리 기업 상품수가 많거나 목표 해외시장이 광활한 면적에 다양한 상권을 형성하고 있다면 위험분산(risk hedge) 측면에서 상품별로 파트너를 달리하거나 상권별로 파트너를 달리 선정하여 운영해야 한다.

하지만 그러한 경우가 아니라면 우리 중소·중견기업의 입장에서 특정 해외시장의 파트너(에이전트)는 1개사를 선정하여 운영하는 것이 효율적이고 일반적이기도 하다.

따라서 해외 목표시장의 바이어 정보를 입수할 때 특정 기준을 설정하는 것이 좋다. 예를 들어 바이어 유형은 디스트리뷰터(Distributor)이며 현지 시장의 시장점유율 기준 상위 10위(Top 10) 이내 업체 등과 같은 방식이다. 디스트리뷰터는 유통업체를 지칭하는데 직접 수입해서 자사 유통채널을 통해 우리 상품을 현지 시장에 뿌려준다면 최상의 파트너일 가능성이 높다.

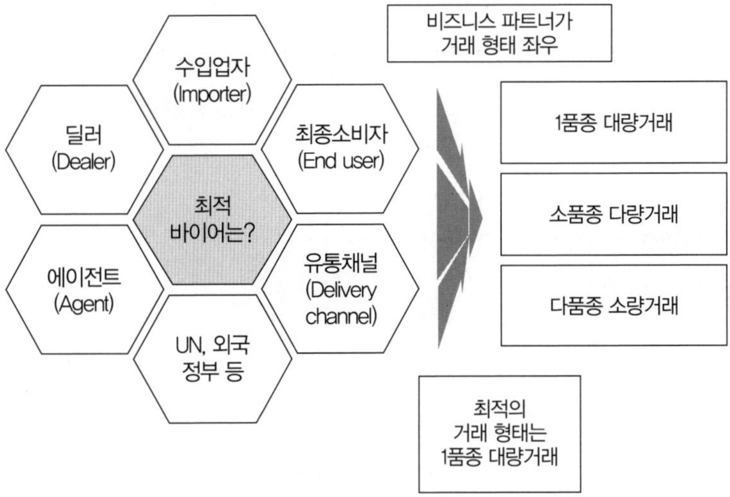

〈그림 3-3〉 바이어의 유형

우리가 '수출' 하면 바로 연상되는 단어가 바이어(buyer)다.

해외 구매업자가 바이어다. 그렇지만 바이어라고 다 같은 바이어가 아니다. 거래 형태에 따라 바이어의 유형은 다양하다. 다양한 바이어의 유형을 〈그림 3-3〉과 같이 정리해 보았다.

우리 상품을 현지에서 수입하는 수입 전문업체도 바이어이고, 우리 상품을 수입해서 자사 유통채널을 통해 현지 시장에 유통시키는 디스트리뷰터도 바이어이고, 우리 상품을 국제입찰 발주를 통해 직접 조달하는 UN이나 중앙정부나 지방자치단체, 기관들도 바이어이고, 자사의 생산설비를 직접 수입해서 사용하는 최종 소비자(공장 운영자)도 바이어이고, 현지 유통채널이나 국제입찰을 발주하는 정부나 기관에서 활약하는 1, 2차 벤더들로 모두 바이어이다.

바이어의 유형에 따라 우리 상품의 거래 유형도 달라진다.

우리나라의 중견·중소기업의 입장에서 가장 바람직한 바이어는 1품종 대량거래를 지향하는 현지 국제입찰 발주기관이나 전문 디스트리뷰터 등이 된다. 다품종 소량거래가 생존의 필수조건이라는 말은 1990년대 초부터 우리의 귓전에 익숙하다. 이론적으로 흠잡을 데 없는 얘기이다.

하지만 대기업이나 어느 정도 규모를 갖춘 중견 제조기업이 아니라면 취급 상품의 수가 1개 또는 소수에 불과한 까닭에 이는 전혀 어울리지 않는다. 1개 상품 또는 소수 상품을 취급하는 입장에서 1품종 대량거래와 소품종 다량거래가 생존의 조건이 된다.

따라서 우리 기업 상품의 특성을 고려하여 해외 목표시장에서 가장 적합한 바이어 유형을 찾아낸 뒤에 해당 범주 내에서 우리 기업과 코드가 잘 맞고 일정 시장점유율을 보유한 바이어를 우리 기업의 파트너로 선정해야만 한다. 이를 위해서는 해외 목표시장의 우리 상품 유통단계를 정리하고 유통단계별로 현지의 주요 바이어들을 조사하여 명단 작성 후 적정 평가 기준에 의해 잠재 파트너 우선순위를 결정한다.

해외 목표시장에서 잠재 파트너 우선순위가 결정된 이후에는 순위에 따라 해당 파트너를 접촉하고 제안서(인콰이어리)를 제시하면서 파트너의 의향을 파악한다. 첫 번째 바이어의 반응이 시원찮으면 다음 순위로 넘어가는 방식이 좋다.

바이어 특성에 부합하는 맞춤형 제안서 작성

신용조사 결과를 바탕으로 현지의 진성 바이어들에게 맞춤형 제안서를 보낸다 하더라도 현지 바이어들의 반응은 우리의 기대와 같지 않다. 생각해 보자.

우리가 입수한 바이어들은 현재 우리 기업 상품을 현지 시장에서 취급하고 있는 비즈니스맨들이다. 즉, 그들은 우리 기업의 경쟁업체 상품을 취급하고 있다고 봐야 한다. 물론 바이어가 유통채널을 운영하는 사람이라면 얘기는 달라질지 모르지만…….

따라서 우리의 경쟁 상품을 취급하는 바이어 입장에서 우리에게 호의적인 반응을 보일 경우의 수는 우리의 제안 내용이 기존 거래업체를 대체할 만큼 매우 매력적이거나 또는 동일 상품의 브랜드 수를 확장하고 싶은 경우에 국한된다.

기존 거래업체와 비슷한 수준이거나 미세할 정도의 차별화된 제안 내용이라면 기존 거래업체를 대체해서 신규 업체와의 거래를 단행하는데 따르는 위험을 감수할 필요가 없다는 의미이다.

따라서 바이어의 속성과 현지 시장지위(Market Position), 그리고 현재 거래하고 있는 기업, 상품의 특성 등을 종합 판단해서 맞춤형 가치 제안서 준비에 역량을 집중해야 한다. 마켓 포지션별 기업의 목표와 전략은 〈그림 3-4〉와 같다.

1등 기업은 영원한 1등을 목표로 시장 확대와 방어 전략에 집중하는 반면, 2등 기업은 1등 기업으로 발돋움하기 위해 시장 차별화 전략을, 3등 기업은 세분시장 집중 전략에 포커스를 맞추는 등 기업이

기업의 시장지위별 니즈

1등 기업 (Market Leader)	• 마케팅 목표 : 시장확대, 수요확대 • 경쟁전략 : 경쟁진입 방어 → 전체 시장(Full Line) 대응 전략 • 세부목표 : 고부가가치 상품 개발, 자기잠식효과 해소
2등 기업 (Market Challenger)	• 마케팅 목표 : 1등 기업 • 경쟁전략 : 시장 차별화 전략 → 차별적 전체 시장(Full Line) 대응 전략 • 세부목표 : 차별화 상품 개발
시장 추종자 (Market Follower)	• 마케팅 목표 : 3위 기업 포지셔닝 • 경쟁전략 : 집중화 상품 개발, 세분 시장 발굴 • 세부목표 : 모방(Me too) 상품 개발
틈새시장 개척자 (Market Nicher)	• 마케팅 목표 : 틈새시장 1위 • 경쟁전략 : 틈새시장 차별적 경쟁우위

〈그림 3-4〉 마켓 포지션별 기업의 목표와 전략(예시)

차지하고 있는 시장 위치에 따라 니즈가 다르다는 것을 알 수 있다. 따라서 바이어의 현지 시장 위치를 조사하고 그들의 기존 거래처 등을 분석하면서 해당 바이어의 숨은 니즈에 부응하는 제안서를 마련해야 한다.

현지 유력 바이어 맞춤형 제안서 준비는 사실 말처럼 쉽지 않다. 특히 우리나라 중소기업의 경우 조사 역량이 미흡하고 조사에 쏟는 노력도 적은 편이다. 그러다 보니 현지 유력 바이어들을 접촉해서 가치 제안을 해도 그들의 무반응에 직면하곤 한다.

이런 상황에서 많은 국내 중소기업들이 이름도 성도 모르는 바이어가 친절하게 접근하면 앞뒤 가리지 않고 파트너로 선정하고 독점 에이전트 계약을 체결하는 사례가 많다. 이후 성과는 전무하고, 독점 에이전트 계약은 파기되지 않은 채 파트너와 답 없는 분쟁 상태가 이어지는 안타까운 사례가 즐비하다.

우리가 접촉하는 현지 유력 바이어는 아쉬울 게 별로 없다. 우리 경쟁사의 상품을 취급하여 현지 시장에서 일련의 성과를 올리면 그만이다. 따라서 이들에게 밋밋한 가치 제안을 해서는, 한두 번 접촉을 시도해서는 어떠한 반응도 얻을 수가 없다. 시간과 노력을 들여야만 한다.

또한 우리에게 친절하게 먼저 다가오는 바이어는 경계 대상이다. 잘나가는 바이어들이 현지 시장에 생소한 우리에게 친절할 이유는 눈 씻고 찾아봐도 찾을 길이 없다.

4장

사전 마케팅
(Before Marketing)

사전 마케팅(Before Marketing)에 전념하라

앞선 3장에서 해외 목표시장의 바이어 타기팅이 중요함을 설명했다. 우리 기업의 눈높이에 맞는 진성 바이어와의 파트너 관계 형성이 해외 목표시장 진출의 핵심이기 때문이다. 우리나라 중소 · 중견기업들의 해외 목표시장의 최종 소비자를 대상으로 직접 마케팅을 수행한다는 것은 가능하지도 않고 실효성도 없다.

우리 상품이 B2C이든 B2B이든 해외 '독점' 에이전트는 현지의 최종 소비자에게 이르는 가용한 모든 유통채널을 대상으로 우리 상품의 마케팅 활동을 수행하는 우리의 파트너이자 도우미다.

따라서 해외마케팅의 정수는 좋은 바이어와 파트너 관계를 형성하고, 파트너가 현지 시장에서 왕성한 마케팅 활동을 전개하여 우리 상품의 현지 시장점유율을 지속적으로 확대해 주는 것이다. 하지만 현장에서는 정반대 사례가 무수하고, 이로 인해 우리 기업과 파트너 간에 불화가 발생하여 현지 시장 진출 자체가 꽉 막혀버려 애를 태우는

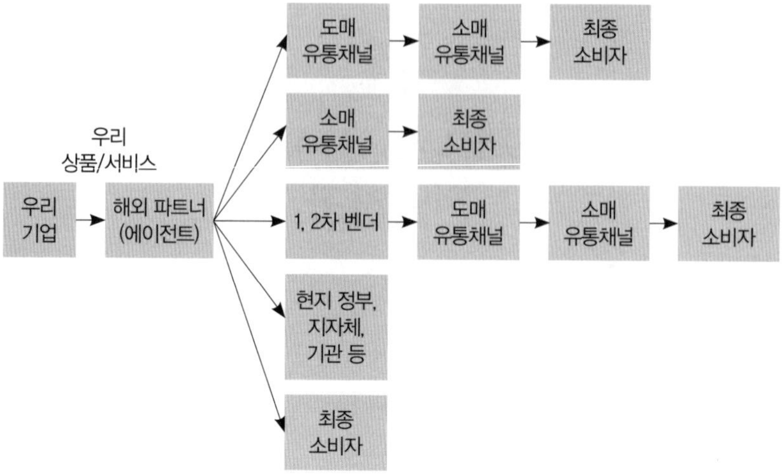

〈그림 4-1〉 해외 목표시장 '독점' 에이전트의 역할

경우가 비일비재하다.

사전 마케팅(Before Marketing)은 해외 목표시장의 특정 바이어와의 파트너 계약 체결 전에 바이어에 대한 철저한 신용조사를 통해서 계약 체결 이후 상호간 불화를 방지하고 나아가 우리 상품의 원활한 현지 시장 진출을 도모하기 위한 필수적 요소이다.

우량 바이어 식별을 위한 3C 신용조사가 있다. 바이어의 상도덕(Characteristic)과 지불능력(Capital), 그리고 마케팅 능력(Capacity)에 대한 세밀한 조사를 통해 적정 바이어와 파트너 관계를 맺어야만 향후의 클레임과 수출대금 미수금 발생을 방지하고 파트너의 뛰어난 마케팅 역량에 힘입어 우리 상품의 현지 시장점유율 확대를 기대할 수 있다.

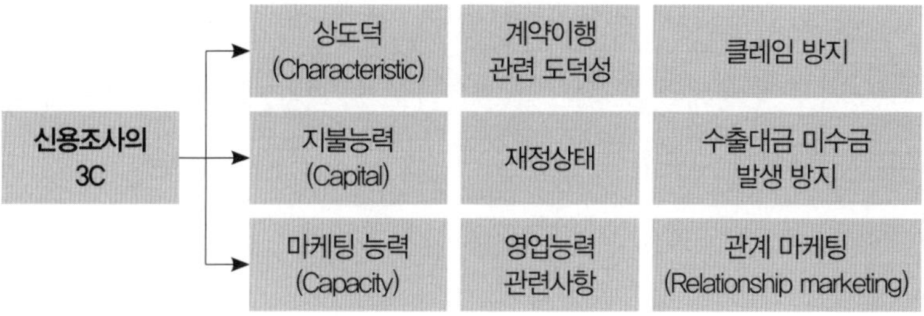

〈그림 4-2〉 3C 신용조사

지구상의 반은 남자이고 나머지 반은 여자이다.

지구상의 51%는 정직한 비즈니스맨이고 나머지 49%는 사기꾼이거나 그에 가깝다.

아직도 적지 않은 우리나라의 기업들이 현지 파트너를 잘못 만나 수출대금 미수금에 직면하거나 악의적인 마켓 클레임에 대응한 손해배상 등으로 골머리를 앓고 있다. 또한 파트너의 마케팅과 네트워크 역량 부족으로 수출이 확대되기는커녕 현지 시장에서 흔적조차 찾을 수 없는 경우도 제법 된다.

따라서 현지 바이어와의 파트너 계약 체결은 신중에 신중을 기해야 한다. 3C 신용조사는 최소한의 필요조건이다. 일단 현지 바이어와 파트너 계약을 체결한 후에 발생하는 불미한 상황은 해결이 거의 불가하다고 보는 것이 맞다.

어떤 이들은 "그게 무슨 소리냐?"며 파트너와의 '독점' 에이전트 계약서상에 양자간의 파트너 관계가 지속되기 위해서는 최소 주문량

조건도 있고, 계약서 유효기간도 있고, 계약서와 관련한 분쟁이 야기되는 경우 분쟁해결 조항도 있는데 라고 의문을 제기한다. 그런데 과연 그럴까?

파트너와의 분쟁, 어떻게 하면 좋을까

명심하자. 해외 목표시장 진출의 첫걸음이자 마지막 단추는 현지 바이어와의 파트너 계약 체결이다. 일단 파트너 계약을 체결하고 나면 현지 시장에서의 성공 또는 실패 모두 전적으로 현지 파트너의 손에 달려있다.

혹자는 현지 파트너가 시원치 않으면 계약을 파기하면 되지 않느냐고 얘기한다. 물론 계약을 파기한 후 다른 바이어와 파트너 계약을 체결하고 현지 시장 진출에 박차를 가할 수도 있다. 현지 파트너와의 계약서 문구에 최소 주문량과 유효기간 등등이 명시되어 있어 현지 파트너가 최소 주문량을 소화하지 못하거나 계약서 유효기간이 종료되어 계약을 파기할 수도 있다. 우리의 계약 파기 의사를 현지 파트너가 수긍하고 동의하면 매끈하게 현지 파트너와의 관계가 청산된다.

하지만 우리의 요구에 대해 현지 파트너가 우리 상품의 현지 시장 진출을 위해 본인이 쏟은 시간과 노력이 다대하지만 현지 시황이 좋지 않는데 무슨 소리냐고 항변한다든가, 우리의 마케팅 지원 활동이 미약해서, 우리 상품의 가격과 품질 경쟁력이 별로여서 등등의 이유를 대며 우리의 파트너 계약 파기 요구를 정면 거절한다면 파트너 관계 청산은 불가능한 게 현실이다.

현지 파트너가 계약 파기를 거절하는 이유는 우리 상품의 현지 시장에 대한 독점적인 권한 보유라는 기득권을 유지하려는 비즈니스 의지 또는 계약 파기는 가능하지만 금전적인 대가를 바라는 의도 때문이다. 그간 파트너의 현지 활동 결과가 못마땅해서 파트너 관계 청산을 계획했던 우리 업체 입장에서 파트너의 'No, Thank you' 사인을 받으면 곤란하기 짝이 없다.

가장 좋은 해결방법은 양자 합의다. 서로 공조해서 열심히 했지만 시장성과가 기대치를 밑도는 현실이다 보니 우리로서는 어쩔 수 없이 신규 파트너 물색 등 현지 시장 진출 전략을 수정할 수밖에 없고, 그래서 기존 파트너 관계를 유지할 수 없게 되었고, 원점에서 다른 후보 바이어들과 함께 다시금 심사하게 되었다거나, 기존의 독점 에이전트 운영에서 소수의 세일즈 에이전트 운영 방식으로 전략이 수정되었으니 이를 수용해 주면 좋겠다는 식으로 풀어 가본다. 현지 파트너가 이를 받아들여준다면 다행스럽기 그지없다.

하지만 양자 합의에 의한 해결이 불발되었다면 실로 난감하기 이를 데 없다. 일정 금액의 보상을 요구하거나 배째라는 식의 대응으로 나올 것이다. 요구하는 금액을 맞추기도 쉽지 않다. 수용하기 힘든

금액을 요구할 것이고, 그렇지 않더라도 중견 · 중소기업의 입장에서 금전적 보상의 해결은 뭔가 찝찝하다. 그렇다면 상사중재나 법원 소송인데, 이게 말같이 쉽지 않다.

상사중재원을 통한 해결을 모색하려면 계약서 말미에 분쟁발생 시 상사중재원을 통해 해결한다는 문구가 들어가 있어야 하고 상호 서명날인이 되었어야 한다. 그러한 경우도 막상 상사중재 절차에 들어가려면 쌍방 모두 동의를 표시해야 한다.

어느 나라의 상사중재원에서 분쟁해결을 할 것인지도 관건이다. 우리는 대한상사중재원을, 해외 파트너는 자국의 상사중재원을 분쟁해결 기관으로 선정하려 하기 때문에 계약서 문구를 놓고 실랑이를

Any dispute, controversy and/or difference which may arise between the parties hereto. Out of or in relation to or in connection with this contract. Or any breach here of shall. Unless settled without undue delay by amicable arrangement of the parties hereto. Be referred for settlement to **Arbitration Rules of the Korean Commercial Arbitration board**. The award shall be final and binding upon the parties hereto. And judgement on such award may be entered in any court or tribunal having jurisdiction thereover.

〈그림 4-3〉 계약서상의 대한상사중재원 통한 분쟁해결 문구

벌이는 것 중의 하나가 상사중재원의 지정 문제이다. 우리나라의 대한상사중재원에서 향후 분쟁을 해결하려면 〈그림 4-3〉과 같은 문구가 계약서에 들어가야만 한다.

하지만 현실은 우리의 마음과 같지 않다.

일반적으로 공급업자(수출업자)와 구매업자(바이어)간의 힘의 논리상 구매업자(바이어)가 우위에 있는 까닭에 구매업자 국가의 상사중재원으로 계약서가 체결되고 있으며, 쌍방의 힘이 균형적일 때는 제3국의 상사중재원이 해결한다는 문구로 계약서가 체결된다.

예컨대 중국 구매업자(바이어)와의 계약서는 중국, 쌍방이 균형 상태를 유지한 경우는 싱가포르 상공회의소가 주류를 이룬다.

어떠한 경우든 계약서상에 이러한 조항이 들어갔더라도 분쟁이 발생하여 상사중재원을 통해 해결하려면 쌍방 모두 이에 동의해야 한다. 실로 쉽지 않다. 그렇더라도 만일의 사태에 대비하여 분쟁해결은 대한상사중재원을 통해 해결한다는 문구가 관철되도록 바이어와 밀당을 주고받자.

상사중재원을 통한 해결에 쌍방이 동의했다 하자. 상사중재원을 통한 해결방안은 알선-조정-중재가 있다. 중재 결정만이 강제집행력을 가진다. 하지만 구매업자(바이어)가 이에 응하지 않는다면 법정소송밖에 남은 것이 없다. 해외에서의 법정소송은 우리나라 대기업도 쉽지 않다. 오랜 시간과 많은 비용이 든다. 중견·중소기업의 입장에서는 엄두도 못 낼 일이다.

하지만 '구더기 무서워서 장을 담그지 않는다'는 것은 어불성설이다. 우리나라는 세계 7위를 넘나드는 수출 대국이며 아무리 적게 잡아도 50% 이상의 진성 바이어들이 해외시장에 무궁무진하기 때문이다.

따라서 서두르지 말고 철저한 사전 마케팅을 통해 진성 바이어를 발굴하여 이들과 파트너 계약을 체결하고 해외 비즈니스를 진행한다면 파트너와의 분쟁은 남의 얘기가 된다. 실제 내가 얼마 전에 방문한 대구 소재 S기업은 연간 수출액이 2천만 달러를 상회하는데 수출보험도 부보하지 않은 채 결제조건 모두를 100% 후불 결제로 진행하는 데도 현재까지 별문제 없다고 했다.

사실 결제조건만 놓고 보면 위험천만하기 그지없다. 하지만 S기업의 성공 요인은 좋은 품질과 가격경쟁력 등이 핵심 요인이겠지만 좋은 파트너와 관계를 맺고 있기 때문에 가능함은 당연하다.

비즈니스에 왕도(royal road)는 없다. 아무리 바빠도 시장조사를 철저히 하고 신용조사에 기반하여 진성 바이어를 식별하면서 최적의 바이어와 파트너 관계를 형성하고, 수출보험에 가입하고 비즈니스를 진행한다면 독자의 해외 비즈니스는 '황금알을 낳는 거위'가 될 가능성이 농후하다.

2부

해외마케팅 실전편

1장

수출 어렵지 않다

언택트 시대의 무역

신발사업을 하는 나는 중국에서 주문제작을 하고 있다. 적지 않은 금액이고, 수시로 새로운 제품을 개발해야 하기에 중국 파트너와 긴밀한 관계가 절대적으로 필요한 상황이다.

하지만 중국 우한에서 퍼지기 시작한 코로나19가 유행하기 시작한 이후로 중국 파트너를 만나본 적이 없다. 중국과 한국, 양국에서 모두 봉쇄령을 내리고 출입국자들에게 자가격리를 요구하기 때문에 오갈 엄두가 나지 않았기 때문이다.

무역도 코로나19의 절대적인 영향을 받았다. 무역거래는 국내 거래와는 달리 한 번에 이루어지는 거래 액수가 크다. 국제간 무역거래에서 소매거래처럼 소액거리는 수익성과 효율적인 면에서 전혀 합리적이지 않기 때문이다. 그래서 무역은 늘 상대방이 누구인지를 대단히 중요시했고, 국내 출장보다 몇 곱절의 시간과 비용을 들여가며 굳이 만난 후에 거래하는 게 일반적이었다.

그런데 이런 대면접촉을 통한 상대방의 검증이 어려워졌다. 친밀감을 높이기도 어려워졌으니 신뢰도를 높이는 방법도 달리해야 한다. 대면 마케팅이 불가능한 상황에서 수출자나 바이어의 정서적 불안함을 해소하는 데 적극적이어야 한다.

인터넷으로 어떻게 보여지는가가 중요해졌다

인터넷이 출현한 2000년 이후에는 전자상거래라는 새로운 단어가 생겼고, 국내 거래뿐만 아니라 국제간 거래에도 인터넷 홈페이지의 중요성이 커졌다. 모든 비즈니스 상담의 마지막은 '홈페이지에서 확인하라'였고, 대면 상담에서 부족한 자료는 이메일로 보내주겠다는 것으로 끝이 났다.

코로나19 이전에도 인터넷에 보여지는 회사와 제품의 모습이 실제 상거래의 성사에 대단한 영향을 미쳤다. 실제로 나 같은 경우도 인터넷이 처음 생겼을 때 어설프게나마 자력으로 홈페이지를 만들었고, 이를 통해서 핀란드, 노르웨이, 독일, 호주 등 세계 각지에서 인콰이어리가 왔었다.

이제는 단순하게 홈페이지가 있는지 없는지는 논외로 해야 한다. 수입을 하든, 수출을 하든 간에 홈페이지는 있어야 하고, 이를 바이어는 물론이고 생산자에게도 신뢰성이 가도록 만들어야 한다. 요점은 모든 것을 다하겠다는 욕심보다는 자사의 전문성을 부각하는 방향으로 만들어야 한다.

검색되지 않는 자, 존재하지 않는다

언택트 무역 시대에 내가 무역 파트너에게 쉽게 나타날 방법은 오로지 인터넷 검색뿐이다. 홈페이지를 만드는 것으로 족하지 않다.

구글에서 'shoes(신발)'라는 단어를 쳐보자. 그럼 무려 13억 개의 웹사이트가 떠오른다. 나의 잠재 파트너의 스크린에 내가 나타나려면 13억 대 1의 경쟁을 거쳐야 한다는 의미이다. 내가 검색되지 않으면 나의 무역 파트너는 나를 알지 못하고, 나는 그에게 존재하지 않는 것이다.

따라서 네이버나 구글 같은 검색엔진에 내 사이트가 잘 나타나도록 홈페이지를 구성해야 한다. 그걸 SEO(Search Engine Optimization, 검색엔진 최적화)라고 한다. 비용을 들이지 않고 기존에 가지고 있는 콘텐츠만을 활용하여 무료 트래픽을 확보할 수 있게 해준다.

검색엔진들은 각각 나름대로의 검색 로직이 있다. 특히 해외시장 공략을 위해서는 대표적인 글로벌 검색엔진인 구글 검색엔진 최적화를 통해 유입 고객을 최대화하는 마케팅이 필수적이다.

사용자가 내 콘텐츠를 찾을 때 어떤 검색어를 사용할지 생각해보자. 어떤 주제에 관해 잘 아는 사용자는 해당 주제를 잘 모르는 사용자와 다른 검색 키워드를 사용한다.

예를 들어 오랫동안 축구를 좋아해 온 축구팬은 'Fédération Internationale de Football Association'의 약자인 'FIFA'를 검색할 수 있지만, 최근에 축구를 좋아하게 된 사용자는 '축구 플레이오프'

와 같이 좀 더 일반적인 검색어를 사용할 가능성이 높다. 검색 행동에서 나타나는 이러한 차이를 예상하고 콘텐츠를 작성할 때 이를 고려하여 키워드 문구를 적절하게 섞어 사용하게 되면 긍정적인 결과가 도출될 수 있다.

구글 Ads에서는 새로운 키워드 변형과 키워드별 대략적인 검색량을 편리하게 확인할 수 있는 기능이 있다. 물론 이는 네이버에서도 '키워드 도구'를 통해서 제공한다. 구글 SEO의 자세한 내용은 구글 검색센터에서 '검색엔진 최적화'를 찾아보면 된다.

검증의 방법이 중요해졌다

내가 중국의 파트너를 찾아낸 것은 알리바바를 통해서이다. 인터넷을 통해서 검색하다 보면 생각보다 제조업체의 홈페이지를 찾기가 대단히 어렵다. 물론 알리바바에서도 중국의 파트너를 찾기가 쉽지는 않다. 공장이 없는 무역업체임이 빤히 보이는데도 불구하고 버젓이 공장 사진과 번듯한 사무실 사진을 올려놓는 게 중국 무역회사들이다. 그리고 거기에 온갖 제품을 올려놓는다.

그렇지만 나는 그중의 하나를 선택할 수밖에 없었다. 어차피 중국 가서 검증을 한다하여도 한계가 있지만, 그나마 알리바바가 상호 갈등이 일어났을 때 지불을 중지하고 중재하는 역할을 다소 해주기 때문이다. 그 외에도 파트너의 신뢰성을 검증하는 방법을 찾아놓아야 한다. 내가 주로 권하는 방법을 소개한다.

① 커뮤니케이션의 속도가 빨라야 한다. 나의 문의에 회신이 늦으면 나에 대한 관심이 적거나 상대가 무역에 대한 이해도가 낮은 것이다. 회신이 늦은 파트너는 문제를 일으키는 경우가 많거나 엉뚱한 소리를 하는 경우가 많다.

② 요구하는 샘플의 정확도와 신속도가 높아야 한다. 이제는 현지 공장에 가서 채택 가능한 디자인, 사용 가능한 소재, 그리고 제작자의 기술 숙련도를 확인하고 구매할 수는 없다. 따라서 거래 전에 반드시 샘플을 주고받고, 이를 근거로 거래를 할 수밖에 없게 되었다. 그런데 샘플을 잘못 만들거나 시간이 오래 걸린다면 이는 셀러의 실력이 부족한 것이고, 만들고자 하는 샘플의 세부사항을 세세하게 요구하지 못하면 바이어의 실력이 부족한 것이다.

무역거래 파트너를 다변화해야 한다

나에게 2020년 초는 악몽 같았다. 중국에 발주는 하였지만 도무지 물건을 싣지 못했다. 바로 록다운 때문이었다. 그때는 코로나19 초기라서 '이게 무슨 일인가?'하고 어리둥절했고, 도시와 국가 자체를 통째로 봉쇄시켜 버린다는 사태에 그저 어안이 벙벙할 뿐, 이해하기도 어려웠고, 무슨 대책을 세우기도 어려웠다.

이번 사례처럼 어느 순간에든 록다운이 일어날 수 있다. 일단 록다운이 되면 나같이 수입하는 업체의 경우 재고 부족으로 이어진다. 재고 부족은 단순히 판매 부진뿐만 아니라 고객에 대한 약속 불이행,

재고를 설명해야 하는 등의 추가적인 업무 부담, 그리고 구매대금 결제는 했지만 판매자금 감소로 인한 자금 부담이 가중된다. 이와 비슷한 일이 수출자에게 이루어지는 것 또한 마찬가지이다.

따라서 구매나 판매를 좀 더 다변화해야 한다. 시간이 걸리기는 하지만 이제는 록다운이 언제든지 다시 생길 수 있음을 감안하면 무역거래 파트너의 다변화는 생존을 위한 필수이다.

한국은 좁고 세계는 넓다

한국에서 뭔가를 만들어 파는 회사들은 필연적으로 수출을 해야 한다. 여러 가지 이유가 있지만, 가장 결정적인 이유는 한국이라는 나라가 너무 좁기 때문이다. 세계 경제규모 11위라고 하지만 인구는 5,000만 명에 불과하다. 뭐를 좀 팔았다 싶으면 어느새 시장은 포화되어 있다. 그러다보니 내수만 해서는 회사 규모나 수익성을 키우기 어려운 구조적 문제가 있다.

세계 경제규모 11위도 사실은 수출로 국민소득이 높아져 그렇다는 것이지 5,000만 명에 불과한 한국이 인구 1억 명인 나라처럼 같은 물건을 많이 팔 수 있다는 것은 아니다. 기본적으로 내수시장에서 수익을 충분히 낼 수 있는 규모를 인구 1억 명 정도로 보기 때문이다.

한국은 세계에서 인구밀도가 매우 높은 데다가 영리한 사람들이 몰려 있다. 항상 먹거리는 부족한데 경쟁자는 많다. 그래서 히트할 만한 새로운 제품이 나오면 특허가 있는 사람이 사업을 시작해 수익을 올리기도 전에 시장에서 수많은 해적판 경쟁자를 만나게 된다.

게다가 한국은 생각보다 시장이 매우 세분되어 있다. 뭔가 유행을 따르는 것 같으면서도 남과 같은 것을 싫어한다. 결국 같은 사업 분야에서 수요는 많은 것 같지만 실제로 사려니 살 것이 없고, 팔려니 팔 것이 없다는 말이 나온다. 거기에다가 한국의 내수시장이 더 어려운 것은 세계 어디에서도 비슷한 사례를 찾아보기 어려울 만큼 시장 흐름이 매우 빠르기 때문이다.

파나마에 처음 갔을 때다. 동네에 조그만 광장이 있고, 그 앞에 맥주를 파는 선술집이 있었다. 그 광장은 동네 사람들의 놀이터였는데, 사람들은 흥에 겨우면 맥주를 마시면서 선술집에서 틀어주는 음악에 맞춰 춤을 추었다. 그런데 어른 아이 할 것 없이 즐기는 음악의 리듬이 같았다.

하지만 한국에서는 1~2년 단위로 세대차이가 난다고 할 만큼 연령별로 좋아하는 음악이 다르다. 심지어 '요즘 아이들이 하는 말을 이해하기 어렵다'는 불평을 할 만큼 언어도 세대차이가 난다. 아무리 엄청난 일이 일어나도 한국에서는 며칠 못 가서 새로운 주제로 넘어간다. 그만큼 뭔가 큰일이 자꾸만 터진다. 좋게 말하면 역동성이 넘치는 것이고, 심하게 말하면 '정신 차리고 살기 어려운' 것이다.

한마디로 한국은 제품의 라이프사이클이 너무 짧고 시장규모가 작다. 그러다보니 아무리 잘해도 수익성을 내기 어렵고, 지속 성장을 기대하기 어렵다. 그래서 한국에서 웬만큼 오래되었고 규모가 된다

하는 기업은 다 수출을 한다. 수출하면 여러 가지 장점이 따른다.

첫째, 가장 큰 장점은 규모의 경제를 살릴 수 있다는 것이다. 내수시장에서 100번 마케팅하고 영업해야 팔 수 있는 정도의 물량을 한 번에 보낼 수 있다. 규모의 경제를 갖추게 되면 이점이 상당하다. 우선 생산단가와 영업비용을 낮출 수 있다. 그로써 내수시장에서 경쟁력도 확보하기가 더 수월해진다.

그뿐만 아니라 신제품을 만들 여력이 훨씬 커진다. 신제품을 만들 때 100개를 팔 것으로 예상하고 만드는 R&D 비용보다 1만 개를 만들 때 소요되는 예상비용은 개당 단가로 따지면 훨씬 낮아지기 때문이다.

둘째, 위험을 분산할 수 있다. 라이프사이클이 짧고 시장이 매우 세분되어 있는 한국만 상대할 때보다는 시장 흐름이 비교적 오래가고 규모가 있는 해외시장을 상대한다면 하나의 제품을 만들어 오랫동안 판매할 수 있다. 유행이 확 돌았다가 어느 순간 사라지는 위험이 줄어든다. 때로는 한물간 물건도 외국에서는 이제 막 소개되는 경우도 많다.

셋째, 수익성이 높아진다. 규모의 경제가 이뤄지고 위험이 분산된다는 것은 경영에서 상당한 효율성을 기할 수 있다는 의미다. 게다가 판매대금의 회수 위험도 낮아진다.

특히 신용장을 주거래 수단으로 한다면 영업 위험이 매우 낮아진다. 선적하면 바로 대금회수가 가능해지기 때문이다. 설령 신용장을 사용하지 않더라도 선금으로 계약액을 상당 부분 받는 것이 일반적인 수출 관행을 보아도 자금 운용 측면에서 상황이 매우 좋아진다.

넷째, 지속 성장이 가능하다. 바다 건너 멀리 떨어진 나라들과의 무역은 좁고 급격한 내수시장만큼 상황이 빨리 변하지 않는다. 수출자나 수입자 모두 어느 정도 긴 호흡을 바탕으로 시장을 예측하고, 이에 따라 물건을 사고팔기 때문이다. 기업의 안정성이란 면에서 보면 대단한 장점이다. 그리고 일단 거래를 트면 상대방을 바꾸기가 매우 어렵다. 바이어에게 믿음을 주었다면 적어도 몇 년은 계속해서 관계를 유지할 수 있다. 이 밖에도 해외시장의 흐름을 빨리 알 수 있어 신제품을 내는 데 중요한 정보를 받아들일 수 있다.

물론 수출하기가 생각보다 쉽지는 않다. '딱' 하고 물건을 내놓으면 바로 '된다, 안 된다'라는 반응을 보이는 내수시장보다는 마케팅 활동에 시간이 오래 걸리고, 해외 소비자들의 취향을 파악하기가 어렵다. 그렇지만 아무리 뛰어봐야 우물 안인 한국보다는 수출하면 기회가 많이 주어지는 것은 틀림없다. 수출과 내수를 겸비한다면 성장규모, 지속가능성, 위험분산 등 이점을 누릴 수 있으니 좀더 적극적으로 해외시장의 문을 두드려볼 필요가 있다.

때로는 내가 노력하지 않았는데 해외바이어가 먼저 찾는 경우도 있고, 국내 수출업체가 대신 수출해보겠다고 하는 경우도 있고, 코트라에서 해외 인콰이어리를 보내는 경우도 있다. 어떤 경우든 해보자는 경영진의 의지가 중요하다. 그냥 안주하기에 한국은 너무 좁다.

영문 홈페이지와 무역사절단으로 시작하자

수출하려고 마음은 먹었는데 어떻게 시작할지 막막하다. 그럴 때 우리나라 사람들이 흔히 하는 말이 있다. 일단 뛰어봐! 그럼 어디서부터 뛸까? 이럴 때 가장 먼저 권하는 것이 영문 홈페이지다. 이건 약간만 움직이면 거의 공짜로 할 수 있다. 그런 다음이 무역사절단이다. 무지 싸게 여러 나라를 돌아다니면서 바이어를 만나볼 수 있다. 그러다보면 차차 여러 가지 방법과 요령이 눈에 들어온다.

홈페이지는 디지털 시대에 없어서는 안 될 마케팅 수단이다. 특히 멀리 떨어져 있는 해외바이어에게 '내가 지금 당신을 만나고 싶습니다!'라고 외치고, 바이어가 나를 찾을 수 있는 매우 손쉬운 수단이다.

홈페이지는 내가 해외바이어를 찾는 것뿐만 아니라, 해외바이어가 나를 찾는 수단도 제공한다. 때로는 아주 쉽게 시작할 수도 있다. 나 역시 현재 거래하는 핀란드, 독일 바이어를 홈페이지를 통하여 만났고, 20년 넘게 관계를 지속하고 있다.

인터넷이 없을 때는 바이어를 찾기 위한 단방향의 노력만 가능

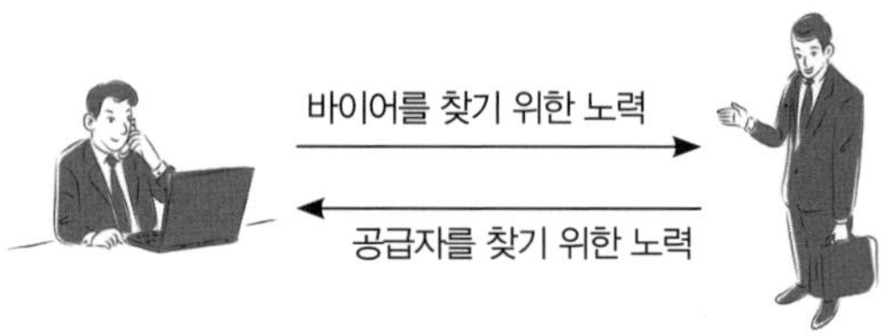

자사의 홈페이지가 있을 때 구글, 야후 등에서 검색하여 서로가 찾을 수 있음

더욱이 요즘은 홈페이지를 구축하기가 이전처럼 비싸지도 않고 제작 대행업체도 많다. 그리고 수출하기 위한 영문 홈페이지라면 정부 지원을 얼마든지 받으면서 거의 무료 내지는 아주 저렴하게 만들 수 있다. 다음은 그 사례다.

> 용인시가 관내 중소기업이 해외시장을 개척하고 수출 경쟁력을 높일 수 있도록 14개 사업에 8억 1,500만 원을 지원한다.
>
> 시는 수출 경험 정도에 따라 3단계로 기업을 분류해 수요자 맞춤형으로 해외마케팅을 지원할 방침이다. 수출 경험이 없는 중소기업에 해외시장을 개척할 수 있도록 은퇴한 무역전문가와 기업을 1 : 1로 매칭하는 '수출 멘토링'을 올해 처음 도입했다. 전문가가 각 기업 특성에

맞는 마케팅 전략을 세우고 바이어 발굴, 무역실무 등을 지원한다. 지원 대상은 관내 중소 제조업체, 벤처기업 10곳이다.

수출 초보 기업들이 원활히 해외시장에 나가 자사의 제품을 홍보할 수 있도록 외국어 홈페이지나 홍보물, 동영상 제작도 지원한다. 제작비의 50%로 30사에 최대 200만 원을 지원할 방침이다. 이제 막 해외시장을 개척하기 시작한 기업에는 시장 경쟁력을 갖출 수 있도록 해당 국가에서 요구하는 제품인증 획득이나 온라인 마케팅을 지원한다. …… 시 관계자는 "관내 중소기업들의 수출 경쟁력을 한 단계 높일 수 있도록 기업 실정에 맞는 실질적 지원을 해 나갈 것"이라고 말했다.(출처 : 경인매일)

홈페이지를 만들었다면 어느 날 갑자기 해외에서 '홈페이지에서 본 너희 제품에 관심이 있으니 조건을 맞추어보자'라는 이메일이 들어오더라도 놀라지 마라. 그만큼 효과가 있다는 말이다.

그러고서 직접 수출을 하려면 어떻게 해야 하는지 현장에서 선배들이 하는 것을 체험하는 것이다. 가장 좋은 방법이 무역사절단이다. 무역사절단은 10~15개 업체가 일정한 지역의 서너 국가 또는 도시를 돌아가면서 수출상담을 하는 것이다.

국내에서 파티복, 반짝이 액세서리 레이스, 결혼 예복, 여성용 속옷 등의 자수 원단을 생산하는 S사는 무역사절단을 활용하여 이란 수출에 성공한 케이스이다. S사는 예전부터 이란 방문을 희망했으나, 개인적으로 방문하는 것이 비자 준비, 바이어 수배, 통역 등 여러 면에서 어려운 상황이었는데, 때마침 관련협회의 이란지역 무역사절단 참가 소식을 듣고 무역사절단에 참가하는 것이 시간적으로나 경비 면에서 효과적일 것으로 판단했다.

12월 초 테헤란 E호텔에서 개최된 무역상담회에서 테헤란KBC가 주선해준 16곳 바이어와 상담했는데, 현지 바이어들은 S사의 화려하고 독창적인 디자인에 크게 관심을 표명했고, S사는 현장에서 건당 수천 달러 상당의 계약 5건을 성공적으로 체결했다.(출처 : 코트라 자료)

무역사절단은 참가업체로서는 부담이 별로 없는 수단이다. 게다가 비용도 그리 들지 않는다. 다음의 사례에서 보는 것처럼 항공료의 50%까지 정부에서 지원해준다. 게다가 항공료나 호텔비 등은 단체요금을 적용하기 때문에 혼자 다니는 것보다 훨씬 싸다. 무엇보다 초보자에게 좋은 것은 해외 출장에 관한 모든 사항을 코트라에서 조절할 뿐만 아니라 현지 바이어와의 상담도 미리 주선해준다는 것이다. 팔 만한 물건이 있고 의지가 있다면 무역사절단에 참여해보자.

그럼 남들이 어떻게 하는지 10~15일 동안 옆에서 볼 수 있고, 그들의 경험담을 아침부터 저녁까지, 하루 일정이 끝나고는 느긋한 기분으로 술 한 잔 앞에 놓고 밤새도록 들을 수 있다. 이미 수출을 열심히 하고 있고 웬만한 규모에 이른 회사도 있지만, 때로는 초보회사도 있다. 서로 공감대를 형성할 시간이 충분하다.

일단 수출하겠다고 마음먹었으면 홈페이지를 만들어놓고, 해외여행 삼아 무역사절단에 참가해보자. 그럼 앞길이 훤히 보일 것이다.

전북KOTRA지원단에서는 전라북도, 중소벤처기업진흥공단(전북)과 함께 '2020 전북 중남미 전략 무역사절단'을 아래와 같이 파견합니다. 페루, 콜롬비아 등 중남미 시장에 관심 있는 전라북도 업체의 많은 참여 바랍니다.

– 아 래 –

개요

- 파견기간 : 2020. 5. 27(수) ~ 2020. 6. 4(목)(총 6박 9일)
- 파견지역 : 페루(리마), 콜롬비아(보고타)
  - 리마 수출상담회 : 5. 29(금)
  - 보고타 수출상담회 : 6. 1(월)
- 파견규모 : 전라북도 소재 중소 · 중견기업 10개사 내외(소비재 추천)
- 주최 · 주관 : 전라북도, 중소기업진흥공단, KOTRA
- 참고사항 : 동 사절단은 광주광역시, 경상북도 업체와 함께 파견됨

개요

- KOTRA : 바이어 발굴 및 상담, 현지 시장조사, 상담장 운영, 통역 등 해외지원 전반
- 중소벤처기업진흥공단 : 항공료 50%(1사 1인) 등 국내 지원 전반

참가신청 관련

- 신청자격 : 전라북도 소재 수출 관심 중소 · 중견기업(소비재 추천)
- 신청기간 : 2020. 2. 3(월) ~ 2020. 2. 28(금)
- 신청방법 : 전라북도 수출지원사업관리 홈페이지 신청 후 관련 서류 제출 (http://jbtrade.jeonbuk.go.kr)
- 제출서류 : 첨부 공고문 참고

한국에서 팔았으면 해외에서도 팔 수 있다

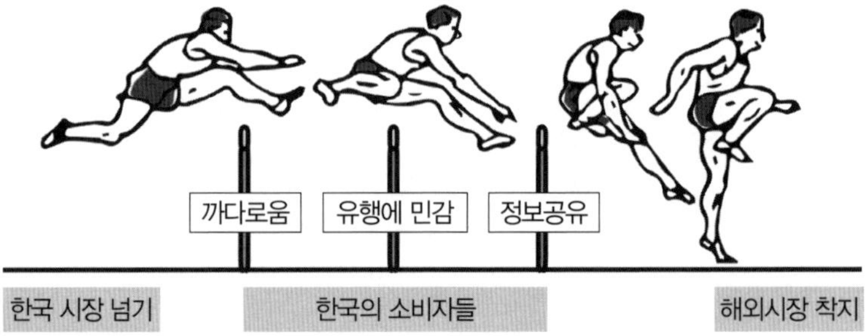

"한국 소비자는 깐깐하고 제품에 대한 기대치, 디자인에 대한 욕구도 높습니다. 국내시장 니즈에 맞추다보니 수주가 들어와 역수출을 하게 됐습니다."(김태원 (주)화승 상무)

이 업체는 현재 멕시코와 칠레, 중국, 홍콩, 일본 등에 국내에서 생산된 의류를 역수출하는데, 올해 역수출액이 25억 원에 달할 전망입니다. 패션뿐 아니라 까다로운 한국 소비자의 입맛도 세계시장에서 통하고 있습니다.

> 아이스크림 비수기를 벗어나기 위한 배스킨라빈스의 '아이스크림 케이크'는 우리나라에서 독자 개발된 메뉴. 그러나 이제는 중국, 쿠웨이트, 카타르 등 6개 국가로 역수출되는 상품입니다. 또 해외 커피 브랜드인 스타벅스 제품 가운데 팥빙수를 응용한 제품은 국내에서만 맛볼 수 있는 음료입니다. 국내에서 인기를 얻자 미국 본사는 아시아 시장으로 해당 제품을 확대하기로 했습니다. …… 한층 높은 품질과 더 나은 디자인을 요구하는 한국 소비자들. 한국에서 통하면 틀림없다는 공식이 생기면서 세계시장의 트렌드를 주도하고 있습니다.(출처 : 채널A 뉴스)

몇 년 전부터 이런 뉴스들이 간간이 나오더니만 이제는 뉴스거리도 되지 않을 정도로 당연하게 받아들여진다. 그런데 불과 7~8년 전만 해도 세계의 테스트 마켓은 한국이 아니라 일본이었다. 일본 사람들의 깐깐함이 세계의 많은 기업을 울렸다. 그러면서도 일본 시장 공략에 힘을 쏟았다. 왜냐하면 자사 제품이 일본에서 팔린다는 자체만으로도 홍보효과가 있었으니까.

그런데 이제는 세계의 수많은 기업이 한국에서 자사 제품을 론칭하면서 시장성을 테스트한다. 이제 일본은 세계의 테스트 마켓이 아니다. 왜 그럴까? 사실 일본은 변한 것이 없다. 그들은 여전히 까다롭고 유행에 민감하며, 가격에 대해서는 다른 나라에 비하여 비교적 관용적이다. 여기까지는 한국도 비슷하다.

한국은 일본보다 훨씬 개방적이다. 일본은 자기네 휴대전화가 아니면 사용하지 못할 정도로 폐쇄적이고, 외국 제품에 대한 불신이 크다. 그런 면에서 보면 한국의 개방성은 외국 기업들에 효용성이 높다. 일본은 일본만의 독특함이 지나쳐 일본에서 팔리는 제품은 별도로 개발해야 하고, 다른 시장에서는 팔기 어려운 점이 있다. 결국 일본 시장에 팔기 위해서는 대부분 상당한 정도 수정해야 한다.

하지만 한국에서 팔리는 제품은 외국에서 팔기 위하여 크게 수정하지 않아도 된다. 그러니 일본에서 팔지 못한 기업들이 보통 내뱉던 불만을 한국에서는 할 수 없다.

"일본은 지나치게 폐쇄적이고 자국 기업이 끼리끼리 모여서 담합하며 외국 기업의 진입과 유통에 보이지 않는 장벽을 높게 쳐놨다"라고 할 수 있지만, 한국에서 못 팔면 그런 변명이 통하지 않는다. 그냥 실력이 없어서 못 팔았거나 한국 시장에 관심이 없다고 생각할 수밖에 없다.

이런 한국 시장의 개방성에 불을 지핀 것이 바로 인터넷이다. 인터넷은 모든 사람이 다른 모든 사람과 생각을 나눌 수 있게 만들었다. 세계에서 가장 촘촘하고, 가장 빠르고, 가장 훌륭한 인터넷 인프라를 갖춘 한국에서는 자기 생각을 파일 사이즈에 구애받지 않고 얼마든지 포털이나 전문 사이트에 올릴 수 있다. 한국처럼 모든 파일에 사진이나 동영상, 음악이 들어가지 않으면 보기 힘들다고 하는 나라는 흔치 않다.

신제품이 나왔다 하면 누군가는 어딘가에 꼭 제품 리뷰를 올린다.

배달된 박스의 포장상태부터 제품의 속까지 구석구석 찍어서 올리면, 이에 대한 댓글도 순식간에 달린다. 그런데 포스팅이나 댓글이 전문가 수준인 경우도 많다. 아마도 한국이 테스트 마켓으로 인식되기 시작한 것은 디지털카메라가 일반화되면서부터 아니었나 싶다.

2005년 니콘의 렌즈교환식 디지털카메라인 D-70에 대해 한국 디카족이 블루밍 현상과 적록(일명 신호등) 현상을 찾아내면서 환불사태가 빚어졌다. 블루밍 현상은 태양처럼 아주 밝은 물체를 직접 촬영할 때 태양의 꼬리 모양이 나타나거나 녹색빛이 번지는 것이고, 적록 현상은 촬영 물체 옆으로 적색 또는 녹색이 번지는 것이다.

2004년 말 최초의 800만 화소급 카메라인 DSC-F828을 출시한 소니도 촬영된 화상에 보라색 잔상이 남는 일명 보라돌이 현상이 한국 디지털카메라 동호회를 중심으로 제기되면서 힘들어했다. 캐논 또한 EOS-300D의 경우, 상위 기종에서만 가능한 기능이 소프트웨어만 따오면 하위 기종에도 장착된다는 사실이 알려지면서 한국 디카족과 회사 측 사이에 논쟁이 벌어졌다.

이런 일련의 사건을 겪은 뒤 디지털업계에서는 한국에서 출시하여 보완 여부는 물론 시장성까지 미리 테스트하는 것이 일반화되었다. 까다롭기는 하지만 개방적이고 진정성이 있다면 쉽게 용서해주는 관용을 베풀 줄 알기 때문이다.

한국에서 뭔가를 만들고 판다는 것은 이미 이런 시장에 적응되어 있다는 이점이 있다. 남들이 거쳐야 하는 오랜 적응기간 없이 그 자체가 우리 생활이기 때문이다. 그건 장사하는 처지에서 보면 아주 괴로운 일이지만, 외국에서 팔 때는 한국에서 팔리고 있고, 살아남았다는 것을 장점으로 말할 수 있는 때가 왔다. 자, 이제 외국에 나가서 확실하게 말하고 팔자.

"이거, 한국에서 잘 팔리는 거야, 믿고 사!"

소액수출도 있다

예전에는 수출한다고 하면 컨테이너 하나를 가득 채워야 했다. 하지만 지금은 편지봉투에 넣어서 수출하는 것도 가능해졌다. 한때는 무역을 하려면 특별한 지식이 있어야 했다. 바이어 정보, 해외시장 정보, 무역에 대한 수많은 규제가 특별한 소수만이 무역을 가능하도록 했다.

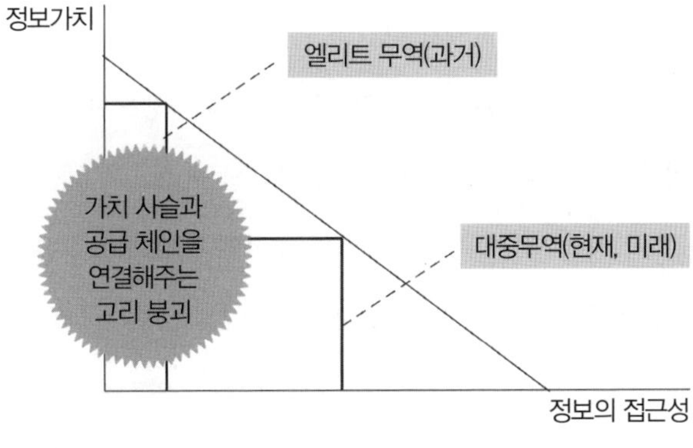

낮아진 정보장벽

하지만 지금 무역은 누구나 쉽게 할 수 있는 보편적인 일이 되어가고 있다. 이제는 소수만이 보유할 수 있었던 정보를 누구나 쉽게 구할 수 있다.

역샌드위치론

얼마 전 친구에게서 들은 말이다. "외국 사람이 한국에 와서 소주에 빠지는 이유 중 하나는 바로 알코올 도수 20~25도 때문이다." 사람이 목에 넘기기 가장 좋은 알코올 도수가 20도 내외라고 하는데, 서양이나 동양이나 도수가 그 정도인 술이 없다고 한다.

예를 들면 보드카나 위스키는 40도에서 90도까지 되고, 와인이나 맥주는 5~10도 내외라서 소주와 도수가 비슷한 술을 찾기가 쉽지 않다고 한다. 물론 이 술 저 술 섞어서 만든 칵테일에서 찾을 수 있지만, 이는 보편적인 술이 아니니까 별도로 한다면 말이다.

* 샌드위치론 : 2007년 1월 이건희 회장은 한국 경제가 중국의 가격경쟁력에 밀리고, 일본의 기술경쟁력에 밀리는 샌드위치 신세가 되고 있어 앞으로 힘들어질 것이라고 말했다.

* 역샌드위치론 : 2008년 11월 말경 조환익 코트라 사장은 중국과 일본 사이에서 샌드위치 신세로 전락했던 한국 제품이 글로벌 경제위기로 오히려 비교우위를 점하는 기회를 맞고 있다고 말했다.

역샌드위치론의 핵심은 한국처럼 고품질을 지향하면서도 적당한 가격대로 제품을 만들어내는 나라가 거의 없다는 것이다. 일본은 품질이 좋기는 하지만 소비자에게 필요하지 않은 기능이나 뒷산을 오르는 사람에게 우주복에 버금갈 정도의 기능을 넣어 만들어서 지나치게 비싸고, 중국산은 싸기는 하지만 가격대비 품질과 내구성에서 떨어진다. 하지만 한국은 그 중간에 있으면서 고급시장과 저급시장을 동시에 공략할 수 있다.

롱테일경제학

홍대 앞에 가면 영세업자들이 자기가 만든 액세서리를 만들어 파는 공원이 있다. 한국의 생산시설이 무너졌다고는 하지만, 아직도 한국에서 뭔가를 만들어내 성공을 꿈꾸는 사람들이 많다.

내가 판매하는 발가락양말도 유럽, 특히 핀란드에서는 자기네 생산물처럼 특화되어 있다. 한국처럼 기능성 신발이 많은 나라도 없다. 이태원에 가면 주문하고 두세 시간 안에 와이셔츠를 받아볼 수 있는 가게도 있다. 인터넷은 이런 제품들의 판매를 가능하게 했다.

이런 몇십에서 몇백 달러에 불과한 제품을 인터넷, 해외전시회, 시장개척단을 통하여 수출하는 방법을 강구하는 것이다. 이런 시장의 최대 장점은 가격경쟁에서 벗어나 나름대로 차별성을 가질 수 있다는 것이다.

이베이나 아마존 같은 인터넷 사이트를 통한 수출도 가능하다. 물론 초기수출은 기껏해야 품목당 10개를 구매하고, 다해야 1,000달러를 넘기는 경우가 드물다. 하지만 운송료도 생각보다 비싸지 않다. 포장당 150g 미만이면 거의 국제편지를 보내는 정도 비용이면 된다.

그렇다면 수출의존도가 높을 수밖에 없는 우리 경제에서 이러한 수출방식을 늘리는 방법도 적극 추구해야 한다. 이른바 '롱테일 경제'를 적극적으로 활용하는 것이다.

내수를 겨냥한 창업은 결국 우리 안에서의 돈놀이밖에 되지 않는다. 창업자는 많지만 성공할 확률이 낮은 것은 너무 빤한 내수시장을 상대로 너무 많은 사람이 모여들 수밖에 없어서 그렇다. 그러니 이들의 목표시장을 일부나마 해외로 돌려보자는 이야기다. 이들이 만들어내는 제품을 그동안 100% 내수에서 판매하려고 했다면, 이제 30%만이라도 해외에서 소비되도록 해보는 것이다.

이런 소액수출은 인터넷을 이용하는 것이 최선이다. 3,000~4,000달러 내외의 수출품을 위하여 막대한 정부자금을 지원할 수는 없지만, 한국 제품 위주의 이베이, 알라딘, 아마존 같은 세계적 포털사이트를 만드는 것은 어렵지 않다. 옥션이나 G마켓을 영문판으로 만들고, 이 사이트를 KOTRA 등 해외에 소개하는 수단을 동원하여 적극적으로 홍보하고 광고도 하는 것이다.

실질적인 이득은 소상공인들에게 가지만, 그들을 위한 해외 수출 마케팅 지원은 정부에서 한다. 그러다보면 그 안에서 수출하고자 하는 수많은 통신판매자의 제품이 수출된다. 인터넷 시대에 인터넷에 맞는 수출지원 정책도 점점 더 많이 나올 때가 되었다. 이 같은 소액 수출이 노력에 비하여 단가나 부가가치 면에서 높지 않다고 폄하할지도 모르지만 다음과 같은 장점도 있다.

첫째, 소액수출의 장점은 절차가 간단하다는 것이다. 일정 규모 이상이라면 상대는 물론 나도 상당히 신중해지기 마련이다. 그리고 운송 절차와 포장 등도 꽤나 복잡하다. 그렇지만 소액수출은 우체국이나 UPS 등 택배업체를 통해서도 얼마든지 가능하고, 대금회수나 클레임 등 복잡한 법적 절차를 고려하지 않아도 된다. 한마디로 수출에 대한 전문가적 지식이 없다 해도 겁먹지 않고 할 수 있다.

둘째, 소비자의 수요에 따라 얼마든지 능동적으로 대처할 수 있다. 일반적인 수출은 주문에서 선적까지 적어도 한 달 이상 걸리고, 제품을 변경하기도 쉽지 않다. 실제로 바이어가 구매결정을 하기까지 1년 이상 걸리는 경우도 허다하다.

하지만 소액수출은 현재 시장에서 유행하는 제품을 일주일 안에 얼마든지 공급할 수 있다. 인터넷을 이용하면 안방에 앉아서 미국·유럽 시장의 트렌드를 파악할 뿐만 아니라 실시간으로 제품 사진을 비롯한 세부사항을 받아볼 수 있기 때문이다. 따라서 소비자의 수요가 아무리 변덕스럽다 해도 바로바로 대응할 수 있다.

셋째, 대량 수출에 대한 사전 훈련이 될 수도 있다. 소액수출을 지속하다보면 자연히 외국의 해당 산업 시장에 대한 노하우가 쌓이고,

그런 노하우와 적절한 서비스를 바이어에게 제공하다보면 대형 주문으로 이어질 수 있다.

미국에 있는 교포가 한국의 인터넷 쇼핑몰에 있는 제품을 샀고, 한국에서는 이를 EMS(우체국 국제특급발송)로 발송하였다면 이것은 수출일까, 아닐까? 달러가 들어온다는 면에서는 수출이지만, 통계에 잡히지 않기 때문에 공식 수출은 아니다.

하지만 이런 인터넷 쇼핑몰을 통한 소액수출 건수는 얼마나 될까? 이런 보이지 않는 마이크로 수출은 자본은 적지만 나름대로 독특한 제품을 판매하고자 하는 사람들에게 더 많은 기회를 제공하며, 좁아터진 땅덩어리에서 서로 피 튀기게 경쟁하는 것을 막고, 눈을 해외시장으로 넓혀 생존율을 높일 수 있다.

핵심정리

소액수출을 위한 방법

1. 홈페이지를 만든다.
2. 사진을 잘 찍는다.
3. 코트라 홈페이지, 알리바바 등에 무료 등록한다.
4. 이베이, 아마존 등에 회원 가입 후 유료 등록한다.
5. 인터넷 검색으로 알게 된 잠재 바이어에게 이메일을 보낸다.

2장

중소기업의 전략은 달라야 한다

우연성을 감안해야 한다

닌텐도는 스티브 잡스가 스마트폰을 만들어 비디오 게임업계를 거의 그로기 상태로 몰아갈 것을 예상했을까?(나쁜 우연성)

닌텐도는 아베가 수상으로 취임하면서 일본의 환율을 저평가하는 '양적 확대' 정책을 취해서 수익성이 나아지리라는 것을 예상했을까?(좋은 우연성)

원인을 알면 결과를 알 수 있다는 인과관계는 정말 맞을까? 그럼 닌텐도는 어디까지 알아야 스티브 잡스의 애플이 자기네를 저토록 어렵게 할 것이라고 예측할 수 있을까? 그의 탄생부터 알아야 했을까, 그가 30세에 애플에서 쫓겨났을 때 알아야 했을까, 그가 애플로 복귀해서 스마트폰을 만들고 있을 때부터 알아야 했을까?

실제로 닌텐도는 스마트폰이 출시되고도 그것이 비디오 게임 자체를 거의 소멸시킬 거라는 사실을 몰랐다. 그 이후 여러 가지 방안을 내놓기도 하고, 엔저 덕분에 상황이 좀 나아지기는 했지만. 닌텐도만 해도 연간 매출이 5조~6조 원은 넉넉히 넘는 거대기업이다. 그리고 그 안에 수많은 직원이 있지만, 스티브 잡스라는 사람이 어느 날 갑자기 만들어낸 '스마트폰'이라는 생소한 물건 때문에 그들의 생존 자체가 의문스러워졌다.

그럼 그 안에 있던 사람들은 무엇을 했을까? 닌텐도야 같은 IT 분야라고 치자. 그럼 한국의 출판업계는 왜 스마트폰을 탓해야 할까? 스마트폰이 나오자 사람들이 책 대신 스마트폰을 잡으면서 출판 쪽 사정이 급격히 나빠지기 시작했다. 이 정도는 그나마 원인의 일부를 알 수 있으니까 마음이 덜 아플 텐데, 때로는 왜 그런 일이 일어났는지 원인도 모르고 비명횡사하는 회사들도 많다.

그런데 이런 우연이 시장에서는 자주 일어난다. 하기야 세상의 시장에는 70억 명이 살고 있고, 수천만 개 회사가 있으며, 수만 명이 한 산업 분야에 얽히고설켜서 경쟁과 협력을 하니 상상하기도 힘든 일들이 벌어질 수밖에 없다. 그리고 그 많은 일이 나에게 크고 작은 영향을 미치게 된다. 때로는 모르고 지나가고, 때로는 약간 영향을 주고 지나가고, 때로는 회사 존망에 영향을 미친다.

파도를 예로 든다면 항공모함은 잔물결에는 영향을 받지 않는다. 오히려 항공모함이 일으키는 파도에 돛단배들이 출렁인다. 큰 배는 큰 파도에 영향을 받지만 작은 파도 정도는 무시할 수 있다. 하지만 작은 배는 가장 여린 실바람에도, 잔물결에도 출렁인다. 어느 쪽에서 얼마나 센 바람이 다음 순간 불어올지 알 수 없다.

환율을 예로 들어보자. 삼성전자나 현대자동차 같은 대기업이 움직이는 외환 규모는 수백억 달러씩 된다. 그렇기 때문에 스스로 외환시장의 참여자가 되어 때로는 돈을 거둬들여 시장에서 환율을 높일 수도 있고, 때로는 달러를 풀어가며 환율을 낮출 수도 있다. 그리고 아예 미리 몇억 달러를 선물환시장에 내놓아 외환리스크를 예방할 힘도 있다.

하지만 소기업들은 다르다. 애초부터 움직이는 돈의 규모가 적어서 수억 원을 배팅해야 하는 외환 선물시장에 참여할 수 없다. 그저 바이어가 송금하는 날 달러가 올라가기를 바라고, 수입 물품 대금을 지불하는 날 달러가 내려가기를 바랄 뿐이다.

그래도 대기업은 자신들이 속한 산업 분야에서는 나름대로 영향력이 있고 때로는 시장 흐름에 큰 변화를 일으킨다. 휴대전화 시장에서 아이폰의 애플과 갤럭시의 삼성전자가 그렇다. 이 두 거대기업이 스마트폰 개발 경쟁을 하면서 사라져버리거나 백척간두에 몰린 기업이 한둘이 아니다. 노키아나 블랙베리처럼 말이다.

휴대전화 업체만 그렇게 뜻하지 않은 영향을 받은 것이 아니라 앞서 예로 든 출판산업, 게임산업, 오락산업, 컴퓨터산업, 검색을 주무기로 하는 포털산업 등 엉뚱한 산업 분야에서도 뜻하지 않은 날벼락을 맞았다. 벼락처럼 떨어진 스마트폰 때문에 사라진 기업의 수는 엄청나다. 삼성전자와 애플의 싸움에 세상은 엄청나게 떨었다.

이처럼 소기업은 무엇을 하면서 남에게 영향을 미칠 여지가 매우 적다. 그 대신 '다른 사람, 다른 기업이 어떻게 하느냐'에 따라 '나는 무엇을 해야 할지' 고민해야 한다. 문제는 시장 참여자가 너무 많아서 그들이 어떤 선택을 할지 예측하기가 불가능하다는 것이다.

따라서 현재 내 위치는 일시적이며, 미래에 대한 기대는 잠정적 희망일 뿐이다. 아무리 계획을 세운다 해도 상황이 끝나고 나서야 그 계획이 얼마나 성공적이었는지 알 수 있다. 그리고 나중에라도 그게 내가 잘해서인지, 아니면 운이 좋아서인지, 과연 내 행동이 최적이었는지 모른다.

내가 정말로 잘했다고 하려면 내가 할 수 있었던 모든 가능한 선택지를 뽑아내고, 그것들에 대한 기회비용을 추론해야 하는데 그게 불가능하다. 그런 상태에서 뭔가를 완벽하고 확실하게 하고자 한다는 것은 거의 일을 하지 않겠다는 것과 마찬가지다.

소기업은 대기업보다 훨씬 더 많은 우연성에 노출되어 있음을 충분히 인지하고 시장에 진출해야 한다. 그런 면에서 피터 드러커가 한 말을 음미해볼 필요가 있다.

"명령할 권한도 없고, 지배되지도 않고, 지배하지도 않는 상황에서 경영하는 방법을 배워야 한다."

해외마케팅은 무엇보다 변수가 더 크다. 국내 마케팅은 한국이라는 단일 변수만 있다면 해외마케팅은 목표로 하는 나라의 수만큼 범위가 크고, 그 안에 듣도 보도 못한 변수가 엄청나게 많다. 그래서 소기업의 해외마케팅은 언제나 긴장하면서 보아야 하는 스릴러물과 비슷하다. 그래도 스릴러물 99.9%가 해피엔딩인 점에 기대를 하자.

적응성을 중시해야 한다

시장이 나에게 물었다.

이런들 어떠하리 저런들 어떠하리
만수산 드렁칡이 얽혀진들 어떠하리
우리도 이같이 얽혀서 백년까지 누리리라.

이전에 나는 시장에 답하였다.

이 몸이 죽고 죽어 일백 번 고쳐 죽어,
백골이 진토되어 넋이라도 있고 없고,
님 향한 일편단심이야 가실 줄이 있으랴.

하지만 지금은 대답이 달라졌다. "그래, 그렇게 대충 얽혀 백년까지 누리자!" 나폴레옹도 "신봉하는 전쟁의 원칙이 무어냐?"는 질문을 받았을 때 나하고 비슷하게 말했다. "나는 어떠한 원칙도 신봉하지 않는다."

나는 그동안 사업을 정말 교과서적으로 했다. 무슨 일이 있으면 서점에 가서 그 분야의 원론에 해당하는 책을 집어 들어 그 일이 왜 일어났고 어떻게 풀어야 하는지 사례부터 찾아보고 원론적인 이론을 적용하려고 했다. 예를 들면 마케팅에서 가장 큰 이론 분야인 브랜드의 중요성과 확립에 관한 것이 있다.

그런데 이제 와서 보니 모든 일을 하는데 어떤 결정을 할라치면 항상 해야 할 것이 있고, 하지 말아야 할 것이 있다. 그런 고민 끝에 어떤 일을 진행하다보면 꼭 더 나은 대안이 보이고, 그 대안으로 돌아서려면 이제껏 진행해온 일들의 시간과 비용을 고민해보아야 했다. 그뿐만 아니라 일을 진행하는 도중 내 정보가 틀렸거나 상황이 아주 달라지는 경우도 꽤 많았다. 그래서 선뜻 뭔가를 하기가 어려워졌다.

2000년 전후 양말공장에 기계를 투입할 때 그랬다. 우리는 애초부터 양말에 발뒤꿈치가 없는 모델을 생산해서 싱가포르와 유럽에 수출하였다. 원래 발가락양말은 장갑기계에서 나왔다. 유럽에서 주문이 늘어나면서 몇 가지 기계 중 선택해야만 했는데, 그때 뒤꿈치 있는 양말기계를 살지, 기존 모델과 같은 기종을 살지 고민해야 했다.

바이어들에게 물어본 결과 모델이 너무 다양하면 판매에 어려움이 있고, 새로운 기계에서는 하지 못하는 특성을 나름대로 구축하였으니 그대로 가자는 의견이 많았다. 결국 우리는 상당한 비용을 들여 공장에서 운영하던 기종과 같은 기계를 다수 구매하였다.

그 기계는 남들이 만들지 못하는 몇 가지 특성을 가지고 있었는데, 그 때문에 인건비가 많이 들어가고 뒤꿈치가 있는 양말을 선호하는 내수시장 진출을 어렵게 하였다. 마케팅에서 가장 자주 말하는 '차별화'의 대가로 일본과 한국의 내수시장을 놓친 것이다.

그런데 그것이 그렇게 두고두고 나를 괴롭힐 줄 몰랐다. 우리가 유럽을 위해서 만드는 양말이 한국 시장의 수요와 너무 달라서 안방격인 내수시장에서는 할 일이 별로 없었다. 유럽 시장에서는 성공적이었지만 한국 시장에서는 시작도 하지 못했다.

'브랜드는 나름대로 독특함이 있어야 한다'는 것이 내 생각이었고, 그 때문에 유럽에서 어려움을 겪을 때 다른 퇴로를 찾기가 어려웠다. 그리고 이제 와서 보니 '자기만의 이름을 가지고 장사하는 브랜드 회사가 되는 것만이 마케팅의 전부는 아니다'라는 생각이 들었다. 상당한 시간과 비용이 들어간 아주 값비싼 교훈을 얻은 셈이다.

도박판에는 온틸트(on tilt)라는 말이 있다. 도박하는 도중에 잃은 돈에 대한 손실을 크게 느껴 계속해서 무모하게 배팅하는 것을 말한다. 도박꾼은 도박 과정에서 입은 손실을 자기가 판을 떠나기 전까지는 자기 돈이라 착각하고 그걸 다시 따오려 더욱 공격적으로 배팅하게 된다. 자기 앞에 있던 돈은 사라졌지만, 뇌는 돈이 사라졌다는 사실을 받아들이지 않는다.

손실을 인정하고 전략을 재정비하는 것이 올바른 순서이겠지만 그러기에는 너무 고통스럽다. 그 상황을 인정하지 않고, 자기 실력으로 언제든 반전을 일으킬 수 있다고 자신하면서 무리하게 배팅한다. 그를 파국으로 몰고 가는 것은 애초의 손실이 아니라 그런 손실이 일어난 사실을 거부하려고 두는 무리수다. 손실과 화해하지 않는 사람은 다른 때 같았으면 용납하지 않았을 도박을 받아들일 확률이 높다.

그럼 그는 어떻게 했어야 할까? '그래, 이번 판은 졌다. 내일 벌어질 판에서는 좀더 잘해보자!'라면서 털고 일어났어야 했다.

지금 내 상황이 그렇다. 커다란 야망을 가지고 시작해서 1995년 이래 25년이 지난 지금 삼세판의 세 번째 판에 들어섰다. 그나마 다행인 것은 이제껏 해온 실패는 타격이 크기는 했지만 그래도 감내할 만한 정도였다는 것이다.

그리고 아직 나는 실패를 만회하지 못할 만큼 나이가 들지도 않았고 의지가 약해지지도 않았다. 세상은 여전히 나에게 낯설지만, 아주 적응하지 못할 정도는 아니라는 것이다. 그리고 이전처럼 내가 배웠고, 해왔던 것들이 반드시 옳은 것은 아니라는 점도 깨달았다. 원했든 원하지 않았든 시행착오는 복잡한 세상에서 문제를 해결할 수 있는 가장 막강한 프로세스다.

소기업만이 아니라 대기업도 시행착오는 피할 수 없다. 시장은 시행착오 프로세스를 이용한다. 그렇다고 모든 것을 시장에 맡겨야 한다는 것은 아니다. 팀 하포드가 지은《어댑트》에 따르면 내전, 기후변화, 금융불안같이 겉보기에 다루기 힘든 문제에 봉착했을 때 시장의 친숙한 상황을 뛰어넘어 시행착오라는 비결을 활용할 길을 모색해야 한다고 했다. 대기업처럼 복잡함과 동시에 강하게 결합된 시스템은 위험하다. 강결합 프로세스의 결정적 특징은 일단 시작되면 중단하기 어렵거나 불가능하다는 점이다. 도미노 게임은 특별히 복잡하지는 않지만 강하게 결합되어 있다.

복잡성은 일이 여러 방법으로 잘못될 수 있음을 뜻한다. 또 강결합은 의도하지 않은 결과가 너무 빠르게 확산되어 실패에 적응하거나 뭔가 다른 방법을 써보기 불가능하다는 뜻이다. 안전 시스템 자체가 문제를 더욱 악화시킨 경우도 많다.

아무리 훌륭한 계획이라도 적군을 만나봐야 안다. 리더가 얼마나 신속하게 적응하느냐가 관건이다. 전쟁에서 전략의 오류는 드문 일이 아니다. 잘못된 전략을 들고 시장에 뛰어든 것이 문제가 아니라 현지 상황에 적응하지 못한 것이 문제이고, 적의 거부가 더 큰 문제이다.

《어댑트》에서 팔친스키는 현실의 문제점이 생각보다 복잡하다는 사실을 명심해야 한다고 하면서, 시장은 언제나 변할 수 있다고 했다. 그에 대한 대치법으로 ① 새로운 아이디어를 찾아 새로운 것을 시도하고, ② 새로운 걸 시도할 때는 실패하더라도 살아남을 수 있는 규모로 시도하며, ③ 피드백을 구하면서 실수로부터 교훈을 얻어야 한다고 했다.

파트너에게 전략을 보여주자

Market position

- Product life : Decades of years
- Product image : funny, curious(positive image)
- Market competition : Very low

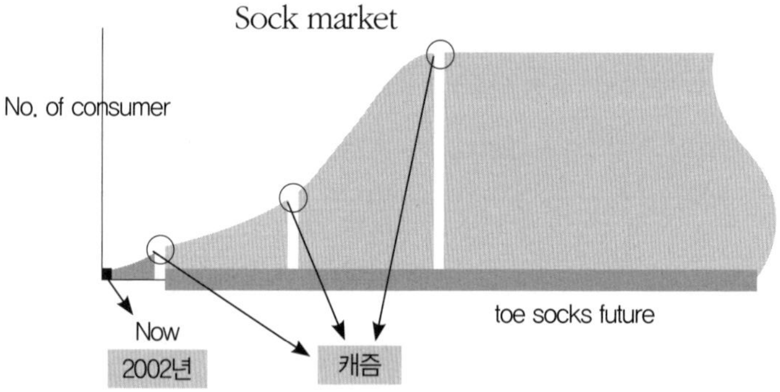

위의 그림은 2002년에 바이어들과 브랜드를 통일하면서 제시했던 장기발전 전략 중 일부다. 브랜드를 통일하려면 당위성을 먼저 보여주어야 했기 때문이다. 그러면서 가장 핵심적인 이유로 '캐즘(chasm)'

이라는 개념을 사용하였다.

캐즘은 제프리 A. 무어가 쓴《캐즘 마케팅》에서 처음으로 경영학에 사용한 단어이다. 수많은 중소기업이 대기업으로 성장하지 못하는 이유는 바로 캐즘 때문이라는 것이다.

기업이 어느 정도 성장하고 규모를 키워서 시장의 표준제품이 되려면 대량생산, 대량광고, 소비자와의 소통, 그리고 폭넓은 애프터서비스 체제를 갖추어야 한다. 이를 위해서는 소규모 경영체제일 때와는 다른 차원의 자원과 경영시스템이 필요한데 소기업들은 거의 대부분 이를 넘어서지 못하고 무너진다고 한다. 이 책을 읽으면서 바로 내가 고민하던 부분이 해결되는 상쾌함이 확 들었다.

사실 이전부터 바이어들을 하나로 묶어야겠다는 생각은 했지만, 그걸 명쾌하게 설명할 만한 아이디어가 떠오르지 않았다. 그런데 바로 캐즘이라는 단어로 다 해결되었다. 이제 막 시작한 구멍가게 수준도 되지 않는 장사꾼들, 그것도 메인시장이 아닌 틈새시장 중 틈새시장인 발가락양말 시장에서 큰 규모를 바라기에는 한계가 있었다.

2000년 전후 시작할 때만 해도 유럽에서 발가락양말 시장은 매우 미미했다. 바이어들이 마케팅을 잘하면서 수출 주문이 늘어나자 공장을 늘려가기만 하자니 나도 불안했고, 즉흥적으로 벌어지는 일들이 너무 많았다. 그래서 이런 시스템을 정리해보자는 생각도 들었다.

그 첫 시점을 언제로 할까 고민하다가 2005년경으로 잡았다. 그리고 바이어들에게 브랜드를 통일하자고 설명하면서, 발가락양말은 우리가 아무리 키워도 한국이나 일본에서처럼 앞으로도 매우 작은 틈새시장으로 남을 것이라고 설명했다. 앞의 그림에서 보면 짙은 색 부분인 발가락양말의 미래가 커지지 않고 지속적으로 사각형인 이유이다.

그럼 일반시장으로 가야 하는데 이를 위해서는 아주 큰 투자는 아니더라도 새로운 시스템을 구축해야 한다. 그 시스템은 혼자 해서는 안 되므로 우리 물건을 사가는 파트너들과 같이해야 한다. 그리고 나와 같이 오랫동안 비즈니스를 해야 할 절실하면서도 타당한 이유를 설명해야 했는데, '캐즘'이라는 단어가 눈에 확 들어온 것이다.

그리고 우리가 캐즘을 같이 넘어가지 않으면 구멍가게 수준을 벗어나기는커녕 후발주자로 들어올 중국이나 한국의 경쟁자들을 이기기 어렵다는 점을 설명하였다. 다른 경쟁자들은 분명 우리보다 규모가 크고 다양한 제품으로 유럽 시장에 침투하면서, 기존에 그들이 거래하던 보통 양말의 거래처들, 즉 백화점과 도매상의 유통망에 접근할 것이라고 하였다. 그건 이미 파트너들과 공감대가 형성되어 있었다. 그리고 우리가 항상 백화점이나 대형 유통상에게서 듣던 이야기이기도 했다. 발가락양말 한 제품만으로 거래하기에는 그리 효율적이지 않으니 우리더러 보통 양말도 하라는 제안을 했기 때문이다.

그렇지만 우리는 당분간 발가락양말에 집중하다가 어느 시점에 보통 양말을 하겠다고 했다. 그 이유는 보통 양말 시장에는 이미 양말을 전문으로 하는 수많은 뛰어난 경쟁자가 있는데, 단지 백화점이 권

유했다고 해서 이들을 뛰어넘기는 어려웠기 때문이다. 그러려면 나름대로 시스템을 구축해야 했다. 그럼 우리는 구멍가게 수준은 넘어설 것이다. 그게 바로 첫 번째 캐즘이었다.

그리고 소기업에서 중기업으로 넘어가기 위한 두 번째 캐즘, 그리고 중기업을 넘어서서 적어도 100년 이상을 바라보는 장수기업으로 가기 위한 세 번째 캐즘이 있을 것이다. 그 캐즘을 넘어서서 우리가 이룰 것을 하나의 그래프로 보여주었다. 각 단계에서 예상되는 어려움이 있을 테지만 같이 극복하자는 설명은 제대로 먹혔다. 그래서 독일, 캐나다, 핀란드의 바이어들은 Feelmax(필맥스)라는 브랜드로 통일하는 데 동의하였다.

구멍가게 수준의 하루 벌어 하루 먹고 사는 오퍼상이 장기 전략을 말한다는 것은 어쩌면 무리일 수 있다. 하지만 하루하루 만족하면서 '난 이 정도면 돼!' 하는 장사꾼은 없다. 어떻게 하면 규모를 키워서 자금 활용의 효율화를 기하고, 안정적이면서도 풍족하게 살다가 사업을 자식에게 넘겨줄까 하는 생각은 누구나 한다.

그런데 그걸 이룰 길이 보이지 않으면 절망하게 된다. 그래서 사람들은 내가 어떻게 해야 한다는 것을 알고 싶어한다. 무역도 마찬가지다. 비록 사는 환경이나 문화는 모두 다르지만 그들도 역시 미래가 희망으로 가득 찬 유토피아였으면 한다.

해외바이어와 상담할 때 고작 품질과 가격만 말하고 싶어하고 실력이 그 정도라면, 그들도 그 정도 상담시간만 내주고, 그 정도 아이디어만 말하고, 그 정도 신뢰만 보내고, 그 정도 거래만 하려고 한다. 바이어들에게 장기 전략을 말하고 그들과 협력을 이끌어내자 좋은 점이 여러 가지 나타났다.

① 장기적으로 믿을 만한 파트너임을 증명했다.
② 상호 비즈니스 방식에 공감대가 형성되었다.
③ 바이어도 향후 진행될 비즈니스 계획을 안정적으로 잡게 되었다.
④ 구매처를 전환하여 경쟁자가 될 수 있는 바이어가 장기 거래처가 되었다.

그리고 20년이 넘은 지금까지 우리는 공동 발전을 위하여 노력하고 있다.

3장

실무진의 준비사항

왜 수출하려고 하는지 알자

왜 살지? 왜 장사하지? 사람들은 이런 질문을 할 것이다. 이 질문은 자기가 무언가를 해야 하는 이유와 함께 방향성도 제시해준다. 열심히 사는 것보다 더 중요한 질문이다.

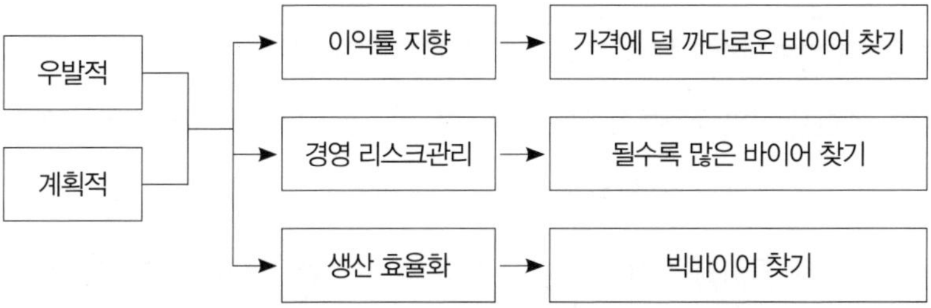

수출을 시작할 때 본인이 의도하지 않았는데도 하게 되는 경우가 많다. 예를 들면 제조업의 경우는 오퍼하는 사람이 도매상 같은 곳에서 물건을 구매하고 바이어에게 우선 제시하였는데, 그게 주문으로 이어질 경우가 있다. 오퍼하는 사람은 자신의 전문 분야에서 누군가

가 추천하면서 시작할 수도 있다. 이나저나 수출하겠다고 마음먹었으면 왜 하는지를 알아야 한다. 모로 가도 서울만 가면 된다는 식의 업무 마인드는 자신뿐만 아니라 회사 전체를 상당히 피곤하게 만든다. 열심히 하는 것도 좋지만 잘해야 한다.

어쨌든 왜 수출하는지 알아야 회사의 목표를 빨리 이룰 수 있고, 스스로에게도 동기부여가 된다. 수출하고자 할 때 회사의 목표는 대체로 세 가지로 나뉜다고 할 수 있다.

첫째, 이익률을 높여보자는 목표이다.

빙그레(005180)가 수출경쟁력에 힘입어 수익성이 개선될 것이란 전망에 이틀째 오름세를 이어가고 있다. 23일 오전 9시 23분 현재 빙그레는 전일 대비 1.13% 상승한 13만 4,000원에 거래되고 있다.
조현아 신한금융투자 연구원은 "마트 영업규제 등에 따라 1분기 실적은 기대치를 소폭 하회하겠지만 올해 연간 매출액과 영업이익은 수출 증가에 힘입어 각각 전년대비 9.9%, 26.7% 증가한 8,675억 원, 847억 원으로 전망한다"라고 밝혔다. 조 연구원은 또 "빙그레는 중국 현지에서 프리미엄 전략을 고수하고 있고, 현지 대리상을 통해 판매하는 구조로 비용 지출이 거의 없다"며 "이에 수출이익률이 내수이익률보다 좋아 수출이 증가할수록 수익성이 개선된다"라고 덧붙였다.(출처 : 뉴스 토마토)

국내에서 웬만큼 팔고 있는 제품 중 경쟁이 심한 분야는 마진율이 거의 0이거나 그 언저리일 때가 많다. 하지만 해외에서는 더 좋은 조건에 팔 기회를 찾을 수 있다. 이익률을 높일 수 있는 이유는 여러 가지다.

우선 국내에서 판매해 몇 달짜리 어음을 받는 것보다는 신용장을 받거나 계약금을 받고 선적한 뒤 완불하는 조건이라면 당연히 국내 대기업의 어음거래보다 조건이 더 좋다. 거기다가 이제는 한국의 국가 이미지도 좋아져 메이드 인 코리아가 싸구려 제품이라는 인식이 많이 사라졌다. 쉽게 말하면 일본산보다는 저렴하고 중국산보다는 품질이 좋다는 것이 보통의 한국산 소비재에 대한 평가이다.

수출을 통하여 저마진 구조를 벗어나고자 할 때는 가격보다는 제품의 우수성을 알아주는 바이어를 찾아야 한다. 가격대로 따진다면 중저가 이상 제품을 취급하거나, 아니면 제품을 아주 전문화하여 나름대로 마니아층을 보유한 바이어이다.

둘째, 경영리스크를 관리하기 위한 수출이다. 국내에서 소수 유통망에 의존할 때 기업은 다수 거래처를 만나고 싶어한다. 거래처가 다양하다면 특정 소수에 대한 지나친 의존도를 줄이면서 만약의 경우에도 타격을 덜 받기 때문이다. 수출을 통한 거래처를 다변화한다면 여러 가지 이점이 있다. 우선 국내 소수 거래처의 상황변동에 따라 받는 영향이 덜 해질 뿐만 아니라, 국내 경기변동에도 영향을 덜 받는다.

예를 들면 필맥스 양말은 독일, 캐나다, 핀란드와 미국에 수출한다. 한국의 경기변동에 덜 영향을 받을 뿐만 아니라, 바이어 4개국 중 어느 하나가 잘못되어도 그 부분만큼만 영향을 받는다. 이런 경우는 될수록 다양한 국가에서 많은 거래처를 다양하게 찾아내는 것이 가장 좋다. 그렇게 되면 어느 한 부분이 전체에 영향을 미칠 여지가 줄어들기 때문이다.

셋째, 생산 효율화를 기하기 위한 수출이다. 제조업을 하는 사람치고 공장 돌리는 문제를 걱정해보지 않은 사람은 없을 것이다. 공장을 가지고 있다는 것은 자기가 만들고 싶은 물건을 만들고 싶을 때 만들 수 있다는 장점이 있다. 바이어 요구에 언제나 적극적으로 대응하면서 납기와 수량을 조정해 수익성을 높일 수 있다. 반면에 설비를 쉬게 한다거나 가끔 돌리면서 운영 효율성이 낮게 되면 밑 빠진 독에 물 붓듯이 자금이 한없이 들어간다.

그런데 한국에서만 물건을 판다는 것은 기계 투자가 이루어진 공장의 효율적 이용을 거의 포기하는 것이나 마찬가지다. 뭔가를 만들어 팔기에 한국 시장은 너무 좁기 때문이다. 설비 투자가 들어간 제조업을 한다는 것은 필연적으로 수출을 노려야 한다는 말이다. 공장을 잘 돌리기 위한 수출을 하고 싶다면 가급적 빅바이어를 찾아야 한다. 한번에 대량 물량을 준다면, 꾸준하지만 조금씩 주는 바이어보다 공장 운영의 효율성이 훨씬 높아진다.

예를 들어 양말 10만 켤레를 만들 때 면실을 킬로그램당 1만 원에

산다면, 1만 켤레를 만들 때는 1만 2,000원에 사야 한다. 게다가 기계를 조금 돌리다 다시 세팅하지 않고 한 달 내내 돌릴 수 있기 때문에 기계도 덜 고장나고 시간대비 생산성도 훨씬 높아진다.

해외마케팅 담당자는 수출을 해야겠다면 왜 회사가 수출을 원하는지 잘 알아야 한다. 그리고 거기에 따라 방법을 달리해야 한다. 무작정 열심히 해외 출장을 가고, 박람회에 참가한다고 목표가 이루어지지는 않는다. 열심히 하는 것도 중요하지만 잘하는 게 더 중요하다.

핵심정리

목표에 따른 수출을 잘하기 위한 방법

1. 회사가 수출하려는 동기를 파악한다.
2. 수출을 위한 마케팅 방법을 모두 찾아본다.
3. 그중에서 목표에 적합한 방법을 골라본다.
4. 방법, 비용, 시기와 소요되는 시간을 비교해본다.
5. 가장 좋아 보이는 방법을 추려낸다.
6. 해본다.

전 세계의 사건은 내 사건이다

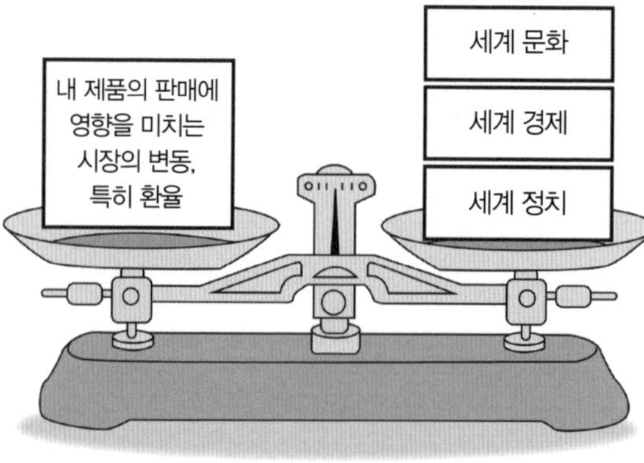

봉준호 감독과 영화 〈기생충〉이 아카데미 시상식은 물론 세계 영화사를 새롭게 썼다. 아카데미 시상식 최고의 영예인 '최우수 작품상'은 영화 〈기생충〉에게 돌아갔다. 아카데미 역사상 비(非)영어권 영화가 작품상을 탄 것은 〈기생충〉이 처음이다. 작품상까지 수상하며 〈기생충〉은 한국 영화 최초 아카데미 수상은 물론 각종 '최초'의 기록을 세우며

이번 아카데미 최다 수상인 4관왕에 올랐다. 외국어 영화가 '작품상'을 받은 건 〈기생충〉이 최초다.
또한 칸영화제 최고상인 황금종려상을 탄 작품이 아카데미 작품상을 탄 것도 1955년 미국 델버트 맨 감독의 〈마티〉 이후 65년 만의 대기록이다.(출처 : CBS 노컷뉴스)

춘제(春節, 중국의 설) 연휴를 마친 중국의 공장들이 전날부터 재가동에 들어갔지만 신종 코로나 바이러스 감염증(코로나19) 확산 여파로 운영 정상화까지 적잖은 차질이 예상된다. 일각에선 올해 4, 5월까지도 충격이 이어질 것이란 관측도 나온다.
10일(현지 시간) 미국 일간 〈월스트리트저널(WSJ)〉과 〈뉴욕타임스(NYT)〉 등에 따르면 중국에서 공장을 운영하는 기업들은 신종 코로나 확산에 따른 당국의 규제와 일손 부족 등으로 계속 어려움을 겪고 있다.(출처 : 연합뉴스)

나는 오지랖이 그리 넓다고 생각하지 않는다. 그런데 코트라에 들어가면서부터, 그리고 내 장사를 하면서부터 세계의 웬만한 일이 나와 연관이 없는 경우를 찾기가 어려워졌다.

일본 총리가 엔화를 올리면 올리는 대로, 엔화를 내리면 내리는 대로 바로 환율에 영향을 미친다. 엔/원화의 환율이야 그렇다 치자. 바다 멀리 떨어져 있는 유럽의 그리스가 파산상태에 빠진다면 이것이

원/유로 환율에 영향을 미친다.

환율이야말로 해외마케팅의 여러 요소 중에서 가장 예측이 불가능하고 변화무쌍하다. 그러면서도 이익률을 산정할 때는 내가 책정해놓은 적정 마진율을 무색하게 할 정도로 변동폭이 크다. 내가 정해놓은 마진율이 15%라고 할 때, 환율이 15%만 떨어져도 나는 헛장사하는 것이다. 그런데 환율에 영향을 미치지 않는 국제 환경이란 게 오히려 드물다.

경제상황에 얽힌 환율뿐만이 아니다. 정치, 문화, 환경도 해외마케팅에 영향을 미친다. 예를 들면 2019년에는 BTS(방탄소년단)가 빌보드 차트에 연속 3회 1위에 올랐고, 2020년 아카데미 영화제에서는 〈기생충〉이 4개 부문에서 수상하였다. 이제 한국의 문화가 세계를 선도하는 시대가 되었다. 그건 국가 이미지에 정말로 지대한 영향을 미친다.

한국은 이제 싸구려 제품이나 만드는 세계 최빈국에서 노래, 음악, 영화, 소설 등 문화, 예술 분야에서 뛰어난 기량을 갖고 있는 나라로 평가받고 있다. 이렇게 올라간 위상은 바로 우리 제품에 대한 해외시장의 평가로 나타난다. 바로 화장품이 해외에서 팔리기 시작한 것이다.

화장품은 문화적으로 전 세계인에게 인정을 받지 못하면 팔리지 않는다. 이제 일본 화장품도 한국에서 잘 팔리지 않는다. 그건 우리의 문화가 일본을 앞섰다는 증거이기도 하다. 이러한 한국 문화의 융

성은 해외시장에서 한국 제품에 대한 호의도를 높이는 데 큰 역할을 한다. 그러므로 우리 제품에 문화를 입힐 생각을 해야 한다.

또한 중국의 신종 코로나 사태도 마찬가지이다. 어떻게 보면 남의 나라에서 생긴 전염병일 수도 있지만, 전 세계가 촘촘하게 엮여진 글로벌 경제에서 무관심할 수가 없게 되었다. 수출하기 때문에 중국에만 수출하지 않으면 상관없을 것 같지만, 중국 부품을 활용하여 완제품을 만드는 회사들도 많다. 그러니 세계 어느 나라에서 일어나는 일이 나에게 천재일우의 기회가 될 수도 있고, 날벼락이 될 수도 있다.

그렇기 때문에 해외마케터는 기본적으로 국내외 정세 및 마케팅에 관한 사항을 알고 있어야 한다. 왜냐하면 마케팅은 사람에 관한 것이기 때문이다. 내가 어떻다는 것은 그리 중요하지 않다. 남들이 어떻게 생각할지가 중요하다. 그리고 마케팅 조사니, 광고론이니 하는 것들이 다 하나의 문화권 안에서 이루어지는 것을 가정하고 쓰였다.

해외마케터는 하나의 경제권, 정치권, 문화권, 즉 국내 문화권에서 이루어지는 것은 물론이고 내가 상대하게 될 바이어의 문화권에서 일어나는 마케팅 현상도 알아야 한다. 미국에 물건을 팔면서 미국 경제 사정에 둔감하다는 것은 장사를 포기하는 것이나 마찬가지다.

그래도 미국은 좀 낫다. 자체 시장이 워낙 크니까 자기네끼리는 영향을 많이 주기는 하지만, 외부에서 벌어지는 일들에 대해서는 좀 둔하다. 때때로 '그럼 미국은 외국과 관계를 끊고 우리끼리만 살자'라는 말이 나올 정도는 된다.

하지만 그 밖의 지역인 일본, 유럽, 중국, 중동, 동남아시아처럼 자체 규모도 미국만 하지 않고, 그렇다고 내부적으로 독립 경제를 이끌어갈 정도도 안 되는 나라들은 한국처럼 변화가 많다. 일본의 아베 정권이 돈을 무한정 풀어댄다고 한다. 그러면 수출이 잘되고 국민이 환호성을 질러야 하지만 국민은 조용하다. 소비가 늘지도 않는다. 도대체 무엇이 문제인지 고민해봐야 한다.

내가 한두 나라에만 물건을 팔아도 그 나라에 대한 기사는 관심 있게 봐야 한다. 더욱이 수십 개 나라가 모인 유럽 지역에 팔고 있다면 매일 신문을 보아도 챙겨야 할 기사가 많다. 따라서 5~6개 나라에 물건을 판다면 세계의 모든 일이 다 나와 연결된다.

시장에서 유행도 빨리 변하지만, 시장 밖의 상황도 눈이 돌아갈 정도로 빠르게 바뀐다. 이제 노키아나 닌텐도의 몰락은 기사거리가 아니다. 일본이 어렵다고 엄살하기 시작한 지 20년이 넘었다. 이제는 한국이 걱정된다는 기사가 나오고 있다.

해외마케터는 세계의 모든 일이 나와 어떻게 연결되는지, 그게 언제까지 지속될지 관심을 가져야 한다. 세계인으로서 지구의 모든 사람에 대한 우아한 관심이 아니라, 바로 내 주머니에 떨어질 달러와 원화의 관계라서 더 실감난다. 내 주머니가 두둑해질지 홀쭉해질지는 세계의 모든 사람에게 달려 있다.

핵심정리

세계적 관심사를 나와 연결하는 방법

1. 관심사는 뉴스에 우선한다는 생각을 해야 한다.
2. 관심 환율의 추이는 그래프로 기억해두면 상상하기가 쉽다.
3. 주식시장에서 외국인이 돈을 빼는지 넣는지에 관심을 갖는다.
4. 제품의 원가와 목표마진율을 적용한 기준환율과 현재 환율을 항상 비교한다.
5. 관심 지역에 대한 기사가 나면 나름대로 상황을 정리하고 환율을 예측해본다.
6. 상황이 더 진전된다면 어떻게 할지 대응책을 생각해본다.

이론과 실무를 겸비해야 한다

해외마케팅은 국내 마케팅과 비교할 때 변수가 훨씬 더 많다. 그 많은 변수가 일으키는 무수한 변화를 다 체험한 뒤 대응책을 만들 수는 없다. 이론이라는 기본기를 익힌 뒤 간접경험을 가능한 한 많이 해보아야 한다. 전문가는 이론과 실무를 겸비해야 한다. 해외마케터는 더욱 그렇다.

지금까지 내가 낸 책은 《박람회와 마케팅》, 《무역&오퍼상 무작정 따라하기》, 《홍사장의 책읽기》, 《CEO 경영의 서재를 훔치다》, 《결국 사장이 문제다》 등 14권이다. 책을 몇 권 냈더니 책 내는 것이 내 전문이라고 생각하는 사람도 있다. 하지만 책을 전문적으로 내려고 한 것이 아니라 내가 하는 일을 좀더 잘 알자 싶어 자료를 정리하다보니 책이 되었다.

그중에서 《박람회와 마케팅》을 내게 된 경위는 이렇다. 코트라 전시부에 있으면서 박람회에 관한 책을 찾아보니 전혀 없었다. 그래서 미국 박람회협회에 개인적으로 상당한 액수의 회비를 내고 회원으로 가입했다. 매달 한두 번 리플릿 같은 자료를 우편으로 보내주었는데, 박람회의 마케팅적 특성을 연구한 것들이었다. 그 자료들을 사장하자니 아까웠지만 그대로 한국에 적용하려면 잘 맞지 않아서 한국 상황에 맞게 수정하여 책으로 냈다.

나머지 13권은 필맥스를 경영하면서 읽어본 책들과 경험을 아우른 것이다. 아마도 소기업의 경영 개선을 지속적으로 언급하면서 책을 13권이나 낸 곳은 한국에서 필맥스가 처음일 것이다. 2003년 말부터 정리해온 독서목록을 보면 현재 2,250여 권이 넘는다. 매월 평균 11.5권을 읽었는데, 대부분 경제경영서이고, 자기계발서와 자연과학서도 상당히 있다. 내가 책을 읽고 글을 쓰는 것은 세 가지 이유에서다.

첫째, 열심히 살기 위해서다. 농사를 짓는다면 논밭을 열심히 일구면 된다. 하지만 이미 땅에서 멀어진 대부분의 도시민들처럼 열심히 사는 방도는 내 머릿속을 잘 일구는 것밖에 없다. 그래서 열심히 책을 읽는다.

둘째, 잘하기 위해서다. 아는 게 많아야 아이디어가 생기고, 문제가 발생해도 해결책을 다양하게 구할 수 있다. 그래서 책을 읽는다.

셋째, 때를 기다리기 위해서다. 천하의 제갈공명도 하늘이 뜻을 내려주지 않으니 원하는 바를 이루지 못하였다. 나도 아직 그런 상태다. 열심히, 잘하기 위하여 노력하면서 하늘의 뜻을 기다리고 있다. 그게 금방일 거라고 생각했는데, 꽤 오래 기다렸다. 그래도 포기하지 않는다. 그건 긍정의 힘이다. 세상 책의 99%는 해피엔딩이다. 책을 많이 읽으면 사람이 긍정적으로 되고 뭐든 쉽게 포기하지 않는다. 그런 긍정의 힘을 키우려고 책을 읽고 글을 쓴다.

지금 쓰는 이 책은 '해외마케팅'에 관한 것이다. 내가 25년 동안 해온 해외마케팅을 돌아보면서 앞으로 더 잘하자고 쓰는 것이다. 나는 무슨 일을 할 때 꼭 이론서를 읽는다. 해당 분야의 원론서는 꼭 읽고, 필요한 부분의 더 넓고 깊은 실무 관련 책을 읽는다. 이론과 실무는 같이 가야 한다고 생각하기 때문이다.

이론은 해당 분야의 본질을 말한다. 자기가 일하는 분야의 본질을 모르고 현장에서 일이 닥칠 때마다 새로운 업무 스킬을 배우는 것은 한계가 있다. 게다가 몸으로 부딪치며 배우는 것은 몸이 두드려맞는 만큼만 배운다. 아주 실감이 나기는 하지만 말이다.

그런데 책을 읽는다는 것은 간접경험이다. 그 분야의 전문가들이 오랜 시간을 들여 몸과 머리로 배우고 익힌 것을 머릿속에 익히는 과정이다. 권투로 말하면 섀도복싱이다. 마치 상대가 내 앞에 있고 그가 나와 상대하는 것을 가상하고 연습하는 섀도복싱처럼 경영책이나 무역책을 통해 내 시간이 나는 만큼(대부분 지하철 등 이동하는 시간에) 한다.

권투선수가 상대가 어떻게 나올지 상상하면서 섀도복싱을 많이 하면 할수록 피하고 때리는 방법이 많아진다. 책을 많이 읽으면 읽을수록 시장이, 경쟁자가 나에게 덤비는 방법을 더 많이 상상할 수 있다. 그리고 나도 시장과 경쟁자에게 대응하는 방법이 많아진다.

이론을 배운다는 것은 바둑으로 말하면 정석을 배운다는 것이다. 하지만 정석대로 바둑을 둔다면 그 판은 무승부로 끝나야 한다. 정석은 무승부가 나게 하는 것이지 상대를 이기게 하는 것이 아니다.

그러나 거의 모든 경기는 승부가 갈라진다. 누군가는 정석대로 두다가 변칙을 두어야 한다. 그래야 승부가 난다. 세상도 대개는 정석대로 가다가 변칙이 나온다. 그걸 탓할 수는 없다. 그 변칙을 내가 만들어낼 때도 있고 도리어 변칙에 당할 때도 있다. 하지만 처음부터 변칙으로 나가면 세상에서 아웃된다.

변칙도 잘해야 한다. 반칙 몇 번 잘못하다가 아웃된 사람도 많고, 자기는 변칙이라고 했는데 남들이 반칙이라고 해서 아웃된 사람도 많다. 정석을 잘 몰라서 그렇다. 그래서 난 정석과 변칙, 이론과 실무를 모두 잘 알려고 노력한다.

물론 이론과 실무에 모두 능통하다고 해서 세상 모든 일을 잘 대할 수는 없다. 그리고 세상을 모두 이끌 수는 없다. 하지만 어떤 일을 할 때 편차를 줄일 수는 있다.

이론과 실무를 잘 안다는 것은 일을 잘할 기회가 많아진다는 것이다. 그리고 설령 어떤 일을 망쳐놓는다 해도, 아예 모르는 사람보다는 회복 못할 정도로 망칠 확률이 훨씬 줄어든다.

어쩌면 나는 무역계의 석가모니, 예수, 공자가 되지 못할지도 모른다. 하지만 석가모니의 10대 제자, 예수의 12제자, 공자의 70제자 정도는 되어야 속이 풀릴 것 같다. 그 정도만 되면 난 이론과 실무를 어느 정도는 겸비한 데다 몸소 실천한 사장이라는 말을 들을 수 있을 테니 말이다.

핵심정리

이론과 실무를 겸비하는 방법

1. 원론서를 읽는다.
2. 자기 분야의 용어집을 읽고 외운다(용어집은 알아야 할 지식의 집합체이다).
3. 읽은 책들이 나와 무슨 관계가 있을지 생각해본다.
4. 아는 단어들을 서로 연관지어 본다.
5. 골치 아프면 책방 가서 논다(책 제목만 읽어도 단어 실력이 늘어난다).
6. 지갑은 놓고 다녀도 책은 들고 다닌다.

영어는 잘할수록 좋다

무역하는 사람은 영어를 어느 정도 해야 좋을까? 아무리 강조해도 지나치지 않을 정도로 잘하면 잘할수록 좋다. 물론 영어를 못해도 미국 사람과 장사를 할 수 있다. 실제로 해외에 수출하거나 외국에서 수입하는 사람들 중에는 영어를 못하는 사람들도 많다.

물건을 외국에 파는 것이 무역이라는 개념만 가지고 있다면 사실 영어가 그리 중요하지 않을 수 있다. 자기 업계에서 통용되는 전문용어 정도만 알아도 충분히 거래를 성사시킬 수 있다. 그러니까 무역하는 사람은 자기가 속해 있는 산업 분야와 무역에 관한 전문용어만 약간 알아도 된다.

몇 년 전 세계적으로 유명한 패션쇼인 미국의 라스베이거스 매직쇼에 나갔을 때 일이다. 내 부스 옆에 의상디자이너들이 부스를 차렸는데, 그들은 의욕이 넘쳤다. 내가 보아도 그들이 가져온 청바지 디자인은 참신하고 세련되었다.

그런데 그들의 영어 실력은 기초적인 의사소통을 겨우 하는 정도였다. 그래서 코트라에서는 한국관에 배속된 통역요원들에게 그들을 특히 신경 쓰게 하였다. 그리고 그들은 바이어의 호평을 받으면서 상담을 상당히 진행했고, 실제 거래도 성사된 것으로 기억한다.

그들처럼 영어를 모르면 통역을 쓰면 되고, 최소한의 결제조건 정도만 이해하면 물건을 파는 데는 지장이 없다. 그래서 영어에 주눅 들지 말고 해외 수출을 적극적으로 추진하라고 하는 사람도 있다. 상당 부분이 맞는 말이다. 의사소통은 말로만 하는 것이 아니다. 보디랭귀지도 있다. 그래서 정말 알아야 할 분야별 전문용어, 보디랭귀지, 그리고 숫자를 표현할 손가락 몇 개면 장사판의 의사소통은 거의 해결된다.

그런데 그것이 다는 아니다. 좀더 오래, 크게 장사하려면 물건을 흥정하는 이상의 것이 필요하다. 인간적으로 교류해야 하고 전략을 논해야 한다. 그러려면 바이어와 식사도 해야 하고, 술도 마셔야 하고, 때로는 집으로 초대해야 하고, 초대받기도 해야 한다.

또한 그들과 역사나 문화에 대해 토론하는 것은 물론 업계 현황과 전망, 그리고 상호 협력을 위한 장기 비전과 협력사항도 의논해야 한다. 그러기 위해서는 아까 말했던 정도의 영어로는 매우 곤란하다.

1980년대 초반 이전처럼 단순무역, 즉 외국에서 바이어가 '물건을 이렇게 만들어줘!' 하고 주문하면, 한국에서 'yes, sir' 하면서 이행하기만 하는 단순 OEM(Original Equipment Manufacturing, 주문자상표부착생산)

방식의 수출 거래 방식은 이미 중국이나 베트남 등 우리보다 발전이 덜 된 국가로 이전되었다. 이제는 한국에서 만들어 자체 브랜드로 세계에 팔거나 바이어의 브랜드로 팔더라도 제품개발은 한국 업체에서 하는 ODM(Original Development Manufacturing, 제조업자개발생산) 방식으로 하는 것이 일반적으로 되었다.

제품 생산 기반만 설치해놓고 디자인, 판매, 소재개발 등은 외국 바이어가 하던 과거 굴뚝산업 시대에 쓰던 영어보다는 더 폭이 넓고 깊어야 한다. 지금처럼 제품을 기획, 개발하면서 중국 등 후발 주자들과 경쟁해서 살아남으려면 바이어와 긴밀히 협조해야 하고, 때로는 상황을 이끌어가야 한다. 특히 무역 실무진이 영어를 해야 하는 이유는 다음과 같다.

첫째, 적절한 정보를 적시에 정확하게 전달해야 한다. 우리는 인터넷을 통하여 엄청나게 많은 정보를 받아들이지만, 실제로 정보의 중요도와 호감도를 판단하기는 어렵다. 게다가 해외바이어들은 중국이나 베트남 경쟁자에게서도 끊임없이 정보를 받아들인다. 그들과의 정보싸움에서 이기려면 그들보다 우월한 정보를 제공해야 한다.

둘째, 상대방을 거부감 없이 설득할 수 있어야 한다. 정보가 전달되었으면 그에 따라 상호 협력하거나 외부 환경에 대응하도록 상대를 움직일 수 있어야 한다.

셋째, 바이어와 좋은 관계를 유지하기 위하여 충분히 설명할 정도로 영어를 해야 한다. 한번 일이 끝났다고 다음 오더가 진행될 때까지 아무런 연락도 없으면, 자연히 친밀감이 떨어진다. 할 말이 없으면 때로는 개인적인 일도 서로 챙기면서, "지난번 방문했을 때 보니 아들이 멋있게 생겼더라. 아들 녀석은 말을 잘 듣냐?"라는 식의 이메일을 보내야 한다. 그래야 관계가 유지되고 상대방 머릿속에서 내 이름이 지워지지 않는다.

그러기 위해 무역담당자는 적어도 세 가지 분야의 영어를 해야 한다.

첫째, 자기 업무와 제품에 대한 영어다. 물건이나 서비스를 사거나 팔고자 하는 사람이 표현하거나 이해하지 못한다면 애초에 시작도 못한다.

둘째, 무역 실무와 전략에 관한 영어다. 국내에서 물건을 사고팔자면 굳이 영어가 필요하다고 하지도 않는다. 하지만 국제 거래는 영어가 기본이다. 중국 사람과 해도 문서는 중국어로 작성하지 않는다. 인보이스, 포장명세서, 원산지증명서 등 모두 영어이다. 그것도 국제적으로 통용되는 기본적 무역영어가 있다. 그걸 알아야 제대로 돈을 받고 줄 수 있다.

셋째, 경영전략에 대한 영어다. 한번 팔고 사는 관계라면 굳이 미래를 말하고 전략을 같이 논할 필요가 없다. 하지만 물건을 팔 때마다 새로운 사람과 거래를 시작하는 것보다는 단골과 말하는 것이 편하다. 단골고객을 만들려면 미래, 장기전략, 나와 거래해서 얻을 이점을 말해주어야 한다. 그런 것들을 잘 이해시킬 수 있는 경영에 관한 영어 정도는 숙달해야 한다.

물론 해외바이어라고 해서 모두 영어를 능숙하게 하는 것은 아니다. 나의 핀란드 파트너는 영어를 미국 사람처럼 하지 못하며, 일본 바이어는 영어를 겁낸다. 설령 상대가 영어를 잘못한다 하더라도 내 생각을 표현할 수 있으면 더욱 좋다. 어차피 의사소통은 영어로 하지 핀란드어나 일본어로 하지 않는다. 그런 상황에서는 아무래도 영어를 잘하는 사람이 주도하게 된다.

바이어가 미국 사람이나 영국 사람처럼 영어를 모국어로 사용한다면 설령 내 영어가 그만큼 따라주지 못해도 웬만큼은 이해하고 상의할 정도는 되어야 상대도 맘 편하게 말한다.

나도 내 영어가 무척 서툴다는 것을 잘 알고 있다. 영어로 주저리 주저리 떠들면서도 속으로는 '어, 이거 틀린 영어다' 하는 것이 문장마다 있다. 그래서 오류를 줄이려고 노력한다.

세일즈맨은 전략적이어야 한다

직원이 해외에 나가 바이어를 만난다면 직급과 상관없이 회사를 대표하는 사람이 된다. 그리고 언제나 '이전에 없던 상황'을 만나게 된다. 물론 가장 일반적인 상황은 가격조정에 관한 것이다. 가격조정 정도는 출장 나가기 전에 상하한선을 정해놓고 그 안에서 협상할 권한을 가져가는 것까지는 예측이 가능하다. 그리고 여기에 거의 언제나 품질과 제품의 수정 문제가 따라온다.

이때 가장 일반적으로 생기는 문제가 바이어가 요구하는 수준이 회사의 기본 생산능력에서 벗어나거나 지침의 한계밖에 있다는 것이다. 이럴 때 거절할 수도 있지만, 상대의 규모가 무시하지 못할 정도라면 당연히 고민해야 한다.

이때 출장자는 본사의 지침을 받아서 다음날 결정하자고 할 수도 있고, 귀국해서 2~3주 안에 알려주겠다고 할 수도 있다. 그럼 당연히 바이어의 관심도가 현저히 낮아지면서 상담은 끝난다.

국내 거래와 달리 해외바이어와 거래할 때는 시간이 많이 걸린다. 한국에서 의사결정을 하는 데 일주일이 걸린다면 외국에서는 한두 달이 걸릴 수도 있고, 논의 자체가 흐지부지될 수도 있다.

한번 출장 나갔다 들어오는 데는 적지 않은 비용이 든다. 그런데 그 비용과 시간을 투자하면서 바이어의 얼굴만 보고 올 수는 없으니 뭔가 성과를 내야 한다. 더구나 소기업이라면 적지 않은 투자를 하는 것이니 소기업은 대체로 해외 출장을 사장이 많이 나간다. 그 바이어와 처음 거래하거나 새로 하게 되는 거래의 규모가 크다고 생각될 때는 더욱 그렇다.

문제는 해외 수출거래는 중소기업에는 언제나 치명적일 수 있다는 것이다. 거래 규모가 예상을 뛰어넘거나 장기 거래를 요구하기 때문이다. 그렇기 때문에 해외에서 바이어와 상담하는 것은 언제나 전략적이라고 볼 수 있다.

이렇듯 중요하지만 그렇다고 해서 항상 사장이 출장을 나갈 수는 없다. 그럼 회사의 발전은 사장의 한계에 한정된다. 결국 더욱 발전하고자 하거나 어느 정도 인력이 있는 경우에는 당연히 해외 영업인력을 두어야 한다. 그리고 사장은 당연히 그들에게 업무에 맞는 권한을 위임해야 한다. 그래서 해외 출장은 대체로 5년 이상 근무한 과장급 이상이 나간다. 해외 출장자는 회사에 매우 중요한 결정을 바이어와의 저녁 술자리에서 갑자기 해야 할 경우도 있다.

아무리 세일즈맨이 출장을 나가기 전에 사장에게서 충분히 지시받고, 협상 한계도 지침을 받았다고 해도 출장 중 일어날 수 있는 모든 일에 대비할 수는 없다. 지침을 주는 사람이든, 받는 사람이든 기업이 직면한 환경, 이용 가능한 전략, 그리고 전략이 초래하는 결과를 완벽하게 파악하기는 불가능하다. 결국 회사가 준비된 범위 안에서, 세일즈맨이 아는 범위 안에서 상황에 대처해야 한다. 제한적 합리성! 세일즈맨은 알려고 노력을 많이 해도 다 알 수는 없으니 아는 한도에서 최대한 합리적으로 결정해야 한다.

세일즈맨이 바이어와 같이하는 현장에서 지침을 받지 않은 결정을 해야 할 때, 최대한 훌륭하게, 최소한 회사에 손해를 끼치지 않는 판단을 내리려면 충분히 훈련되어 있어야 하고, 사장은 그들에게 각별한 관심을 기울여야 한다. 그러면서 회사가 나아가야 할 방향, 전략적 목표, 출장의 목표 등을 인식하게 해주어야 한다.

직원은 목표 달성 권한을 위임받아 전략을 설계하고 실행하며 행동경로를 정해야 한다. 그러니까 사장이 직원에게 목표지점이 찍혀 있는 지형도를 주면, 그 지점으로 가는 방법은 직원이 선택해야 한다. 그렇기 때문에 중소기업에서 해외 세일즈를 한다는 것은 시스템을 이해하는 수준을 넘어서야 한다.

중소기업은 대기업처럼 확립된 시스템이 없으니 인력도 설비도 자금도 부족한 상태에서 언제나 무슨 일이 터지면 그때마다 대략 방향을 정해 나아가야 한다. 대기업에서는 직급마다 자신이 접할 수 있고 할 수 있는 업무 내용이 정해져 있지만, 중소기업에서는 그야말로 온

회사의 일이 내 일이다. 시스템이 한눈에 들어올 정도의 규모밖에 되지 않으므로 회사의 전략을 파악하고 방향을 잡는 것은 그리 어려운 일이 아니다. 더 나아가 시스템을 원활히 운영하도록 해외에서 수출 주문을 받는 것을 넘어서, 시스템이 더 나아지도록 개선할 정도가 되어야 한다는 것이다.

화장품 기계회사에 다닐 때였다. 1년 정도 다니다보니 사내정치가 돌아가는 모습은 물론이고 웬만한 기계의 도면까지 읽을 수 있게 되었다. 그러다보니 문과 출신으로 무역을 전공했지만, 기계에 대한 인콰이어리가 오면 기존의 기계에서 어느 정도 수정해서 가격은 얼마 정도 내야 할지 알게 되었다.

그때 타이완에서 연간 50대 주문을 기본으로 하겠다면서 베이징에서 열리는 기계박람회에 같이 나가자고 했다. 회사의 연간 매출액 전체를 넘어서는 제안이었고, 실제로 베이징 기계박람회에 바이어가 참가비 전액을 부담하면서 같이 나갔다.

그런데 그곳에서 기계 문제로 전체 오더가 틀어지는 일이 벌어졌다. 예측할 수 있었던 문제이고 경영진에게 끊임없이 문제를 제기하면서 사전에 문제를 해결하자고 했지만 결국 일이 터지고 말았다. 50대 주문은 당연히 취소되었다.

이는 내가 두고두고 후회하는 일의 하나이다. 회사 전체 시스템을 획기적으로 개선하고, 크게 발전을 도모할 수 있는 일이었고, 모든 직원도 그렇게 알고 있었다. 그런데도 성공시키지 못한 것은 기회의 중요성을 경영진과 모든 직원에게 각인하지 못하고 다른 기회처럼 가볍게 넘겼기 때문이다. 지금 돌이켜보면, 그 기회를 제대로 살렸다면 내 인생은 다른 방향으로 풀렸을지도 모른다.

그때 내가 좀더 전략적이었다면 사내정치에 더 신경 써야 했다. 미묘하게 흘러가는 인간관계, 누구의 일이 사내에서 더 먼저, 더 신경을 써가면서 해야 할 일인지 분명하게 현장직원들에게 알려주었어야 했다. 그때는 사내정치의 중요성을 미처 몰랐다.

나중에 알고 보니 몇몇은 이미 회사를 떠날 준비를 하고 있었다. 파벌이 있는 줄은 알았지만 떠날 줄은 몰랐다. 그런 그들이 기계에 이전만큼 신경을 쓸리가 없었다. 그럴 줄 알았으면 그 기계제작을 다른 사람에게 맡겼을 것이다.

이처럼 해외 영업사원은 영어 실력, 제품에 대한 전문적인 지식 등도 필요하지만 회사 내외의 상황 전체를 돌아보고 향상할 전략적 마인드를 가져야 한다. 그리고 다행히 언제나 완전히 다른 상황과 만나지는 않는다. 지난번과는 뭔가 다르지만 그래도 대부분 비슷한 일이 벌어진다. 그래서 결정을 내리기가 아주 답답하지는 않다. 그 결정은 결국 당사자의 경험과 지식에 근거한 '제한적 합리성'에 따른다.

해외 영업사원은 누구보다도 자신의 한계를 넓혀야 한다. 누구보다도 불확실한 상황에서 회사 전체의 운명을 걸고 결정해야 하는 일이 자주 있을 테니 말이다.

4장

무역실무 준비

수출절차를 숙지하자

무슨 일이든 하나의 절차가 끝나면 다음 절차가 있게 마련이고, 처음부터 끝까지 일관성 있는 흐름을 갖게 마련이다. 그리고 수출은 계약체결에서 선적까지 시간이 비교적 오래 걸린다.

양말의 경우 보통 주문 후 선적까지 두세 달이 걸린다. 그리고 그 사이에 원부자재 준비부터 생산, 포장과 선적까지 많은 일이 벌어진다. 그 수많은 과정 사이에 뭔가 잘못될 확률이 매우 높다. 원래 일이란 틀어지고 비비 꼬이다가 겨우겨우 맞추어가는 것이다. 모든 과정을 수출담당자가 꿰차고 있지 않거나, 일을 풀 때 전체 과정에서 풀어야 하는데 그다음 단계를 보지 못하면 더욱 큰 어려움이 닥칠 수 있다.

내 경우를 예로 들어보자. 핀란드 파트너가 양말 5만 장을 주문했을 때 가장 먼저 고민한 것이 공장의 생산 일정이었다. 다른 바이어와 생산 일정이 겹치면 예상보다 시간이 많이 걸릴 것이다. 그리고

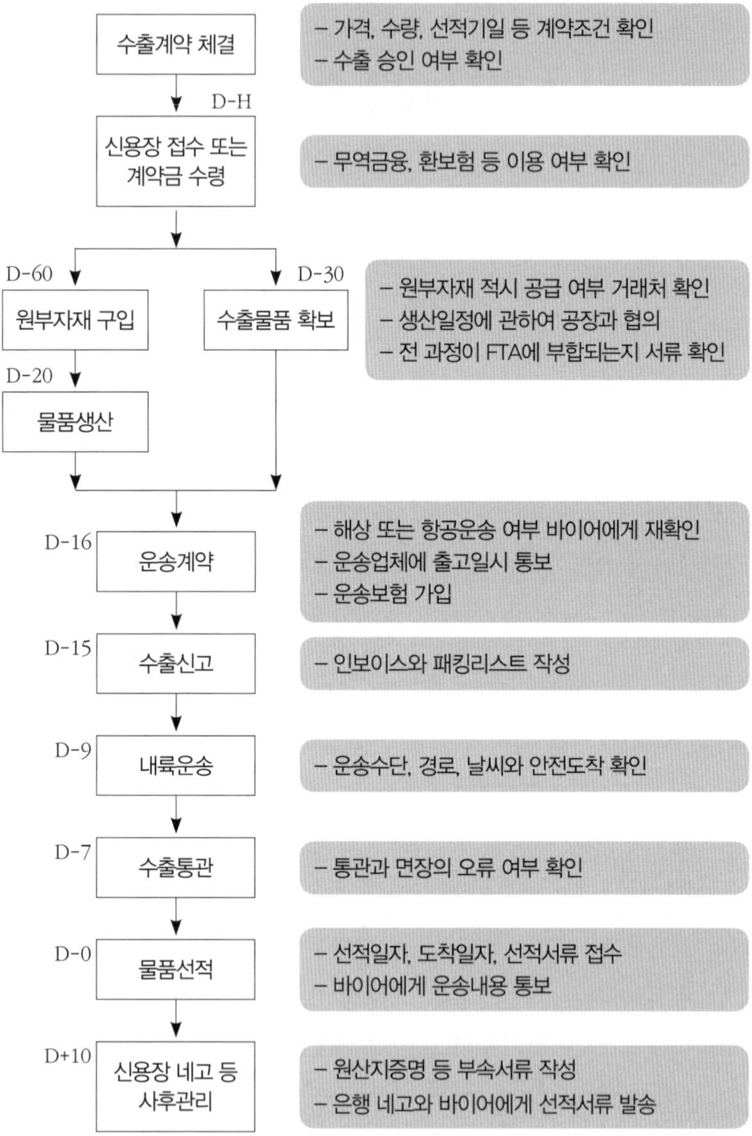
수출계약 체결
- 가격, 수량, 선적기일 등 계약조건 확인
- 수출 승인 여부 확인
D-H
신용장 접수 또는 계약금 수령
- 무역금융, 환보험 등 이용 여부 확인
D-60
원부자재 구입
D-30
수출물품 확보
- 원부자재 적시 공급 여부 거래처 확인
- 생산일정에 관하여 공장과 협의
- 전 과정이 FTA에 부합되는지 서류 확인
D-20
물품생산
D-16
운송계약
- 해상 또는 항공운송 여부 바이어에게 재확인
- 운송업체에 출고일시 통보
- 운송보험 가입
D-15
수출신고
- 인보이스와 패킹리스트 작성
D-9
내륙운송
- 운송수단, 경로, 날씨와 안전도착 확인
D-7
수출통관
- 통관과 면장의 오류 여부 확인
D-0
물품선적
- 선적일자, 도착일자, 선적서류 접수
- 바이어에게 운송내용 통보
D+10
신용장 네고 등 사후관리
- 원산지증명 등 부속서류 작성
- 은행 네고와 바이어에게 선적서류 발송

요즘은 좀 비싸더라도 염색되어 있는 실을 구매해서 해결된 문제이지만, 그때만 해도 실을 구매해서 염색할 때는 그 과정이 만만치 않았다. 아마 옷을 만든다면 여전히 염색기간이 가장 골치 아픈 문제일 것이다. 염색은 때로는 15일이 걸리지만, 때로는 45일이 걸리기도 하기 때문이다.

만일 원부자재를 해외에서 수입해야 한다면 시간과 위험 부담은 더욱 늘어난다. 원부자재를 무사히 구했다 하더라도 안심할 수 없다. 생산과정이 있기 때문이다.

그동안 양말을 수없이 실어서 보내보았지만 공장에서 생산과정이 문제없이 끝난 적이 거의 없었다. 생산하는 동안 수시로 공장을 방문하거나 전화해서 원활히 생산되는지, 품질에는 문제가 없는지 확인해야 한다. 그렇지 않고 공장만 믿다보면 막판에 이런 전화를 받을 수 있다. "사장님, 납기를 좀 늦추면 안 될까요? 제가 문제를 풀어보려고 했는데, 제대로 풀리지 않아서요!"

그런데 이런 일은 공장을 상대하다보면 수시로 일어난다. 문제는 너무 늦게 알면 도무지 해결할 방도가 나오지 않는다는 것이다. 문제가 생겼을 때 가급적 빨리 알아야 무리 없이 해결할 수 있다. 내일모레가 선적일인데, 그때서야 납기를 못 지키게 되었다고 하면 문제가 너무 커진다.

크리스마스나 할로윈데이 등 절기를 지켜야 할 때는 더욱 난감해진다. 그럴 때는 어쩔 수 없이 마진을 포기하면서 비행기로 보내야 한다. 특히 FTA(Free Trade Agreement, 자유무역협정)의 원산지증명서가 필요한 바이어와 거래한다면 신경 써야 할 일이 더욱 늘어난다. 나는 한-EU FTA의 원산지증명이 필요해서 책임자 인증까지 받았다. 그것과 관련하여 갖추고 유지해야 할 서류가 많고, 원부자재 공급처의 인증 여부도 확인해야 한다.

이러저러 생산이 거의 완료될 때쯤이면 선적준비를 해야 한다. 공장에 대략적인 생산완료 시점을 확인해 바이어에게 통보하고 운송회사에 예약을 해야 한다.

공장에서 생산물 목록을 받아 이를 근거로 인보이스(Invoice)와 포장명세서를 만들어 운송회사에 보내면, 수출면장이 금방 나온다. 수출면장이 나와야 수출품이 부두로 들어갈 수 있다. 수출면장에서 자주 나오는 오류는 지불통화가 유로화인데 미국 달러로 표시하는 것이다. 숫자는 소수점까지 확인해야 한다. 보통 엑셀을 사용하는데, 이것이 소수점을 반올림하면서 틀리는 경우가 많다.

공장 출고일의 날씨도 매우 중요하다. 비라도 오면 출고일을 하루 이틀 늦출 수 있는데, 이 때문에 실제 선적일이 일주일이나 늦춰지기도 한다.

특히 비올 때 트럭에 실린 선적물이 비에 젖지 않게 잘 싸여 있는지 확인해야 한다. 종종 이런 문제 때문에 클레임이 걸리거나 선적서류를 제대로 만들지 못하는 경우도 있다.

선적한 뒤 선하증권을 받으면 신용장거래 조건일 경우 신용장에서 요구하는 서류를 만들어야 한다. 가장 기본적인 것이 원산지증명이고 보험증권, 수출환어음 매입신청서 등을 준비해야 한다. 중동 등 까다로운 나라에 수출할라치면 꽤나 많은 서류를 갖추어야 한다.

이처럼 수출은 바다 멀리 떨어져 있는 외국과 거래하는 것인 만큼 시간이 많이 걸릴뿐더러 필요한 서류도 많고 절차도 다양하다. 만일 그중 어느 한 과정이라도 소홀히 하다가 잘못되면 회사가 손해를 봐야 한다. 모든 것이 물 흐르듯이 매끈하게 진행되면 좋지만, 그렇지 않더라도 매끈하게 끝낼 수 있는 것은 담당자가 얼마만큼 일을 숙지하면서 다양한 경우를 경험하고 예측하느냐에 달려 있다.

거래제안서 작성 및 발송

내가 독일에서 기계를 수입할 때였다. 이미 세계적으로 유명한 업체였고 기계의 성능은 뛰어났다고 정평이 나있었다. 화장품을 만드는 기계였고 생산하려는 화장품의 단가는 매우 고가였지만, 생산 원료가 독점적이지 않았기에 조속한 시장 선점이 사업의 성패를 가른다고 생각했었다.

우선 내가 먼저 독일의 해당 기업에 기계의 사양에 대한 자세한 내용과 판매조건을 문의하는 질의서(Inquiry)를 이메일로 보냈다. 그러자 독일 기계업체는 당일로 내가 원하는 기계의 카탈로그와 그 기계를 사용하는 세계의 유수한 업체명을 참조하라면서 회신하였다. 곧이어 나는 가격 및 납기를 물어보았다.

그러자 독일 업체는 가격, 납기 및 지불조건 등을 상세하게 적은 거래제안서(Offer sheet)를 보내왔다. 이때 보내준 세부사항에 기계의 생산 능력이 내가 필요로 하는 것보다 지나치게 컸기 때문에 설계보다 다소 작은 용량을 요청하며 할인된 가격과 빠른 납기를 요구하는 반대 제안서(Counter offer)를 보냈고, 이에 대한 독일의 수정 제안서가 최종 제안임을 확정하는 확정 오퍼(Firm offer)가 왔고 내가 사인을 해서 보냄으로써 계약이 성사되었다.

바이어인 내가 구매할 제품에 대한 사양을 미리 상세히 알고 있었음에도 불구하고 이 과정이 대략 두 달 정도 걸렸다. 이처럼 외국으로부터 물건을 수입하고 수출하는 데는 많은 세부적인 토론과 수정이 필요하다.

거래제안서(Offer sheet)의 성격

거래제안서(Offer sheet)는 간단히 말해서 나의 거래조건을 상대방에게 제시하는 것이다. 거래제안서의 형식은 정해진 것이 없으나, 일단 발행된 거래제안서는 상대와의 거래에 대한 전체적이고 장기적인 거래의 밑바탕이 된다. 왜냐하면 모든 협상의 시작이 바로 거래제안서에서 시작하기 때문이다.

이러한 일련의 과정은 시장에서 흥정하는 것과 같다. 시장에서 사과 한 상자를 놓고 수량을 보고, 맛이 있는지를 따져보고 집에까지 배달해주는지 등등을 서로 가격과 여러 가지 조건을 맞추어 보는 과정이다. 다르다면 무역은 사는 사람과 파는 사람이 다른 나라에서 다른 시간대에 있으며, 대체로 달러나 유로화로 거래한다는 점이다.

이 과정은 매우 지루하고 힘들 수 있다. 파는 사람에게도 느긋할

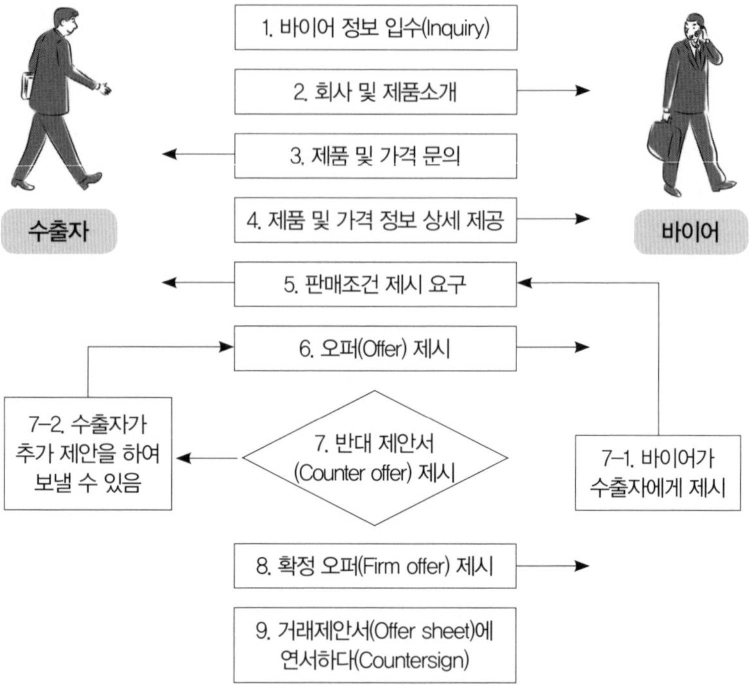

수만은 없는 것이 자기 시장의 상황에 따라 급할 수 있거나, 가격의 급변동이 있을 수 있거나 경쟁의 심화가 예상될 수 있기 때문이다. 어쩌면 돈을 받고 물건을 대는 수출자보다 자기 현금을 먼저 보내고 품질, 디자인, 가격 등의 불확실한 변수가 포함된 물품을 받아야 하는 수입자의 입장이 더 위태로워질 수 있다.

따라서 수출자나 수입자는 오퍼를 주고받으며 거래를 할 때 가능한 한 최대한 성실하고 지킬 수 있는 답변을 빨리 해주어야 한다. 앞서 말한 것처럼 기계 설계의 수정이나 생산 일정의 검토 등과 외부

부서와의 검토가 필요한 사안 등 어쩔 수 없이 시간이 걸리는 경우를 제외하고는 대체로 하루 이상의 시간이 걸리지 말아야 한다. 회신이 늦는 것은 나의 불성실에 기인하거나 상대를 중요한 거래처로 여기지 않는다고 믿게 하기 때문이다.

무역계약서의 작성

외국 기업과의 거래계약은 크게 두 가지로 나눌 수 있다. 양 당사자 간의 관계를 포괄적으로 규정하는 일반협정서(General agreement)와 개별계약서(Case by case contract, Sales contract)가 있다.

일반협정서는 포괄계약서(Master contract)로, 당사자 간의 공통적이고 포괄적인 협의사항이다. 반면에 개별계약서는 매매계약서(Sales contract)로, 매 거래 시마다 가변적인 거래조건을 Offer(제안)와 Acceptance(수용)로 합의하여 거래한다.

무역계약은 형식을 중요시하지 않고 말로 하든, 문서로 하든 양 당사자 간에 합의가 이루어지면 계약이 성립된 것으로 인정한다. 왜냐하면 계약서에 모든 사항을 다 고려하며 넣을 수는 없다. 너무 많은 조항이 들어가야 하고, 계약으로 인하여 벌어질 일 모두를 예상할 수 없기 때문이다.

그렇지만 대부분의 계약은 양 당사자 간의 우호와 성실한 관계로 풀어간다. 이를 신의 성실 원칙(principle of good faith)이라고 하며, 결국 모든 계약을 함에 있어 상대가 신의 성실 원칙을 지킬지에 대한 믿음이 우선이다.

수출자와 수입자 간에 이루어지는 계약은 일상적으로 P/I, 거래제안서 등에 양 당사자가 사인을 하면 이루어진다. 하지만 위와 같은 약식 계약서로는 계약의 일반적인 모든 사항을 넣을 수 없기에 Sales note, Purchase note, Contract 등을 만들어 기본적인 조건을 구체화하여 정한다.

무역계약에서 포함시켜야 하는 조건으로는 품질조건, 수량조건, 거래(가격)조건, 포장조건, 선적조건, 보험조건 및 결제조건 등이 있다. 이 중에서도 가장 신경을 써야 하는 것은 바로 품질조건이다. 다른 조건들은 수량화되어 있고, 객관적 절차가 비교적 명확하다. 그러나 품질은 파는 사람이나 사는 사람의 주관이 많이 개입되면 애매모호한 경우가 많기 때문이다.

양말을 수출하고 신발을 수입하는 나는 보통 견본거래에 의한다. 일반적인 소비재의 거래에서 가장 많이 사용되는 거래방식이다.

때로는 수출자가 수입자의 오더를 받기 위하여 공장 생산품 중 가장 좋은 품질의 견본을 제시하는데, 이는 바이어로 하여금 전체적인 품질의 기준을 높이 보게 한다. 그렇게 되면 공장의 평균적인 제품마저도 불량으로 간주하여 클레임을 받을 위험이 높아진다. 그래서 평균품질의 표준품 매매가 중요한 이유이다.

운송전문가, 포워더의 도움을 받자

처음 양말공장을 운영할 때는 바이어의 주문에 납기를 못 맞추어 물건을 비행기로 보낸 적이 수두룩하다. 또 신발을 수입할 때는 새로이 제작된 신발을 빨리 보고 싶은 마음, 중국에서 제작한 거래처와의 처음 거래라 불안한 마음에 제조처 지정 항공 운송업체를 쓰곤 했다.

그러다 차차 공장 운영이 체계가 잡혀가고, 중국 거래처와의 수입이 반복되면서 항공운송을 해상운송으로 바꾸었다. 항공운송은 인천에서 발송하면 다음날 핀란드에 도착했다고 바이어로부터 연락을 받는다. 그러나 항공운송은 가격이 비싸다. 물품이 준비되었을 때 운송계획을 잘 잡아야 수익률이 높아진다.

물건이 다 준비가 되었으면 배 아니면 비행기로 보내야 한다. 그런데 보통은 배로 보내는 게 일반적이지만, 반도체와 같은 고가의 제품들은 비행기로 보낸다. 물론 배로 보낼지 비행기로 보낼지에 대한 결정은 이미 바이어와 계약을 할 때 정해지지만, 갑자기 운송방법이 바꿔는 경우도 많다.

그런 경우의 대표적인 사례가 배로 보내기로 했지만, 생산과정상 시간이 오래 걸려 납기를 지키기 위하여 비행기로 보낼 때이다. 이런 일이 벌어지면 그 장사는 거의 헛하는 거나 마찬가지로 운임의 차이가 크다. 대신에 항공운송은 기간이 짧아서 해상운송이 대할 수 있는 갖가지 위험으로부터 자유로운 장점은 있다.

해상운송

해상운송의 장점은 대량운송이 용이해서 장거리 운송에 적합하고 운송비가 저렴하다. 단점은 기후에 민감하고 운송시간이 오래 걸려 기차나 비행기에 비하여 도중 파손이나 멸실의 위험이 있다는 점이다. 이런 특성 때문에 무역 거래량의 대부분은 해상운송으로 이루어진다.

해상운송 시 수출자가 신경을 써야 할 점은 자사의 수출품이 한 컨테이너를 채울 수 있는지, 아닌지의 여부이다. 이는 보통 FCL(Full Container Load)과 LCL(Less Container Load)이다. FCL은 dof/t 컨테이너를 꽉 채울 수 있는 화물을 말하고, LCL은 그만큼이 되지 않아 다른 회사의 화물을 함께 싣는 경우를 말한다.

LCL은 운송회사의 CFS(Container Freight Station)에서 여러 화주의 화물이 도착지에 따라서 일단 모아진다. 그리고 같은 항구에 갈 화물들이 한 컨테이너에 섞어서 싣는 작업을 거치기 때문에 운임이 비쌀 뿐더러, 화물의 파손과 분실이 종종 일어난다. 대략적으로 보아 화물이 컨테이너의 2/3~3/4 정도만 되어도 LCL로 선적하는 것보다 FCL로 싣는 것이 오히려 운임이 저렴하므로 선적하기 전에 부피를 잘 계산해보아 한다.

특히 해상운송은 신용장 거래조건일 경우 선하증권이 신용장 조건에 맞게 발행되고, 운송조건을 맞추었는지, 그리고 선적 후 21일 이내 은행에 네고해야 한다는 점을 명심해야 한다. 그렇지 않을 경우 신용장은 무효화되거나 바이어에 요청해서 수정하는 번거로움을 거쳐야 하기 때문에 조심해야 한다.

항공운송

의류 브랜드로 유명한 어느 업체가 있다. 그런데 이 회사는 주 운송수단으로 항공기를 자주 이용한다. 단순히 운송비용으로만 본다면 항공운임은 해상운임보다 4~5배 이상 비싸다. 그렇지만 운송기간이 짧은 장점을 이용한다.

의류는 SS(Spring & Summner) 시즌과 FW(Fall & Winter) 시즌으로 구분하고, 이 시즌에 맞게 전 세계의 수요와 유행을 미리 예측하여 제작한다. 예를 들면 2022년 가을 옷이면 2021년 가을이나 2022년 봄에 미리 디자인과 제작일정을 확정지어 생산을 시작한다. 그래야 중국이나 베트남에서 원부자재를 준비하는 기간, 옷을 제작하여 생산하는 기간에다가 배로 운송해서 창고에 도달하는 기간 2~3개월을 추가로 감안할 수 있다.

그러나 비행기를 이용하면 길어야 1주일이면 시장에 도착한다. 그런 점에 착안하여 이 업체는 6~12개월 전에 만들던 옷을 15일~1개월로 줄였다. 그만큼 시장의 예측과 벗어나는 위험, 그리고 그 기간 동안 재고를 안아야 하는 부담을 덜었다. 결국 이 업체는 그런 전략으로 크게 성공하였다.

이처럼 항공운송은 짧고 안전한 특징 덕분에 기업체로 하여금 고객에 대한 서비스를 향상하게 하고, 수송 중의 상품에 대한 자본비용을 절감할 수 있으며 납기가 늦어짐으로써 발생할 수 있는 위약금이나 계약 해제에 따른 손해를 막을 수 있다.

그러나 항공운임이 매우 비쌀뿐더러 크고 무거운 제품을 운송하기에는 적합하지 않다. 따라서 반도체나 귀금속 등과 같은 고가의 제품을 제외하고 가급적 항공운송보다는 해상운송을 활용하는 것이 좋다.

복합운송

복합운송이란 말 그대로 여러 가지 운송수단을 섞어서 하는 것이다. 양말을 생산하는 대구 공장에서 물건을 제작 완료하면 대구에서 부산까지 트럭을 이용하고, 부산에서 헬싱키까지 배로, 헬싱키에서 바이어의 창고까지는 트럭으로 운송한다. 대구에서 미국 뉴욕으로 보낼 때는 LA까지는 배나 비행기로 운송하고, LA에서 뉴욕까지는 기차로 운송하는 경우도 자주 발생한다. 이처럼 트럭, 기차, 배, 그리고 비행기를 이용할 수 있다.

복합운송은 상이한 운송 형태의 결합이므로 운송용구가 매우 중요하다. 왜냐하면 각 수단을 바꾸어 탈 때마다 파손, 멸실, 감량 등의 위험이 있기 때문이다. 복합운송에서 주로 사용하는 운송용구는 컨테이너 또는 팔레트이다.

복합운송이 발달하기 전까지는 수출입 담당자가 내륙운송, 해상운송 또는 항공운송의 전 과정을 책임지며 일일이 예약하고 운송과정에 관여해야만 했다. 그러나 복합운송이 생기고 이의 운송 전 과정을 책임지는 포워더가 등장하면서 수출입 무역하는 사람들은 자기 물건을 공장에서 포워더에게 넘겨주기만 하는 편리성을 맛보게 되었다.

포워더

사람들은 수출이 무척 어려운 줄 안다. 특히 무역운송은 매우 복잡한 과정을 거치기 때문에 더욱더 어려워한다.

물론 무역운송의 과정이 전보다 더 줄어든 것은 아니다. 어쩌면 이전보다 더 많은 과정들이 해외 파트너들과 관계를 가져야 하기 때문에 무역운송의 과정이 더 늘어났다고 볼 수 있다. 특히 좁은 땅덩어리에서 갈 곳이 멀지 않은 한국 사람들에게 수만리 너머로 뭔가를 보낸다는 것은 매우 귀찮게 느껴질 수 있다.

하지만 실제로 무역을 하다보면 무역운송이 너무 간단하다는 생각이 든다. 물론 공장에서 물건이 만들어지면 창고로 입고한 다음부터 수출자는 바빠져야 정상이다. 왜냐하면 부산이나 인천 같은 항구로 물건을 보내려면 내륙운송하는 트럭을 예약해야 하고, 이를 통관하고 또 이 물건을 외국으로 싣고 갈 배나 비행기를 예약해야 하고, 그게 제대로 저쪽 항구에 도착했는지 확인해야 하고……. 말은 쉽지만 신경 써야 할 일이 굉장히 많다.

그런데 수출자 바로 다음의 단계가 포워더이고, 수입자의 바로 전 단계도 포워더이다. 포워더란 수출자나 수입자의 운송의 전 과정을 대신해주는 운송대행업체이다. 그래서 수출자나 수입자는 운송의 전 과정을 이 포워더 또는 포워딩 회사에 맡기면 되게 되어 있다.

포워더(Forwarder)는 우리말로 하면 운송대행업체이다. 이들이 하는 일은 해외운송을 부탁한 화주(고객)의 대리인으로서 수출업체의 화물을 인수하여 수입업체에게 인도할 때까지의 물건을 받아 부두에 보내고, 선적, 운송, 보험, 보관, 배달 등 모든 업무를 주선해준다. 뿐만 아니라 트럭, 기차, 배, 항공기 등을 이용한 복합운송 체제하에서 스스로 운송계약의 주체자가 되어 전 구간의 운송 책임을 진다.

때문에 포워더의 역할은 상당히 다양하고 복잡하다. 그리고 포워더가 있어서 수출업체나 수입업체는 해상운송의 전 과정을 안심하고 맡길 수 있고, 운송과 관련된 업무의 거의 전부를 위탁하여 처리한다. 비근한 예를 든다면 해외여행을 갈 때 직접 비행기를 예약하고, 호텔을 예약하는 불편함을 덜어주는 여행사의 역할을 한다고 보면 된다.

포워더의 기능 중 가장 기본적인 것은 역시 운송대행이다. 화물주인인 수출업체의 주문이 들어오면 포워더는 해상운송에서 내륙운송, 국가 간 운송 및 상대국의 내륙운송의 전 과정에 걸쳐 소요비용과 시간, 신뢰성, 경제성을 고려하여 가장 효율적인 운송방법과 항로를 채택하게 도움을 준다. 그리고 그에 기초하여 화물의 포장형태와 도착지의 각종 운송 규칙을 알려주는 등 무역운송에서 전문적인 조언을 주는 것은 물론이고 운송계약을 수출업체를 대행하여 자기 명의로 진행하다.

포워더는 이러한 운송대행은 물론이고 수출자로부터 인보이스(상업송장)와 패킹리스트(포장목록)를 넘겨받아 수출업체를 대신하여 수출 서류의 작성 및 통관 수속을 대행한다.

보통 수출입 통관업무는 관세사에게 위임하여 통관 수속을 한다. 보통 수출업체는 자신이 자주 이용하는 포워더와 지속적인 관계를 유지하기 때문에 포워더는 수출업체를 대신하여 모든 비용을 일체 지불하여 행정절차 및 수속절차를 진행한다. 이렇게 선 진행, 후 청구함으로써 통관업무는 매우 신속하고 간편하게 진행된다.

특히 포워더는 선박회사나 항공회사 등 대형 운송회사에서 취급이 곤란한 소량 화물, 즉 한 컨테이너가 되지 않는 LCL(Less Container Load) 화물을 여러 수출업체로부터 모아, 각 지역별로 분류한 다음, 이를 해당 국가로 향하는 컨테이너에 모아서 실어주는 업무를 수행한다.

또한 포워더들은 무역운송을 많이 취급하기 때문에 화주를 대신하여 수출물품에 대한 보험(적하보험)을 수배하여 가장 적절한 보험형태, 보험금액 및 조건 등에 맞게 들 수 있도록 한다. 일단 화물이 선적되면 수출업체를 대신하여 전 운송구간에서의 화물을 추적, 안전여부를 확인하여 화물의 인도가 지연되지 않도록 도와준다.

물건이 수입국에 도착했을 때는 포워더 간의 네트워크를 통하여 수입서류를 입수하여 수입통관 대행은 물론이고 수입국 내에서의 내륙운송을 진행하여 수입자의 창고 문 앞까지 배달하여준다.

이처럼 포워더는 전 세계 어디까지이든 Door to Door 서비스를 해준다. 물론 운송 도중에 물건 파손, 도난 등의 사건이 생겼을 때는 트럭, 해상, 기차 등 어느 부분에서 발생하였든 간에 포워더가 이를 책임지고 해결해준다.

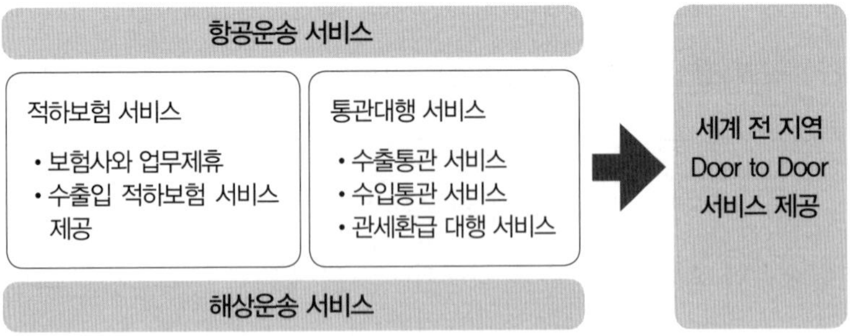

무역운송보험은 어떤 때 쓰이나

국제무역에서 해상보험은 대략 14세기 후반 경부터 이탈리아 지중해를 중심으로 발달하였다. 항해 기술이 발달하지 않아 목표 지점을 찾아가기 쉽지 않고, 최대 수백 톤에 불과한 목선으로 태풍과 같은 자연재해를 헤치고 가다보면 수많은 위험이 도사리고 있었기 때문이다. 그 위험 중에는 해적과 같은 인간재해도 포함되었다. 그러한 재해로 인한 손해를 최소화하기 위하여 선주들이 십시일반으로 항해 손해를 도와주는 관례가 발생하면서 해상보험은 발전하기 시작하였다.

이후 오늘날의 회사 조직을 갖춘 보험회사는 17세기 말 영불전쟁의 영향을 받아, 1720년 영국에서 'London Assurance Corporation'과 'Royal Exchange Corporation'의 두 개 회사가 설립되면서부터이다. 그 후 1824년 두 회사에 의한 해상보험 독점에 관한 법률이 폐지됨을 계기로 많은 보험회사가 설립되면서 런던은 로이즈와 더불어 해상보험의 중심지가 되었다.

해상보험이란 해상운송 도중에 일어나는 사고에 대해서 보험자, 보험회사가 손해를 보상하여 줄 것을 약속하고 피보험자, 즉 수출자 또는 수입자는 그 대가로서 보험료를 지불하는 것을 말한다. 현대 무역에서는 해상뿐만 아니라 항공, 육상운송 수단도 공히 사용하기 때문에 해상보험이라고 지칭하기는 하지만, 무역에 활용하는 모든 운송 과정에서의 위험을 포함하기도 한다. 때문에 해상보험이라기보다는 '적하보험'이 더 적절한 용어이지만, 일반적으로 해상보험이라고 부른다.

적하보험 또는 해상보험은 보험자가 피보험자에 대하여 그 계약에 의하여 합의된 방법과 범위 내에서 해상손해, 즉 해상사업에 부수되는 손해를 보상할 것을 인수하는 계약이라고 정의하고 있다. 따라서 해상보험계약은 '항해사업에 부수되는 손해를' 합의된 방법과 범위까지 보험자가 보상하는 '손해보상계약'이라고 할 수 있다. 해상보험의 당사자는 다음과 같다.

① 보험자 : 보험계약의 당사자. 보험사고가 발생하여 피보험목적물에 손해가 발생한 경우 보험금을 지급할 의무를 부담하는 자.
② 보험계약자 : 자기의 명의로 보험회사와 보험계약을 체결하고 보험료를 지불할 의무를 지는 자. 보험료를 지불할 의무와 중요사항에 관한 고지의 의무가 부여된다.
③ 피보험자 : 피보험이익의 주체로서 보험자로부터 손해보상을

받을 권리가 있는 자. 보험계약자와 피보험자는 매매계약 형태에 따라서 동일인이 될 수도 있고 다른 사람이 될 수도 있다.

④ 담보 : 특정조건에 대해 피보험자가 지켜야 할 약속을 말하며, 피보험자가 이 담보조건을 위반한 경우 그 시점부터 보험계약은 무효가 된다.

무역운송보험에서는 보험료를 내는 사람과 받는 사람이 다를 수가 있다. 즉, 보험료는 수출자가 보험회사에 지불하지만, 손해발생 시 손해보상을 수입자가 받을 수 있는 조건도 있기 때문이다.

무역운송 도중 발생할 수 있는 손해(Loss)라 함은 보험의 목적인 선박 또는 적하 등에 해상위험(보험사고)이 발생하여 보험의 목적이 멸실, 손상되거나 점유를 상실함으로써 생기는 피보험자의 재산상의 불이익을 말한다.

물적 손해는 실체적 손해 또는 직접손해라고 하며, 보험의 목적의 멸실 또는 손상으로 인한 직접손해이다. 피보험이익이 전부 멸실된 경우를 전손(Total Loss)이라고 한다.

전손은 현실전손(Actual Total Loss)과 추정전손(Constructive Total Loss)으로 구분된다. 현실전손은 보험의 목적이 실체적으로 멸실되었거나 물건 본래의 성질이 상실되었을 경우, 포획의 경우와 같이 피보험자의 지배력이 상실되어 회복할 수 없는 경우, 선박과 화물의 행방이 상당기간 동안 불명확한 경우이다.

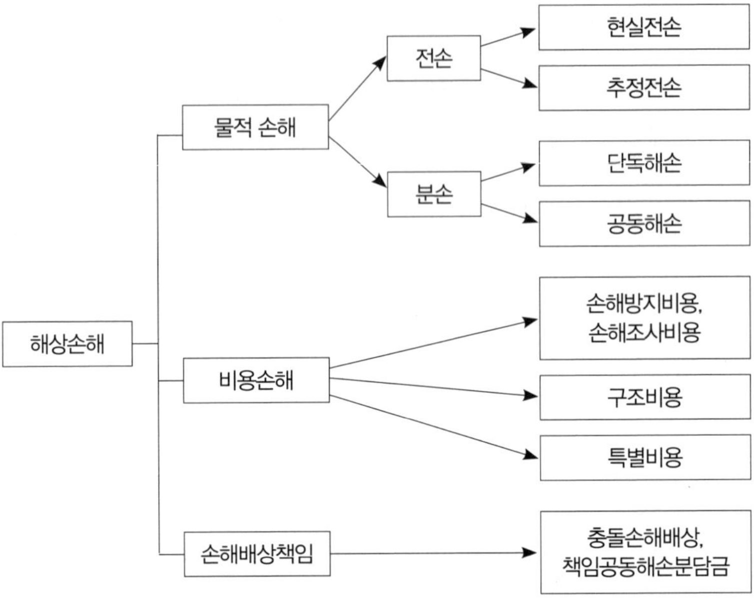

추정전손은 보험의 목적이 현실전손으로 될 것이 불가피하다고 인정될 경우로 보험의 목적에 대한 피보험자의 지배력이 상실되어 회복의 가능성이 없는 경우, 피보험목적물의 회복비용이 회복되었을 때의 화물의 가액을 초과할 것으로 예상될 때, 화물을 수리하여 목적지까지 수송함에 소요될 비용이 도착 후의 화물의 가액을 초과하게 될 경우 등이 있다.

추정전손은 보험의 목적을 보험자에게 피보험자가 갖는 일체의 권리를 보험자에게 넘겨주고 보험금액의 전부를 청구할 수 있다. 자동차로 예를 들면 1,000만 원짜리 차가 파손되어 수리비가 2,000만원이 나왔을 때 소유자가 자동차 소유권을 보험회사에 넘기고, 보험금

배상을 받을 수 있는 것처럼 해상보험에서도 배상받을 수 있다. 그렇지 않을 경우에는 전체 손해의 일부를 배상받는 분손으로 처리해야 한다.

분손은 피보험이익의 일부 멸실이나 손상을 말하며, 단독해손과 공동해손이 있다. 단독해손(Particular Average)은 보험의 목적이 일부 멸실되거나 손상되어 그 손해를 선주나 화주(피보험자)가 단독으로 부담하는 손해이다. 공동해손(General Average)은 공동 항해 사업단체인 선박과 선적화물이 공동의 위험에 처했을 때 이로부터 벗어나기 위해 의도적으로 취하여진 공동해손 행위로 인하여 합리적으로 발생한 손해 또는 비용 등을 이해관계자가 공동으로 부담하는 손해이다.

비용손해는 위험발생의 결과로 피보험자에 의하여 또는 그를 위하여 지출되는 경비손해를 말하며 이를 간접손해라고도 한다. 책임손해 중 공동해손분담금은 항해 중 공동으로 배나 비행기를 이용했던 화주들이 나누어야 할 손해 또는 비용을 말한다. 분담액은 선박, 적하 및 운임의 목적지 도착 시의 가액을 기초로 하여 산출한다.

무역운송의 담보위험은 구약관과 신약관이 있다. 최근에는 신약관을 써야 하는 것으로 정해져 있다. 따라서 보험을 담보할 때 담당자는 자신이 들어야 할 보험의 종류에 대하여 미리 수입업자와 협의를 하여야 한다.

보험약관은 런던보험자협회가 제정한 협회적하약관(ICC, Institute Cargo Clause)에 의해 규정된 보험계약에 관한 조항으로 위험부담의 정도에 따라 ICC(A), ICC(B), ICC(C)로 구분된다. 각 조건에 따른 위험부담 조건은 다음의 표와 같다. 수출품을 선적하면서 보험을 들 때는 해상보험회사를 직접 접촉해서 가입할 수도 있으나, 실무에서는 보통 운송대행사인 포워더를 통하여 지정된 조건으로 가입하는 것이 편하다.

보상하는 손해	ICC(A)	ICC(B)	ICC(C)
① 화재 또는 폭발	○	○	○
② 본선 또는 부선의 좌초 · 교사 · 침몰 · 전복	○	○	○
③ 육상운송용구의 전복 · 탈선	○	○	○
④ 본선 · 부선 · 운송용구의 타물과의 충돌 · 접촉	○	○	○
⑤ 피난항에서의 화물의 하역	○	○	○
⑥ 지진 · 화산의 분화 · 낙뢰	○	○	×
⑦ 공동해손희생손해	○	○	○
⑧ 투하(Jettison)	○	○	○
⑨ 갑판유실(Washing Overboard)	○	○	×
⑩ 본선 · 부선 · 선창 · 운송용구 · 컨테이너 · 지게차(Liftvan) 또는 보관 장소에의 해수 · 호수 · 강물의 유입	○	○	×
⑪ 본선 · 부선에의 선적 또는 양륙작업 중 바다에 떨어지거나 갑판에 추락하여 발생한 포장단위당의 전손	○	○	×
⑫ 약관상 면책사항 이외의 외래적, 우연적 사고에 의한 손해	○	×	×
⑬ 공동해손 · 구조비	○	○	○
⑭ 쌍방과실충돌(Both to Blame Collision)	○	○	○

인코텀즈는 잘 알아야 한다

무역에서 거래조건은 인코텀즈를 말한다. 그리고 무역을 하는 사람은 항상 이 인코텀즈에 나오는 조건들을 숙지하고 있어야 한다. 다시 강조하는데 인코텀즈를 모르고는 무역을 할 수가 없으니 여기서 말하는 조건이 무엇인지와 세부내용을 분명하게 알고 있어야 한다. 현재 인코텀즈 2020이 발표되었고, 이전 버전은 인코텀즈 2010이다.

무역에서 가장 흔하게 쓰이는 용어 중 하나가 계약조건이고, 이를 상세하게 설명한 것이 인코텀즈(INCOTERMS)이다. 인코텀즈(Incoterms, ICC rules for the use of domestic and international trade terms)는 International Commercial Terms의 약자로서 ICC(국제상업회의소)가 제정하여 국가 간의 무역거래에서 널리 쓰이고 있는 무역거래조건에 관한 해석 규칙이다.

인코텀즈가 제정되기 이전에는 국제무역의 거래조건에 관한 해석이 통일되지 않아서 거래 당사자 간의 분쟁이 잦았다. 이러한 불편을 방지하기 위하여 ICC에서는 1936년 각 나라 간에 다르게 해석되던 무역용어에 대한 정의를 수집하여 간행하면서 세계의 무역은 용어면에서 혼란이 줄어들었다. 최근에 인코텀즈 2020이 발표되었다.

인코텀즈의 기본은 국제 간의 무역거래에서 수출자와 수입자가 물건이 손실될 위험과 비용의 부담범위를 정하는 것이다. 국내 거래는 비용부담과 위험부담이 일치한다. 예를 들면 화물차에 물건을 싣고 배달을 가던 중 사고가 나서 물건이 망가졌을 때, 거의 대부분은 파는 사람의 책임으로 되어 있다. 그리고 화물 운송비도 파는 사람이 지불하는 것이 보통이다.

그런데 무역거래에서는 이게 다른 경우가 많다. 왜냐하면 국내 거래에 비하여 운송거리가 길 뿐만 아니라, 그 기간도 길기 때문이다. CIF, CFR, CPT 등과 같은 조건은 해상 운송비용은 수출자가 부담하지만, 운송 도중 화물의 손망실에 대한 부담은 바이어가 책임진다.

이처럼 위험부담과 비용부담이 분리가 될 수 있는 것은 무역거래에서 배로 보내진 물건에 대한 선적증거물인 선하증권(Ocean Bill of Lading)은 실제 물건이 아직 항구에 도착하지 않고 바다에 떠있어도 거래가 가능하기 때문이다.

예를 들면 필맥스에서 핀란드까지 5만 켤레의 양말을 실어서 보내는 데 보통 1개월이 걸린다. 이 사이에 나의 핀란드 파트너는 내가 보낸 선하증권을 근거로 하여 미리 5만 켤레를 백화점이나 도매상에게 팔 수 있다. 이 과정에서 바다에 떠있는 물건에 대한 책임은 누가

질 것인지에 대한 문제가 대두된다. 이를 세세히 분류해놓은 것이 인코텀즈이다. 꽤나 복잡할 것 같지만 사실은 처음에 이 부분을 정해놓기만 하면 다음부터는 그대로 적용되는 경우가 거의 대부분이라서 그리 어려울 것은 없다.

또한 이전에는 서울 – (육상) – 부산 – (해상, 항공, 철도) – 헬싱키 – (육상) – 바이어 창고의 모든 과정을 일일이 무역담당자가 해야 했다. 그러나 이제는 대부분 복합운송을 사용하기 때문에 인코텀즈 2020에서는 무역담당자와 포워더 간의 관계에서 벌어지는 과정을 중심으로 개정했다고 보면 된다.

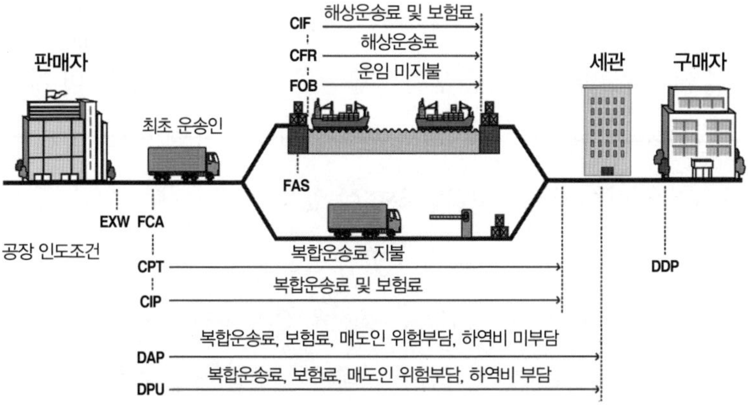

그 안에는 많은 조건이 있지만 가장 많이 쓰이는 것은 FCA이다. FCA는 EXW(공장 인도조건)와 비교하면 수출통관 의무와 적재 의무가 추가된 것이다. 수출자의 입장에서 보면 공장에서 물건을 트럭에 실

어주고, 인보이스, 패킹리스트와 수출관련 서류를 포워더에게 넘겨주면 운송에 대한 부담이 끝난다. 물건을 넘겨주는 장소는 바이어가 지정한 곳이다.

예를 들면 트럭 터미널 또는 기차 터미널이 될 수도 있고, 제3의 장소가 될 수도 있다. 앞의 그림에서 보면 CIF, CFR, FAS, FOB는 해상운송을 위한 거래조건이다. 반면에 FCA, CPT, CIP, DAP, DPU는 복합운송 조건이다.

DDP는 복합/해상/항공운송 공통이다. 복합운송 조건은 직접 운송하는 경우, 즉 수출자가 수입자에게 물건을 전달하는 과정에서 배, 트럭, 비행기, 기차 등 운송수단을 보유하고 전달하는 경우를 제외하고는 반드시 포워더가 관여하게 되어 있다. 한마디로 거의 모든 무역운송에서 포워더의 도움을 받는 것은 필수이다. 비용이 조금 더 지불되는 대신에 수출자나 수입자는 운송 과정에서 전문가의 도움을 받기 때문에 더 안전하고 편리한 측면이 있다.

각 조건에서 관심을 두고 봐야 할 부분은 'C'로 시작하는 조건들이다. CPT, CFR, CIP, CIF 조건들은 물건을 실어 보냈다고 해서 운임을 수입자가 지불하는 것이 아니라 수출자가 부담한다. 수출자는 물건이 바이어의 도착지까지 항공료나 해상운송료 등을 책임져야 한다.

그러나 운송 도중에 물건이 비를 맞거나 사고가 나 파손될 경우 그 손해는 바이어가 부담한다. 운송비를 부담하는 구간과 위험을 부담하는 구간의 차이가 난다는 의미이다. 이러한 해상운송의 위험으로부터 바이어를 보호하기 위하여 해상보험을 들 때도 있다.

'C'로 시작하는 조건 중에서 'I'가 들어가는 CIP, CIF 등은 수출자가 해상 보험비를 지불하지만, 사고가 났을 때 배상을 받는 사람은 수입자이다. 물론 수출자가 드는 보험비는 수출물품의 가액에 포함시켜야 한다.

보험료란 아는 바와 같이 물건이 운송되는 도중에 파손, 도난, 분실 등 재난을 당했을 때에 대비하여 들어두는 것이다. 그렇기 때문에 물건값 대비 위험의 수준을 어느 정도로 보는가에 따라서 보험을 들기도 하고 안 들기도 한다.

나의 경우는 대부분 FOB Korea로 거래를 한다. 초창기에는 몇 번 CIP로 하다가 곧 CPT로 많이 하였다. 그건 우선 실제로 항공이든 해운이든 화물에 손상이 가는 경우가 그리 많지 않았고, 설령 있었어도 적은 금액에 불과했다. 또 하나의 이유는 한 번 화물이 전부 손상될 경우라도 우리의 비즈니스 생존에 절대적 영향을 미치지 않는다는 생각이 들었기 때문이다.

내가 하는 양말 비즈니스는 한 번에 수백만 불을 거래하는 것이 아니라 수만 불씩 여러 번, 그리고 자주 하는 비즈니스이다. 그러다보니 특별하게 보험을 들어야 한다는 생각이 들지 않았다. 그것은 나중에 CPT에서 FOB로 바꾼 다음에도 다른 바이어들 역시 해상보험을 들지 않고 계속 거래하였다.

그렇다고 다른 인코텀즈의 조건을 몰라도 된다는 말은 아니다. 왜냐하면 지역마다 다른 상황에서 가끔이지만 잘 쓰지 않는 거래조건을 요구하는 바이어도 있기 때문이다.

언젠가 라스베이거스의 패션박람회인 매직쇼에 나갔을 때이다. 미국의 박람회를 나가보면 의외로 미국의 바이어들은 무역에 대한 개념이 그리 많지 않다. 태평양 건너 비행기를 타고 온 한국 사람임을 알면서도 마치 옆 동네에 있는 회사처럼 상담을 하였다. 그리고 그때 약 5,000켤레 양말을 주문하면서 DDP 조건을 말하는 것이었다. 그것도 외상으로.

나도 무역을 했지만 참 오랜만에 듣는 조건이라 처음에는 무슨 말인가 했었다. 결국 운임과 관세 지불 등에 관한 복잡한 문제 때문에 성사되지는 않았다. 나중에 알고 보니 미국 바이어들은 그런 조건을 자주 내건다고 한다. 그냥 국내에서 사는 것처럼 하는 게 좋지, 관세니 무역이니 하는 것들은 복잡해서 싫어한다고 한다.

따라서 해외 세일즈맨이라면 이런저런 경우에 대비하기 위하여도 다음의 조건들은 충분히 인지해야 한다.

다시 강조하지만 무역을 하려면 이 인코텀즈 조건은 모두 잘 알고 있어야 한다. 그래야 바이어와 협상, 포워더와 운송조건 거래 시 대화가 된다. 뿐만 아니라 모든 무역서류에는 인코텀즈가 100% 들어가 있기 때문이다.

구분	명칭	거래조건
출발지 인도조건	EXW	작업장 인도(Ex Works)
복합운송 조건	FCA	운송인 인도(Free Carrier)
	CPT	운송비 지불 인도(Carriage Paid To)
	CIP	운송비 · 보험료 지불 인도(Carriage and Insurance Paid To)
해상운송 조건	FAS	선측 인도(Free Alongside Ship)
	FOB	본선 인도(Free On Board)
	CFR	운임 포함 인도(Cost and Freight)
	CIF	운임 · 보험료 포함 인도(Cost, Insurance and Freight)
도착지 인도조건	DAP	목적지 인도(Delivered at Place)
	DPU	목적지 양하 인도(Delivered at Place Unload)
	DDP	관세 지급 인도(Delivered Duty Paid)

결제조건은 무엇이 좋을까

국제간의 거래인 무역에는 결제수단이 여러 가지 있다. 가장 대표적인 무역결제수단은 신용장과 T/T이다. 신용장이라는 결제수단이 없었다면 무역은 지금처럼 발달하지 않았을 것이다. 그 정도로 신용장은 무역의 대표적 결제수단이기는 하지만, 실제 사용비율은 15%를 넘지 않는다. 60% 이상이 현금결제인 T/T이고, 6~7%가 서류결제인 D/P, D/A이다.

신용장 결제

신용장 사용비율이 전체에서 보아 높지는 않지만 신용장을 모르고는 무역을 할 수 없다. 국제간 거래는 국내 거래와 달리 대금결제에서 다음과 같이 몇 가지 다른 점이 있다.

① 물품 거래계약의 체결, 제품의 인도, 그리고 대금의 수취에 상당한 시간 간격이 있으므로 대금 회수의 위험이 있다. ② 바다 멀리 떨

어져 있는 바이어의 신용을 파악하기 어렵다. ③ 바이어의 채무불이행이 발생할 경우 국내 거래보다 해결하기가 어렵고 비용이 막대하게 들어간다.

이러한 문제를 해결하기 위하여 은행이 개입하면서 수입자와 수출자 간의 계약 이행을 보증하고 이를 문서로 증명하는 것이 신용장이다. 신용장을 받으면 수출자는 대금지급을 염려하지 않아도 됨은 물론이고, 한국무역보험공사를 이용하여 선적 보증을 받으면 수출 상

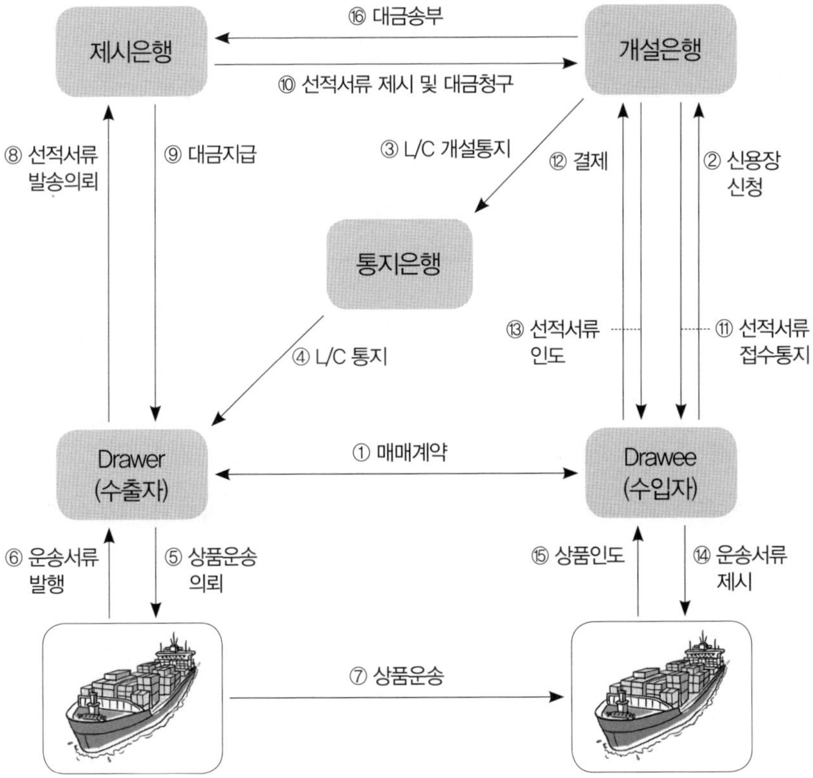

품 구매 또는 제조에 필요한 원부자재 구매 자금도 확보할 수 있는 대출을 낮은 이자율로 받을 수 있다.

앞의 그림에서 보는 것과 같이 무역에서 모든 서류의 흐름은 신용장의 흐름에서 비롯된다. 따라서 해외 세일즈맨이라면 신용장을 한 번쯤은 손으로 직접 써보는 것도 실무를 익히는 좋은 방법이다.

하지만 신용장도 완벽한 지급보증 수단이 되지는 못한다. 신용장의 특성은 독립성과 추상성이다.

독립성이란 신용장이 바이어와 수출자 간에 맺어진 구매계약과 별개로 신용장의 문구로만 해석되어야 한다는 의미이다. 추상성은 신용장이 서류만으로 거래되는 것이지 실제 물건의 완벽성 여부와 관계가 없다는 뜻이다.

따라서 수출자가 완벽한 서류를 제출하면 바이어는 대금을 지불해야 한다.

이와 반대로 수출자는 신용장을 받았어도 수입자나 신용장 개설은행이 지불을 거절하면 상당한 어려움을 겪게 된다. 즉, 수입업자가 신용장 대금을 지불할 수 없는 상태에 이르면, 신용장 개설은행도 지불을 유보하거나 거절할 만한 사유를 찾으려고 노력하기 때문이다. 결국 신용장을 사용한다 하더라도 상호 성실성과 믿음이 오히려 더 중요한 관건임을 인식해야 한다.

송금결제(Telegraphic Transfer, T/T)

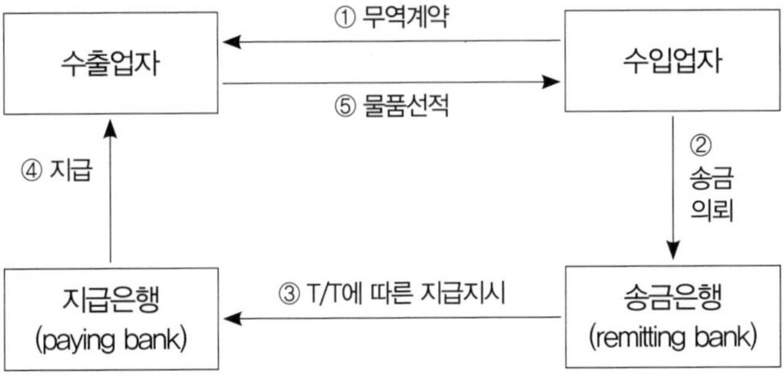

전신환 송금방식의 거래경로

전신환 송금이란 쉽게 말하면 현금거래이다. 신용장 거래방식은 은행이 지급보증을 하면서 많은 업무가 발생하는 데 비하여 수출업자와 수입자 간의 계약에 따라 일정 비율의 금액을 계약금, 중도금, 잔금 식으로 나누어 보내준다.

수출자 입장에서 보면 대금을 전부 받지도 않고 물건을 만들어 보내야 하고, 수입자 입장에서 보면 받지 않은 물건에 대한 대금의 상당 부분을 현금으로 지급해야 하는 위험부담이 있다. 전혀 상식적이지 않을 것 같은 이러한 현금송금방식이 무역거래의 대부분을 차지하는 이유는 은행과 관련된 비용의 절감과 업무의 단순화에 있다. 은행의 수수료가 꽤 비싼데 이를 절감하고 파생된 서류업무를 줄이면서 무역 과정이 매우 간단해진다.

앞의 그림만 보아도 단순하다. 나도 신용장을 2003년에 쓴 뒤 계속해서 T/T방식을 쓰고 있다. 그러다보니 물건을 싣고 인보이스, 패킹 리스트, 그리고 선적서류만 보내면 저쪽에서 잔금을 지불하므로 업무 부담이 훨씬 줄었다.

송금결제방식을 이렇게 하려면 단순한 위험과 비용의 계산을 떠나 수출자와 수입자 간의 계약 이행에 대한 믿음이 전제되어야 한다. 그래서 보통 거래 초기에는 신용장을 쓰고, 차츰 T/T방식이 선호된다. 이는 거래금액의 많고 적음이 문제가 아니라 상호 믿음이 문제이기 때문이다.

외환위험을 조심하라

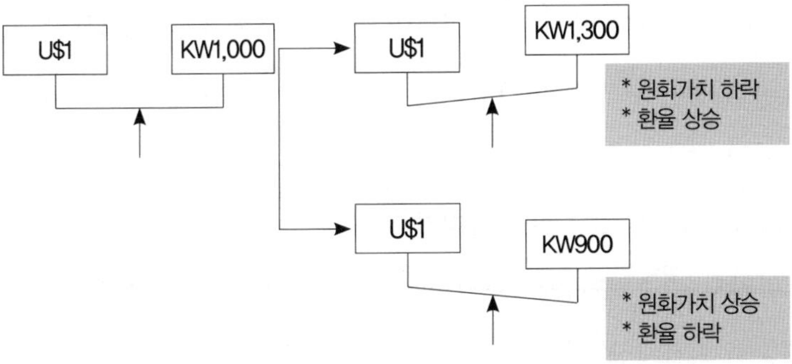

수출하면 대금을 국내 거래와 달리 달러나 유로화 같은 외국 돈으로 받는다. 문제는 한국 돈과 외국 돈의 비율이 일정하지 않다는 점이다.

위의 예처럼 원/달러 환율이 1,000원이던 것이 1,300원으로 변하면 나는 1만 달러를 수출하고 1,000만 원을 받을 것으로 예상했지만 1,300만 원을 받게 되어 좋다. 하지만 반대로 원/달러 환율이 900원으로 떨어지면 900만 원밖에 받지 못해 손해가 난다. 앞의 경우를 환차익이라 하고, 뒤의 경우를 환차손이라 한다.

수출하면서 다른 위험보다도 가장 자주, 그리고 크게 영향을 미치는 것이 바로 이 외환위험이다. 주식가격의 변동을 아무도 예측하지 못하는 것처럼 외환의 변동도 아무도 예측하지 못한다. 연말마다 난다 긴다 하는 모든 연구소가 다음 해 환율의 추세를 예측하지만, 비슷하기는커녕 대부분 떨어진다고 했는데 오르는 것처럼 방향마저 틀린다.

그런데 이것이 너무 크게 변하면 기업 생존까지 위협한다. 은행이 환율 선물환을 기업에 팔았는데, 그게 전혀 다른 방향으로 바뀌는 바람에 수많은 중소기업이 무너지거나 상당한 어려움을 겪은 키코(Knock-In, Knock-Out, KIKO)사태가 전형적인 예다.

따라서 수출기업들은 환위험에 언제나 신경을 곤두세워야 한다. 단순히 외환시장만 쳐다보아서는 안 되며, 전 세계 경제와 정치상황에 관심을 가져야 한다.

예를 들면 현재 벌어지는 금융상황은 양말을 유럽에 수출하는 나에게 바로 환율이라는 형태로 영향을 미친다. 미국에서 FRB가 출구전략을 쓰니 마니 하는 기사가 날 때마다 원/달러 환율은 요동친다. 게다가 국내 주가가 변동되어 외국인이 주식을 팔고 사고 하면 외환으로 바꿀 때도 영향을 미친다.

그러니 세계의 모든 상황은 수출도 하고 수입도 하는 나에게는 언제나 위험이자 기회이다. 그렇지만 환율 전문가가 아닌 수출기업에서는 이를 활용하려 하기보다는 회피하기 위한 소극적인 노력이 더 필요하다. 나는 가능한 한 다양한 통화를 쓰려고 한다. 예를 들면 미국과 거래할 때는 미국 달러, 유럽과 거래할 때는 유로, 일본과 거래할 때는 엔, 오스트레일리아와 거래할 때는 오스트레일리아 달러로 결제받는 식이다.

이 밖에도 외환리스크를 관리하는 방법은 여러 가지가 있다. 그중에서 한국무역협회가 발표한 외환리스크 우수관리 사례 등을 참조해 '환리스크 관리 10계명'을 소개한다.

1. 환리스크 관리도 비즈니스 : 무역활동을 통해 이익을 내더라도 환리스크 관리 소홀로 손실을 볼 수 있다. 환리스크 관리는 무역업계의 일상 과제다.
2. 환율과 수출가를 분리하라 : 환율을 믿고 수출단가를 인하해주는 것은 피해야 한다.
3. 시스템으로 접근하라 : 개인의 판단보다 시스템을 구축하는 것이 바람직하다.
4. 전문가를 활용하라 : 전문가 자문 등 외부 정보를 충분히 활용하는 것이 좋다.
5. 결과에 연연하지 말라 : 환리스크 헤지거래에서 손실을 보더라도 이를 수용해야 한다. 연연하다보면 손실이 커질 수 있다.

6. 내부에 해법이 있다 : 수출입 결제시점 조정 등 외부 도움 없이도 환리스크를 관리할 수 있다.
7. 외화예금 이용은 환리스크 관리의 기본이다.
8. 간단한 상품이 유용 : 환리스크 관리에 통화옵션이나 스왑 등 복잡한 상품만이 최선은 아니다. 중소업체에는 선물환거래 등 간단한 상품도 유용하다.
9. 투기는 금물 : 무리하게 환차익을 내려 하기보다 환차손을 줄이는 데 주력해야 한다.
10. 무역보험공사의 환변동보험을 이용하라.

특히 이 중에서 활용할 만한 무역보험공사의 환변동보험을 간단히 소개한다. 이는 수출기업이 환변동보험을 들면 무역보험공사에서는 수출기업에 보장환율을 제시한다는 것이 가장 큰 장점이다.

예를 들면 어느 계약시점에서 무역보험공사가 원/달러 1,200원의 환율을 제시하였다면 수출자는 환전시점에서의 시장상황과 관계없이 1달러당 1,200원의 환율을 보장받는다. 이는 1,150원일 때 당할 수 있는 환차손을 회피할 수 있게 된다. 그 대신에 1,250원이 되어도 1,200원을 받기 때문에 환차익 또한 없다. 이렇게 함으로써 수출기업은 외환위험을 확실히 회피할 수 있게 된다.

물론 은행을 통한 선물환거래로 외환리스크를 줄일 수도 있지만, 환변동보험은 다음 표와 같이 여러 면에서 확실한 이점이 있다.

환변동보험과 은행 선물환 비교

구분	선물환(Forward)	환변동보험	환변동보험의 이점
가입요건	원칙상 BB-이상	불량기업 외 제한 없음	
거래한도	타이트한 한도 설정	수출 100% 범위 내	중소기업 우대
계약환율	기업 신용도 감안한 낮은 선물환율	공사 신용도 감안한 높은 보장환율	1년 기준 3.5원 차이
비용(연간)	0.3% 내외	0.04% 내외	10배 저렴
증거금	BB-미만 및 신용한도 시 8% 예치	없음	담보 불요
최소금액	통상 U$1만	제한 없음	소액 헤지 가능
손익정산	실물인도원칙	차액정산원칙	간편한 정산방식
거래기간	통상 1년 이내	최장 3년	장기거래 헤지 가능

* 500만 달러 이하 기업 100%까지, 기타 기업은 50%(무등급)~90%(A, B등급)까지 지원

** 무역협회, 지자체 등 환변동보험료 지원사업 활용 시 무비용 헤지도 가능

* 자료 : 머니투데이

잘 만들었으면 잘 보내야 한다

오랜 시간이 걸린 끝에 물건을 만들었으면 보내야 한다. 그런데 그냥 보내는 것이 아니라 잘 보내야 한다. 잘 보내야 한다는 말은 비싸지 않은 비용으로 보기 좋게 보낸다는 의미이다. 보기 좋은 떡이 먹기에도 좋다는 말이 있듯이, 보기 좋게 포장해 보낸 물건은 바이어에게나 소비자에게나 좋은 인상을 준다.

수출포장의 4대 원칙

삼면이 바다로 둘러싸여 있는 우리나라에서는 물건을 바다 건너로 보내야 하는 어려움이 있다. 그냥 트럭에 실어서 이 도시, 저 도시로 보내는 국내 운송과는 많이 다르다. 특히 부피가 큰 제품은 운송료 비중이 제품 비중보다 더 클 때도 있다. 그렇기 때문에 운송비를 줄여야 한다.

수출 운송에서 운송비를 줄이는 가장 기본적인 방안은 포장박스를

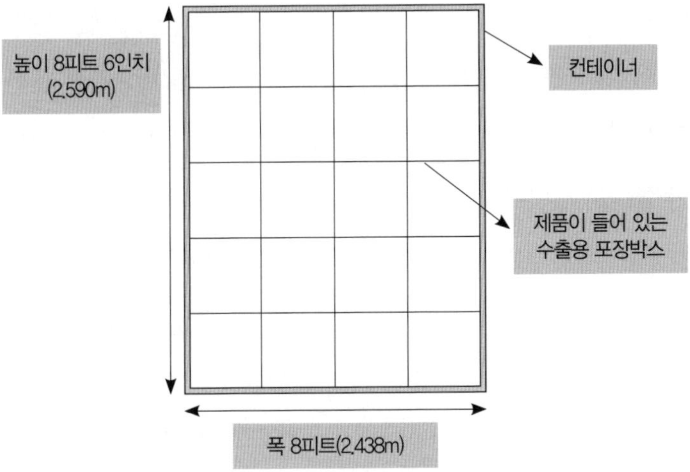

1. 최대한 많이
2. 최대한 가볍게
3. 최대한 튼튼하게
4. 보기 쉽게

컨테이너 크기(2.3×2.3×6m)에 맞추는 것이다. 박스를 만들었으면 하나의 박스 안에 제품이 상하지 않을 정도로 최대한 넣는 것이다. 너무 많이 넣으면 포장이 구겨져서 오히려 제품성을 잃어버리는 경우도 왕왕 있다.

박스나 포장재의 무게가 너무 나가지 않도록 가볍게 만들되 최대한 튼튼하게 해야 한다. 필맥스의 경우 0.5×0.5×0.5m의 아웃박스 안에 4개의 소박스로 구성된 수출포장을 한다. 이너박스에는 비닐로 제품 전체를 다시 한 번 싸서 습기를 막는다.

운송과정은 생각보다 험하다. 부두에서 인부들이 물건을 살살 다루지 않는다. 그들은 자신들의 편의를 도모하면서 박스를 다루기 때문에 네 귀퉁이가 찌그러질 수도 있고, 박스 안의 제품에 손상이 올 수도 있다. 박스를 만들면서 조심해야 할 것은 내부 물품에 대한 정보를 표시하지 않으면서 다른 화물과 섞이지 않도록 화물 표시를 잘 해야 한다는 점이다.

처음 외국에 수출하면서 박스 겉에 'toe socks'라고 표시했다. 하지만 물품 도난을 여러 번 겪은 뒤에는 겉에 그냥 'Feelmax'라는 회사 표시만 한다.

박스에는 여러 가지 Shipping mark(하인, 박스의 주인, 목적지 등을 표시하는 표식)를 하게 되는데, 너무 복잡하게 해도 번거롭다. 운송 도중에 다른 하주의 물건과 섞이지 않고, 도착해서는 바이어가 제품을 분류하기 쉬울 정도면 충분하다.

수출운송의 절차

물건이 다 준비되었으면 배나 비행기로 보내야 한다. 배로 보내는

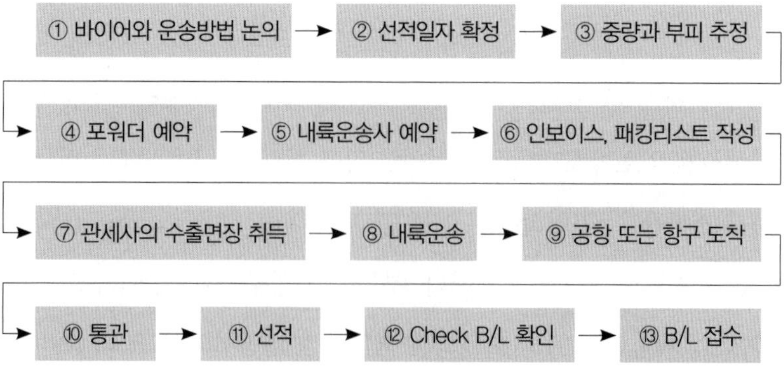

것이 일반적이지만, 반도체 같은 고가 제품은 비행기로도 보낸다. 물론 배로 보낼지 비행기로 보낼지는 바이어와 계약할 때 정해지지만, 갑자기 운송방법이 바뀌는 경우도 많다. 배로 보내기로 했는데 생산 과정에서 시간이 오래 걸려 납기를 지키려고 비행기로 보내는 것이 대표적인 예이다. 이런 일이 벌어지면 운임 차이가 커서 헛장사를 하는 것이나 마찬가지다. 그 대신에 항공운송은 기간이 짧아서 해상운송에서 일어날 수 있는 갖가지 위험으로부터 자유로운 장점은 있다.

앞의 그림은 수출자가 수출운송을 하기 위한 절차를 나타낸 것이다. 대학에서는 해상운송만 한 학기를 배우지만, 실제로는 그리 복잡하지 않다. 복잡한 부분은 운송대행업체인 포워딩컴퍼니(Forwarding company)에서 다 해준다. 해외 세일즈 담당자가 분명히 해야 할 것은 공장에서 출고일을 확인하고 여유 있게 운송사에 예약해야 한다는 점이다.

출고일이 다가오면 계약한 납기일을 지킬 수 있느냐가 가장 큰 문제이다. 대부분 한국 내의 선적일을 납기일로 하지만, 바이어의 항구 도착일을 납기일로 정하는 경우도 있다. 이때는 배나 비행기의 항해 일수까지 꼼꼼히 따져 충분히 여유를 두어야 한다.

수출자가 신경 써야 할 또 한 가지는 자사 수출품이 한 컨테이너를 채울 수 있는지 아닌지다. 이를 보통 FCL(Full Container Load)과 LCL(Less Container Load)이라고 한다. FCL은 컨테이너를 꽉 채울 수 있는 화물을 말하고, LCL은 그만큼 되지 않아 다른 회사의 화물을 함께 신는 경우를 말한다.

LCL은 운송회사의 CFS(Container Freight Station)에 여러 화주의 화물이 도착지에 따라서 모아진다. 그리고 같은 항구에 갈 화물들을 한 컨테이너에 섞어서 싣는 작업을 거치기 때문에 운임이 비쌀뿐더러 화물이 파손되거나 분실되는 일이 종종 있다. 대략 가늠해볼 때 화물이 컨테이너의 2/3~3/4 정도만 되어도 LCL로 선적하는 것보다 FCL로 싣는 것이 운임이 저렴하므로 선적하기 전에 부피를 잘 계산해야 한다.

5장

협상 전략

계약서는 처음에 잘 만들어야 한다

협상은 당사자의 의견 차이를 적당한 선에서 타협하기 위한 것이 아니라, 최선의 대안을 찾아내는 과정이다. 그리고 협상 결과물인 계약서는 앞으로 진행될 모든 업무의 바이블이 되므로 철저히 준비해야 한다.

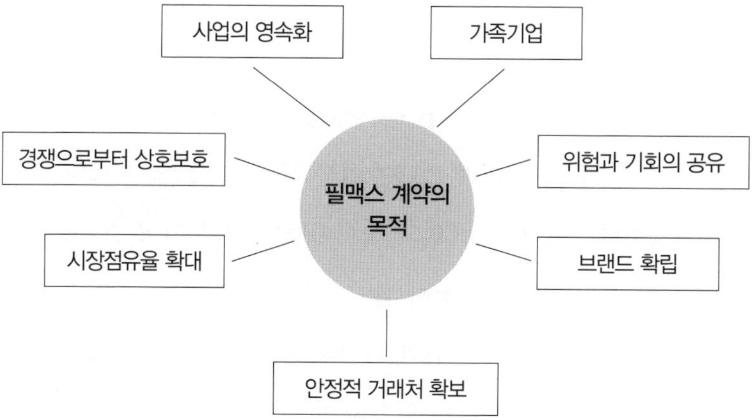

내가 필맥스를 하면서 브랜드를 통일하고자 한 가장 큰 목적은 '오랫동안 살아남기' 위해서였다. 브랜드의 장점이 여러 가지 있지만, 결국 이 사업을 이전의 실패를 다시 겪지 않으면서 다음 세대까지 결과물을 넘겨주기 위한 바탕으로 생각했다. 그렇게 하기 위해 오퍼상으로서 최선의 대안은 바이어들과 오랫동안 관계를 유지하면서 거래를 키워가는 것이었다.

바이어들에게 '하자'는 말은 해놓았지만, 그 과정은 1년 이상 걸렸다. 바이어들도 그런 이야기를 들어보지 못한 데다 상호 신뢰가 아직 깊지 않았을 때라서, '얘가 왜 이러나?' 하는 의구심도 있었다.

그래서 그들을 설득하기 위하여 '브랜드를 가지면 왜 좋은지, 필맥스라는 브랜드로 통일하면 왜 좋은지, 가족기업이 왜 좋은지, 기업의 영속성이 무엇을 의미하는지'에 대한 책을 읽고 자료를 모으기 시작했다. 그리고 내가 읽었던 자료들에 대한 설명서나 관련 기사들을 보내주기도 했다.

그중에서도 특히 '가족기업'을 강조했다. 세상의 수많은 기업의 90% 이상은 가족기업이며, 200년 이상 살아남은 기업은 예외 없이 가족기업이다. 핀란드나 독일의 바이어들도 나와 같이 소규모였기에, 부부가 또는 아버지와 딸이 같이 사업하고 있었다. 그래서 '가족기업'이라는 말이 우리 모두에게 실감나기도 했다.

'브랜드 효과 + 가족기업의 영속성'이 필맥스 브랜드 통일의 가장 큰 핵심이었고, 실제로 '가족기업의 연대'라는 단어가 바이어 설득에서 가장 큰 효과를 보았다. 그 과정에서 내가 읽은 책과 자료는 꽤나 많다. 그리고 영문으로 작성해서 보내준 자료도 적지 않다. 그러면서 1년간에 걸쳐 공감대를 형성하고, 2002년 핀란드에서 삼자가 모여 계약을 체결하였다.

나는 그 과정에서 사업적으로 접근하기보다는 인간적으로 접근했다. 서로 이해하기 쉽고, 그러고 싶은 마음이 많이 들 거라고 생각했기 때문이다. 가족기업이라는 자체가 인간적인 단어이다. 물론 그 과정에서 마찰이 전혀 없었던 것은 아니다.

그럴 때마다 '그 사람과 그 사람이 요구하는 사항'을 분리해 생각했다. '그 사람은 이걸 하고 싶어하는데, 왜 이렇게 섭섭한 질문을 하지? 너무 이기적이지 않아?'라는 마음을 갖지 않으려고 노력했다. 그 사람이 하는 '요구'사항에 얽매이지 않고, '그가 얻고자 하는 진짜 욕구는 뭐지?'를 찾으려고 했다. 그럼 결론은 대부분 '브랜드를 통일하면서 얻게 되는 이익은 작고 불이익은 커지지 않을까?' 하는 염려였다.

1년 동안 우리는 수많은 토론을 하고 대안을 만들어냈다. 하지만 상대를 적당히 만족시키려고 중간에서 타협하지는 않았다. 그런 어정쩡한 타협은 양쪽 다 '손해 보았지만 내가 양보한다'는 생각을 하게 하기 때문이다. '적게 손해 보았지만, 이 정도면 믿을 수 있어'라는 정도의 대안을 만들어내려고 노력했다. 대안은 바이어들의 불안을 잠재우면서 더 많은 가능성을 찾아내곤 했다. 그러면서 서로 윈윈하는 과정임을 확인하게 되었다.

만일 누구라도 더 손해를 보았다고 생각한다면 협상은 이루어지지 않았을 것이다. 그 대안은 숫자놀음을 가급적 지양하고 브랜드의 선례, 선도적 가족기업과 200년 이상 된 기업들의 선례 등 합리적 표준이 있음을 말하였다. 추상적인 설명은 쉽게 이해하기 어렵다. 나름대로 최상의 대안이 거듭됨에 따라 바이어도 협상하는 것이 깨지는 것보다 이익이 더 많음을 알게 되었다.

그런 협상 과정을 겪으면서 '이렇게 좋은 사람들을 만나다니, 난 참 운이 좋다'는 생각이 들었다. 비록 1년 이상을 끌었지만, 우리는 충분히 이해하게 되었고 더 많은 정보를 더 자주 나누게 되었다. 그리고 만들어진 계약서는 현재까지 우리를 엮어주는 튼튼한 고리가 되고 있다.

핵심정리

계약서를 잘 만들기 위한 준비

1. 왜 협상하는지 분명히 알자.
2. 나의 목표와 상대의 목표가 일치하는지 알자.
3. 협상은 싸움이 아니다. 합리적 인간관계의 연장임을 알자.
4. 협상과 관련된 게임이론 정도는 읽어보자.
5. 상대의 표면적 요구와 심층적 욕구는 다를 수도 있다.
6. 협상을 주도하려면 팩트를 많이 알아야 하니 준비해야 한다.
7. 시간에 쫓기면 안 된다. 충분히 시간을 가지고 진행한다.

파트너와의 갈등을 두려워하지 말자

누구와 무엇을 하든 갈등은 있게 마련이고 있어야 한다. 갈등 자체가 무서운 것이 아니라 갈등을 풀지 못하는 게 무서운 것이다. 20년 넘게 핀란드 파트너와 같이 일하면서 두 번 크게 싸웠다.

한 번은 초창기에 사소한 문제를 제기하는 파트너의 딸과 한 시간 넘게 큰소리로 통화하였다. 돌이켜보면 아무것도 아니었다. 그냥 누가 잘못했는가 하는 문제로 논쟁을 벌였다. 그리고 누가 잘못했든 해결책은 분명했다. '다음부터 그러지 말자. 서로 충분히 이야기하고 사소한 것이라도 말로 하지 말고 이메일을 보내서 확인하자'였다.

그리고 그녀는 한동안 필맥스를 떠났다가 한참 뒤 다시 나와 같이 일을 하였다. 그냥 논쟁일 뿐이었는데 왜 그렇게 기를 쓰고 말싸움에서 이기려고 했는지 모르겠다. 그 논쟁에 대하여 나는 여러 번 그녀에게 잘못했다고 했다. 그 이후로는 누가 잘못했는지 따지지 않는다. 왜 잘못되었는지 찾아내려고 노력한다.

어느 정도 일이 진척되던 2005년 초쯤 다시 한 번 크게 논쟁을 벌였다. 그때는 한국에서였다. 유럽의 오더는 줄어드는데 핀란드와 독일의 파트너가 나를 성토하고 나섰다. 내가 가져가는 이윤이 너무 많지 않느냐는 불신이 깊이 배어 있는 성토장이었다. 벌써 4~5년 이상 해온 마당에 새삼스럽게 그런 일이 벌어진 것은 독일 파트너가 새롭게 고용한 현지인이 한국인을 얕보는 습성과 더불어 자신이 뭔가 해야 한다는 생각을 했기 때문인 듯하다.

그들과 있는 4~5일 내내 그들은 나를 공격했고, 나는 그걸 방어해야만 했다. 고속도로에 차를 세워놓고 '다 내리라'고 하면서 화를 낸 적도 있다. 그러다가 어찌어찌하여 공장에 대한 추가 비용부담 내용에 합의했지만, 합의 내용에 대한 이해는 고사하고 내가 보낸 합의문에 대한 회신조차 없었다.

얼마 되지 않아 그 독일인은 필맥스를 떠났다. 뭔가 하고자 하는 의욕은 앞섰을지 몰라도 그가 제시한 것은 실질적 해결책이 아니었다. 게다가 그는 책임을 지는 사소한 일조차 하지 않으려 했다.

첫 번째는 필맥스를 처음 시작하면서 나이도 많은 내가 전체 분위기를 이끌어가기 위해서는 얕보이면 안 된다는 유치한 생각이 있었다. 두 번째는 누가 주도권을 갖는가 하는 문제는 서로에게 중요하지 않다고 생각할 때쯤 벌어진 해프닝이었다. 한 번은 내가 남의 가슴에 못을 박았고, 한 번은 남이 내 가슴에 못을 박았다.

지금 돌이킨다면 첫 번째는 내가 잘못했다고 하고 말 것 같다. 하지만 두 번째는 여전히 화가 난다. 태어나서 그때만큼 화를 내본 적이 없었고, 그 이후에도 없었다. 첫 번째 갈등에서는 우리가 일하는 방식을 좀더 정교하게 다듬는 계기가 되었다. 두 번째 갈등에서는 '내 진심이 항상 남에게 제대로 이해되지는 않는다'는 성찰의 계기가 되었다. 그리고 얼마 되지 않아 새로이 개발된 맨발과 같은 신발을 주력상품에 추가하면서 이전보다 더 깊이 협력하는 계기가 되었다.

20년 넘게 같이 일하면서 갈등이 참 많았다. 처음에 브랜드를 통일하고, 누구의 것을 쓸지 정하는 문제, 포장을 어떤 방식으로 하면 좋을까 하는 문제, 가격을 높이고 낮추는 문제 등. 그런 소소한 갈등을 만들고 풀어가면서 20년 넘게 지냈으니 서로에 대한 감정도 깊다.

바이어와 논쟁하는 나를 보면서 친구들은 거래처와 싸우느냐고 물었다. 싸우는 것은 아니지만, 바이어와 갈등조차 없는 거래처들이 오히려 이상해 보인다. 갈등이 꼭 나쁜 것만은 아니기 때문이다.

심리적 갈등의 유형

접근–접근 갈등 : 여러 곳에서 동시에 주문했을 때 어느 곳의 주문을 먼저 처리해야 할지 하는 고민과 같은 두 가지 좋은 대안 중에서 하나만 선택해야 하는 갈등
접근–회피 갈등 : 클레임과 주문이 동시에 왔을 때 어느 것부터 풀어야 할지와 같은 상반되는 사안 중 하나를 선택해야 하는 갈등
회피–회피 갈등 : 여러 곳에서 동시에 클레임이 들어왔을 때 어느 곳의 클레임을 먼저 해결해야 할지 하는 고민과 같은 피하고 싶은 대안을 선택해야 하는 갈등

유발 요인에 따른 갈등의 유형

업무 갈등 : 일을 어떻게 수행할지에 대한 갈등으로 더 잘해보자는 것이 주된 내용
관계 갈등 : 인간관계에서 벌어지는 갈등
권력 갈등 : 누가 주도권을 가져야 하는지를 두고 벌어지는 갈등

이 밖에도 여러 가지 갈등 유형이 있겠지만, 어쨌든 갈등이 있다는 것은 내가 상대에게 어떤 선택할 만한 문제를 제기했다는 것이고, 그 갈등은 주로 좀더 잘해보자는 갈등이다.

내가 보기에 주도권을 누가 갖는가 하는 문제는 별로 중요하지 않다. 그건 자연히 정해진다. 누가 더 잘 아는가 하는 것이 문제다. 비록 돈은 바이어가 갖고 있지만, 상황을 향상시킬 만한 문제를 내가 제기하고 그에 대한 해결책 또한 내가 제시할 수 있다면 바이어도 따르지 않을 이유가 없다.

그리고 거래의 주도권은 대부분 돈을 내야 할 바이어가 갖는 것이 맞다. 왜냐하면 내가 제시하는 거래가 성사되었고, 그 결과가 잘못되었을 때 큰 손해를 감수해야 하는 것은 바이어지 내가 아니기 때문이다. 큰돈 들여서 물건을 샀는데 시장이 바뀌었다든가 백화점의 정책이 바뀌었다면, 나는 이미 팔았으니 상관없지만 바이어는 꼼짝없이 손해를 감수해야 한다.

그래서 굳이 바이어와 주도권을 놓고 싸울 필요가 없다. 어차피 모든 인간관계에서는 갈등을 피할 수 없다. 오히려 갈등이 없다면 관계가 없거나 없느니만 못하다. 차라리 지속적으로 문제를 제기하면서 발전 방안을 모색하는 과정으로 보아야 한다.

무관심보다는 악플이 낫다는 말도 있다. 갈등이 없다면 언제든 등을 보이고 돌아설 관계일 수 있다. 스트레스를 즐기듯이 갈등도 적당히 만들어가며 즐길 줄 알아야 한다. 그래야 미운 정 고운 정 들며 오래간다.

핵심정리

바이어와 갈등을 즐기는 법

1. 내가 내 업무에 대해 누구보다 많이 생각한다는 자신감이 있어야 한다.
2. 항상 바이어에게 어떤 새로운 제안을 할지 고민한다.
3. 내 생각을 바이어가 어떻게 생각할지보다는 바이어를 어떻게 설득할지 고민한다.
4. 나한테 뭔가를 파는 사람이 뭔가를 제안해올 때 나는 어떻게 대하는지 돌아본다.
5. 나의 제안, 바이어의 반응, 갈등에 대해 선입관과 편견을 갖지 않도록 노력한다.
6. 바이어는 나보다 더 많이 안다고 생각하고 긍정적으로 대한다.
7. 갈등을 풀어가며 나를 좋아하는 사람이 늘어가는 것을 즐긴다.

바이어의 이익은 내 이익에 앞선다

1995년에 장사를 시작했으니 벌써 25년이 넘었다. 그사이에 일이 많았는데, 그중에서 가장 기분 좋은 일은 무역을 하고 싶어하는 젊은 사람들과 만날 기회가 많았다는 것이다. 현재 내가 운영하는 '무역 무작정 따라하기' 카페 회원들이 그들이다. 젊고 패기가 있지만 무역이 무엇인지, 어떻게 시작해야 할지 막막한 그들이 내 책을 읽고 뭔가를 더 묻고 싶을 때 카페에 들어온다.

그러면 그들과 한 달에 한 번 정도 소주를 앞에 놓고 이런저런 이야기를 나눈다. 이때 해외바이어를 만나야 하는데 어떻게 하면 더 많은 이익을 취할지 묻는 말이나 해외바이어가 너무 이기적이어서 고민이라는 말을 자주 듣는다.

그런 이야기는 코트라에 있으면서 해외 출장자들과 바이어 상담을 주선하는 일을 할 때도 자주 들었다. 그럼 나도 덩달아서 "지가 아무리 바이어라도 그렇지. 내 생각도 해주면서 상담해야지 자기 생각만

하면 안 되지!" 하고 같이 흥분하곤 하였다.

그런데 지금 와서 보면 내 입장에서만 본 바이어와의 상담 장면이었다. 비즈니스란 언제나 모두의 이익이 있어야 진행된다. 그럼에도 내 이익을 극대화하려고 상대의 이익을 줄이려 들면 상대에게 너무 빤히 보이는 경우가 많다.

하지만 바이어도 바보는 아니니 내가 무슨 생각을 하는지 바이어도 웬만큼은 안다. 바이어도 사람인지라 상대의 눈치를 읽을 수 있다. 게다가 자신의 업계에서 상당한 경험을 쌓았고, 규모도 되는 경우가 많아 몇 마디 나누다 보면 서로 속마음을 읽고 읽히게 된다.

그런데 내가 보아온 세일즈맨은 대부분 자신을 상대보다 높이 두고 자기 제품에 지나치게 자부심을 갖고 대하는 경우가 많았다. 하지만 바이어를 상대하려면 많이 준비해야 한다. 그리고 이제 막 바이어를 상대하는 사람들은 그들에 대한 막연한 두려움도 갖고 있다. 그럴 때마다 나는 그들이 우선 준비해야 할 사항들, 즉 선물이나 샘플은 물론 옷차림 등을 내가 아는 한 설명해준다.

그중에서도 우선적으로 강조하고 싶은 말은 '내 이익보다 바이어의 이익이 앞선다는 인식을 가져야 한다'는 것이다. 바이어의 이익이 없으면 내 이익도 없기 때문이다. 내가 만든 제품이 아무리 좋고 가격이 적당하다 해도 바이어가 내 제품으로 얻을 이익이 없다면, 내 제품을 살 이유가 없다.

현장에서 경험해본 바로는 대다수 해외 출장자는 지나치게 자기 위주로 생각한다. 그리고 최대한 가격을 높게 받아서 자기 회사 이익을 늘리려는 데만 골몰한다.

하지만 바이어도 어리석지 않다. 웬만한 제품은 바이어도 한국과 중국의 생산 코스트를 알고 있다. 그런데 디자인이 약간 다르다고 가격을 높게 부르거나 '최소 주문량'을 높게 요구한다면 바이어가 받아들이지 않을 것은 당연하다. 그들이 자기 위주로 협상하려는 것은 기본적으로 바이어를 만나기 전에 어떻게 하면 내 이익을 최대한 높일지에 대한 진지한 고민이 없었거나 아주 단기적인 마인드를 갖고 있기 때문이다.

자, 내가 바이어와 상담하려고 마주 앉았다고 상상해보자. 그럼 먼저 내 샘플을 꺼내놓고 카탈로그 등 홍보자료를 꺼내놓을 것이다. 그리고 바이어와 한두 마디 가벼운 이야기로 시작했다가 바로 상담으로 들어간다. 내 자료는 회사 소개, 제품 소개 등 나에 관한 것밖에 없다. 일반적인 가격표는 내놓지만, 내가 받아야 할 가격의 마지노선은 머릿속에 있다.

그런데 바이어와의 관계를 미리 정리하고 상담에 들어오는 사람은 의외로 많지 않다. 내가 어느 정도 가격을 받았을 때 우리 회사 이익은 얼마가 될 것이라는 속셈은 있지만, 나와 거래한 바이어가 얻을 이익은 무엇일지 생각해보아야 한다는 말이다.

바이어는 나만 상대하는 것이 아니다. 나 말고 다른 한국 출장자를 만날 것이고, 한국 출장자 말고도 중국, 베트남, 일본 등에서 오는 사람들도 만날 것이다. 거기에서 가격과 품질만 이야기한다는 것은 이미 지고 들어가는 게임을 하는 것이나 마찬가지다.

따라서 '나와 거래했을 때 바이어가 얻을 이익이 무엇인지' 말해주어야 한다. '중국 제품보다 비싸고 일본 제품보다 품질이 좀 떨어지고 인지도가 낮지만, 그래도 나와 거래하면 이런 이익이 있다'고 말할 수 있는 무언가 있어야 한다. 설령 내 제품이 중국 것보다 싸고 일본 것보다 품질이 좋아도 바이어가 나와 거래해 얻을 수 있는 이득이 적다면 거래는 성사되지 않는다.

그런데 상담자들은 그저 일본 것보다는 싸고 중국 것보다는 품질이 좋다는 말만 할 뿐이다. 그렇다고 중국 것보다 품질이 아주 월등하지도, 일본 것보다 값이 아주 싸지도 않다.

설령 그렇더라도 바이어는 거래처를 잘 바꾸려 하지 않는다. 조그만 차이로 거래처를 바꾸었다가 무슨 일이 일어날지 모르는 위험이 있기 때문이다. 그래서 생각보다 가격이 절대적 변수는 아니라는 것이다. 가격도 좋고 품질도 좋지만 거래 안정성을 유지하는 것도 비즈니스의 커다란 요소이기 때문이다.

나는 이제까지 핀란드, 독일, 캐나다의 바이어들과 1999년부터 거래를 계속했다. 발가락양말은 한국에서 생산한 뒤 유럽으로 수출하고, 홈페이지를 비슷하게 만들었으며, 모두 Feelmax라는 브랜드를 사용했다. 그럼 누가 보아도 내가 한국에서 만들고 유럽에서 판다는 것을 알게 된다. 그런데도 중국에서는 끊임없이 나의 바이어들에게 이메일을 보낸다. 자기네가 더 싸고 좋은 제품을 공급할 수 있으니까 거래처를 바꾸는 게 어떻겠냐고.

그렇지만 우리는 20년도 넘게 관계를 유지해왔다. 그들은 나를 믿으며, 내가 관계를 유지하려 최선을 다하면 그것이 그들에게도 이익이라는 것을 충분히 알고 있다. 거래를 시작하면서 나는 그들이 나와 거래해 이익을 얻을 수 있도록 노력하였다. 나는 그것을 바탕으로 장기적이면서 안정적인 관계를 유지하려고 했다. 이렇게 하는 것이 새로운 바이어를 찾아 헤매는 것보다 이익이라고 생각했기 때문이다.

인간관계든, 비즈니스 관계든 나를 좋아하는 사람을 좋아하게 되어 있고, 나에게 이익을 주는 사람에게 나도 뭔가 도움을 주고 싶어하는 것은 인지상정이다. 상대를 고려하지 않고 내 이익만 우선하면 바이어도 자기 이익을 위하여 나를 고려하지 않는 것이 당연하다.

협상은 진심으로 하자

협상은 어떻게 해야 할까? 여기에는 어떻게 하면 내 전략을 숨기고 상대의 전략을 알아내서 내 이익을 최대한으로 할지 고민한다는 말이 들어 있다. 그리고 한국 사람은 협상에 약해서 항상 손해를 본다고 한다. 정말 그럴까?

일본인을 대표하는 성격이 혼네(속마음)와 다테마에(겉모습)이다. 겉으로는 무척 친절하고 속을 다 내어줄 것 같으면서도 실제로는 마음속을 알 수 없다는 말이다. 그래서 외국 사람들이 오해를 많이 한다. 이에 비해 한국인은 지나치게 솔직해서 문제가 된다. 그래서 한국인의 협상력은 세계 최저라는 말도 있다. 한국 사람은 속내부터 털어놓고 시작한다. '자, 내 생각은 이렇다, 넌 어떠냐?' 하는 식이다.

한국에는 《삼국지》나 《손자병법》은 물론이고 마키아벨리의 《군주론》처럼 온갖 음모로 점철된 책도 없다. 《성서》처럼 '네 이웃을 사랑하라' 해놓고, '주를 믿지 않는 자는 지옥 불 속에 빠지리라' 하는 식의 책도 없다. 그 대신 한국 사람은 임기응변에 능하다. '네가 그렇다면 난 이렇게 하겠다'는 변수를 많이 만들어낸다. 지난 5,000년 역사에서 우리가 먼저 일으킨 전쟁은 몇 되지 않고 항상 침략당하면서도 살아남은 저력이다.

우리가 무역을 처음 시작할 때 외국에서 사기당하는 일이 많았지만, 이제는 한국 사람을 상대로 사기칠 수 있는 민족은 한국 민족밖에 없을 정도다.

나는 자기를 확 드러내놓고 시작하는 것이 가장 강한 협상이라고 생각한다. 왜냐하면 거짓말할 필요가 없고, '나는 너를 믿었는데 네가 이럴 수 있느냐'고 확실히 말할 수 있어 나중에 곤란해질 일이 별로 없기 때문이다. 협상이란 실리를 얻기 위한 명분 싸움이기 때문이다.

그 대신 생각대로 안 되면 확 파투를 놔버린다. 임상옥(林尙沃, 1779~1855)이 중국에서 인삼을 태워버린 것처럼. 물론 이 이야기는 결국 중국 상인들이 타고 있는 인삼이 아까워서 원래 가격의 수십 배를 지불하게 되고, 임상옥은 거부가 되는 해피엔딩으로 끝난다.

만일 중국인이 그렇게 지고 들어오지 않았으면 임상옥은 결국 인삼을 다 태워버렸을 것이다. 그게 한국 사람들의 오기다. 줄 것과 받을 것을 처음부터 솔직하게 말한다. 말을 빙빙 돌리고 애매하게 하다 보면 서로 지치고 피곤해진다. 그리고 시간이 갈수록 불신이 쌓인다. 그렇게 되면 협상이 끝나고 난 다음에도 상대방이 그 협상을 이행할지 검증하는 과정이 길어진다.

물론 장사할 때는 흥정하는 재미도 있다. 시장판에서 장사꾼이 달라는 대로 다 주고 사면 왠지 손해 본 것 같은 기분이 든다. 하지만 협상은 길거리에서 물건 팔 듯하는 것이 아니다.

실제로 시장의 장사도 뜨내기에게는 높은 값을 부르고 바가지를 씌우려 할지 모르지만, 단골손님에게는 절대로 그렇게 하지 않는다. 동네 손님들에게 소문 한 번 잘못 나면, 얼마 가지 않아 문 닫아야 한다는 걸 잘 알기 때문이다.

협상도 그렇다. 한두 번 거래할 것이 아니라 오랜 기간 큰 이익을 두고 하는 게 협상인데, 그걸 뜨내기손님에게 하듯이 할 수는 없다.

우리는 흔히 전략이나 전술을 논할 때 《삼국지》를 말한다. 그리고 제갈공명이나 조조의 영민함과 교활함을 전략의 진수로 꼽는다. 그런데 실제로 《삼국지》에서는 전쟁을 거의 100년이나 끌었다. 믿음이 아니라 속임수를 전제로 한 게임이었기 때문이다.

그래서 중국 하면 《삼국지》에 나오는 믿지 못할 일화들을 떠올리게 되고, 그것이 이제는 '중국인은 믿기 어려운 민족'이라는 말로 정의된다. 거기에 비하면 한민족은 '참 착한 사람들'로 정의된다. 이는 한국 사람만 안 믿는 말이지만 말이다.

사람을 일시적으로 속일 수는 있지만, 오랫동안 속일 수는 없다. 더구나 거의 모든 정보를 인터넷에서 검색할 수 있는 지금은 더욱 그렇다. 설령 내가 한 말의 진실성을 확인할 수는 없어도, 시장에서의 흐름은 검색만 하면 쉽게 확인할 수 있다.

그런데도 시장의 흐름이나 정보에 역행하는 자료를 제시하고, 이를 바탕으로 협상을 이끌어냈다면, 오히려 나중에 호되게 당할 수 있다. 어느 경우에도, 그게 설령 개인끼리의 사적인 계약이라도 거짓에 바탕을 둔 계약은 언제든 폐기할 수 있고, 나아가 손해배상을 청구할 수 있는 게 일반적인 법 논리다.

설령 본의 아니게 잘못된 정보를 제공하였어도, 그것이 고의가 아니었음을 증명해야 하는 어려움이 있다. 협상을 말할 때 게임이론이 많이 적용된다.

그런데 모든 게임논리에서 가장 확실하게 적용되는 결론은 '착하게, 상대에게 잘해주는 것이 장기적으로는 옳다'이다. 내가 상대에게 잘해주었는데 상대가 배신하면 어떻게 하냐고? 그럼 그때 나도 배신하면 된다. 그럼 큰 손해를 보게 되지 않느냐고? 장사란 처음부터 크게 하지 않는다. 서서히 상대가 믿을 수 있을 만큼 하는 것이 장사이다. 협상이란 쌍방의 장기적 이익을 기대하기 때문이다.

협상의 이득을 충분히 알리자

1999년에 인터넷을 통하여 핀란드와 독일의 바이어를 만난 뒤부터는 발가락양말의 수출량이 급격히 늘어났다. 그런데 해외로 나갈 때는 각자의 브랜드를 달았다. 미국과 캐나다에는 Toepia, 독일에는 Kim's, 핀란드에는 Feelmax라는 브랜드를 사용했다. 그러다보니 바이어들이 자기 지역에서만 마케팅을 하게 되면서 매출 신장세가 차츰 둔화되기 시작했다.

핀란드는 인구가 500만 명에 불과해서 애초부터 시장이 크지 않았다. 독일은 시장이 비교적 넓기는 하지만 'Kim'이라는 한국적인 이름에 작은 회사이다보니 신뢰성을 높이는 데 한계가 있었다.

회사를 더 크게 키우고 싶고 내 이름으로 장사하고 싶은 욕심이 컸던 나로서는 마케팅의 한계를 느꼈다. 그래서 바이어들을 설득하기 시작했다. 현재처럼 각자가 각자의 이름으로 마케팅하는 것은 소규모 회사로서는 한계가 있으니 이름을 합쳐 마치 한 회사인 것처럼 움직이자고 했다. 어차피 한국에서 똑같은 양말을 가져가니 품질 차이도 없으면서 소비자들에게 다른 회사인 것처럼 보이는 것은 시너지 효과를 얻지 못한다고 설득했다.

하지만 독일과 핀란드에서는 망설였다. 자기 이름으로 장사하면서 이름을 알리고 싶은 욕심이 있었기 때문이다. 그래서 한동안 이메일로 설득하다가 핀란드에서 만나자고 하였다. 이미 핀란드의 바이어와 독일의 바이어는 서로 만난 적도 있고 우호적이었기 때문에 만나서 설명하는 것이 더 쉬울 것 같았다. 그리고 회의 자료를 먼저 준비했다. 그중 가장 중점을 둔 것이 바로 마케팅 계획을 장기적으로 세우면서 브랜드를 통일하였을 때 서로 어떤 이점이 있느냐는 것이었다.

그때 준비한 것이 다음의 12가지다. 꼭 그렇게 하자고 한 것은 아니었지만, 쓰다 보니 마케팅적 이점이 많았다.

① 제품 생산력을 높인다. ② 마케팅 비용을 절감한다. ③ 단기간에 브랜드 인지도를 높인다. ④ 시장점유율을 빨리 높인다. ⑤ 시장선도력을 높인다. ⑥ 가격경쟁력을 높인다(개별 브랜드로 포장하고 서로 다른 제품을 만드는 데 비하여). ⑦ 다른 경쟁자와 차별화된다. ⑧ 마케팅 정보를 공유할 수 있다. ⑨ 가격을 제대로 받을 수 있다. ⑩ 평생 사업의 기반을 공고히 한다. ⑪ 세계적인 발가락양말 애프터서비스 시스템을 구축한다. ⑫ 소비자의 충성도를 높인다.

특히 이 중에서 ⑩ 평생 사업의 기반을 공고히 할 수 있다는 점을 강조하였다. 전 세계에는 200년 이상 된 기업이 많다. 그런데 그 기

Advantage of brand unification

1. Enhancing product development power(P)
2. Saving marketing cost(M)
3. Expanding brand name world widely in short time(M)
4. Expanding market share rapidly(M)
5. Strengthen market&leading position(M)
6. Strengthen price leading position(M)
7. Differentiation with other competition(M)
8. Constructing marketing information system(M)
9. Keeping high price position(M)
10. Securing long life business foundation(M, P)
11. Worldwide A/S system(M, C)
12. Enhancing customer royalty(C)

P: Production M: Marketing C: Consumer

업들은 모두 가족기업이고, 자기 이름으로 장사를 한다. 하지만 현재 우리처럼 각자의 이름으로 물건을 팔다보면 그저 그런 회사가 될 수밖에 없으며, 언젠가 들어올 중국 제품들과 경쟁해야 한다. 그렇게 되면 결국 가격경쟁으로 몰릴 수밖에 없고, 우리의 생존력은 줄어들 것이라고 하였다.

당시 독일 바이어, 핀란드 바이어는 물론이고 한국의 공장도 온 가족이 달려들어서 발가락양말을 시작했기 때문에 이런 설득작전은 어느 정도 먹혀들었고, 실제로 '가족기업'은 우리의 오랜 모토가 되었다.

사실 우리 셋은 공통점이 별로 없었다. 살아온 과정, 나이, 비즈니스를 배운 과정이 전혀 달랐고 시장 상황도 달랐다. 사람들은 차이점 때문에 합의가 될 수 없다고 하지만 차이가 없다면 합의할 필요도 없다. 차이점이 있기에 우리가 서로 가지고 있는 장점을 합쳐 시너지 효과를 볼 수 있고, 힘도 더 보태진다.

실제로 그 합의로 우리는 유럽에서 많은 이득을 보기도 하였다. 각자 처지는 달랐지만 서로 추구하는 이익은 하나로 통일되었다. 그것은 이 비즈니스를 '마르고 닳도록 하면서 국가를 뛰어넘는 가족기업 연합체'를 이루고자 하는 꿈을 만들어냈다.

단기적인 면에서는 '가격'이 가장 중요하지만, 장기적인 관점에서 가격은 그저 수많은 요소 중 하나일 뿐이다. 협상 상대인 바이어와 협상 테이블에 앉았을 때, 내가 줄 수 있는 것과 상대에게서 얻을 수 있는 것을 이해시킨다면 중간 과정이 어렵더라도 합의할 확률이 훨씬 높아진다.

계약이 파기되었을 경우를 대비하자

회자정리 거자필반(會者定離 去者必返)은 '만남에는 이별이 있고 떠난 자는 다시 온다'는 말이다. 그렇듯 모든 계약에는 효력이 발생하는 시기가 있고, 계약 종료 조항이 있어야 한다. 계약이 종료되는 시점에 마음도 같이 떠나는 경우가 많지만, 친구는 아니더라도 최소한 적이 되는 일은 피한다.

무역 계약의 종류와 종료 사유

필맥스에서 바이어와 하는 계약에는 두 종류가 있다. 하나는 건마다 일상적으로 이루어지는 계약이다. 보통 Proforma Invoice라고 하는 견적 송장을 상대편이 확인해서 이루어지는 계약과 장기계약 두 가지다.

전자는 건마다 바이어가 구매할 모델과 수량을 알려주면 나는 그에 대한 모델별 단가와 총액을 적어서 보내고, 바이어는 그에 대한

일상적 계약서	계약 종료 시점 : 단기, 건별 계약 이행 시 계약 종료	
	영향력의 범위 : 해당 건에 대해서만 영향력 유효 – 물품 매매에 한정되는 것이 일반적 – 인코텀즈(국제상공회의소에서 작성한 무역조건 해석 규칙)와 UCP(신용장 통일규칙)에 따름	
	계약서 작성 : 보통 견적송장의 상호 확약으로 유효	
장기적 계약서	계약 종료 시점 : 합의에 의한 계약 해지, 계약 위반에 의한 해지	
	영향력의 범위 – 물품 매매는 물론 브랜드 사용, 지역 독점권 부여 여부 등 유효 기간에 계약 당사자의 행위 전반에 영향을 미침 – 무역 관습, 당사국 간의 법률적 효력 등을 검토한 세부사항 명시	
	계약서 작성 : 법률 전문가가 검토한 계약서 작성	

지불을 50%는 선금, 50%는 선적 후 한다. 그것으로 건별 계약은 종료된다. 하지만 2002년 핀란드 헬싱키에서 맺은 계약은 현재까지도 유효하다. 그리고 그 계약에는 당연히 계약 종료에 관한 조항도 있다.

물론 법은 바이어의 나라인 핀란드 법을 따르고, 분쟁이 발생했을 때는 핀란드 상사중재위원회의 조정을 거치도록 되어 있다. 이러한 조항 이외에도 종료에 대한 대비책으로 상호 협의 아래 계약 종료 시 서로의 권리와 의무를 몇 가지 명시해놓았다.

그 내용을 자세히 적어놓고 싶지만 '비밀유지 조항'도 있어서 여기에서는 더 자세히 설명하기 어렵다. 사실 나로서도 이 계약이 언제까지 유지될지 확신이 서지 않는다. 하지만 20년이 넘는 동안 잘 유지되어왔던 것처럼 앞으로도 오랫동안 유지되었으면 한다.

처음 계약하면서 헤어질 때를 대비한다는 것이 상당히 쑥스러운 일이기는 하다. '상상하면 그 일이 벌어진다'는 징크스를 두려워하기 때문이다. 그 때문에 초창기에 보험회사가 영업하기 어려웠던 적도 있다. 마찬가지로 당사자들이 앞으로 기분 좋게 일하자고 하면서 계약서를 작성하는 자리에서, '자, 우리가 서로 헤어질 때는 어떻게 할까요?'라는 말을 꺼내기가 쉬운 것은 아니다.

그래서 대개 계약 종료 조항은 '본 계약 종료 시 당사자 간에 분쟁이 발생했을 때는 어느 나라의 법률을 따르고, 어느 나라의 상사중재원에 조정을 의뢰한다'는 조항만 넣는다.

그런데 그런 조항은 대체로 주도권을 가진 측, 무역거래에서는 거의 바이어 나라 법을 따르고, 바이어 나라 상사중재원의 조정을 거친다고 써놓는다. 그런데 이런 조항은 분쟁이 발생했을 때 99% 의미가 없다. 거래액이 적어도 수억 원은 되어야 남의 나라에 가서 상사조정도 해보고, 수십억 원은 되어야 남의 재판정에 가서 잘잘못을 따질 수도 있다.

왜냐하면 무역분쟁이 일어나면 상사조정이든 국제소송이든 모든 서류가 영어로 되어 있고, 실제 과정은 현지어로 진행되는데, 문서작성 비용과 변호사 사용료를 감안한다면 웬만한 금액으로는 제3자를 통한 조정이란 안 하느니만 못하기 때문이다. 중소기업에서 그런 일을 벌일 만한 곳도 별로 없거니와 그런 일을 당한다면 차라리 문을 닫는 게 더 낫기 때문이다.

일을 진행하면서 보는 손해야 미래를 보고 감수할 수 있을지언정, 관계를 마무리 지으면서까지 수출자가 손해 볼 필요는 없다. 벤처기업이 자본가에게서 투자를 받으려면 반드시 계약 종료 시 어떻게 하겠다는 '출구전략'을 상호 합의해야 하듯이, 수출자와 수입자 간의 계약도 출구전략을 만들어놓아야 한다.

그런 과정이 부드럽게 끝나야 거래관계가 끝나도 서로 친구로 남아 있거나 최소한 앙금이 남아 있는 적이 되지는 않는다. 적이 되지 않는다면 나중에라도 다시 거래할 수 있는 협력관계를 유지할 수 있다. 그런 일이 벌어지지 않으려면 계약 종료 자체를 어렵게 하는 것이 분쟁을 막는 최선이라는 결론이 나온다.

핵심정리

계약을 우호적으로 종료하기 위한 검토 사항

1. 계약 종료 시 내가 안게 될 위험을 찾아낸다.
2. 위험을 분산할 방법들을 찾아낸다.
3. 분산된 위험 중 바이어와 나눌 수 있는 것은 나눈다.
4. 계약 종료 조건을 가능한 한 엄격하게 명시한다.
5. 먼저 계약 파기를 선언하는 측의 위험부담을 더 가중하는 조항을 넣는다.
6. 계약 시 반드시 한국 변호사에게 자문한다.

6장

제품 전략

제품을 개발할 때는 바이어와 협조하자

내가 경영하는 필맥스(Feelmax)는 제품을 새로 만들 때 항상 바이어와 협의한다. 이를 대략 나눈다면 네 가지로 설명할 수 있다.

국내에서 개발된 제품을 해외에 그대로 파는 경우

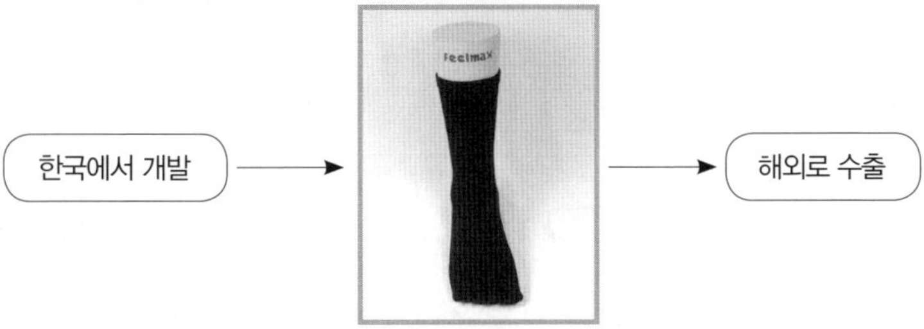

처음 발가락양말을 할 때 했던 소수 품목이 이런 경우다. 주로 검은색, 회색, 흰색 등 단색 위주의 제품이다. 한국에서 흔히 무좀양말로 팔리는 제품들로 남자용 위주다. 어느 제품이든 가장 기본이라고

할 모델이 있는데, 양말은 검은색이 그렇다. 사실 이게 제일 편하다. 게다가 어느 나라에서나 팔리니 규모의 경제를 이룰 수도 있다.

한 나라를 위해 개발된 제품이 다른 나라를 위해 수정되는 순차적 개발

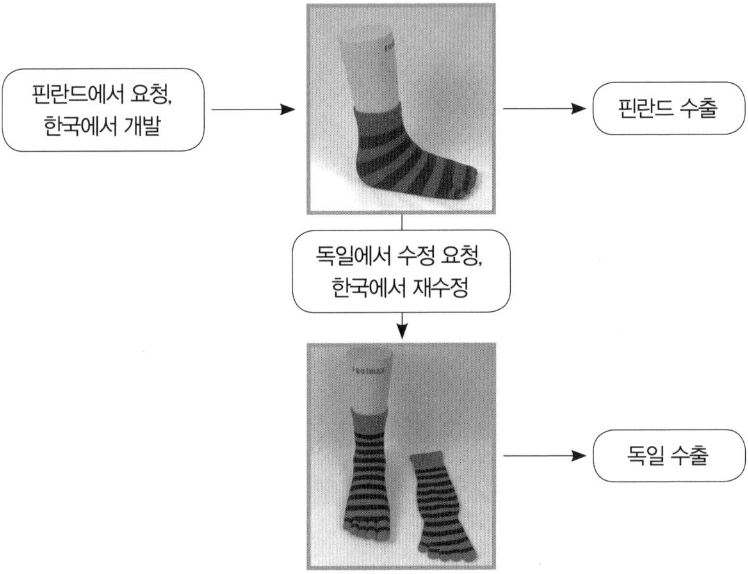

붉은색과 초록색이 어우러진 양말인 RGS(red-green stripes)는 당초 핀란드에서 요청한 모델로, 처음 우리가 이 모델의 샘플을 요청받았을 때 무척 황당했다. 색깔이 너무 이상하게 보였기 때문이다. 그래서 핀란드에 색깔이 너무 이상하니 다른 모델로 바꾸자고 했다.

하지만 핀란드 파트너가 강하게 나오는 바람에 '이 모델은 되지 않을 것'이라면서 바이어와의 관계상 심드렁하게 만들어서 보냈다. 그런데 이게 해마다 크리스마스만 되면 어느 모델보다도 잘 팔리는 효자 품목이 되었다.

그래서 이 모델이 다른 나라에서도 잘 팔릴 줄 알았는데 독일에서는 달랐다. 전혀 반응이 없을 뿐 아니라 오히려 초록색 대신 검은색을 넣어달라고 했다. 그건 우리 정서와 아주 다르지 않아서 금방 만들어 보내주었다. 이것이 RBS(red-black stripes) 모델이다.

다소 시간 차이가 있고, 핀란드의 모델을 보고 독일에서 수정한 것이기는 하지만 이 모델 역시 스테디셀러가 되었다. 하지만 핀란드 등 북유럽에서 팔리는 품목은 아니다. 이 두 모델을 만드는 과정에서 경험한 것은 제품 개발은 절대적으로 현지 시장을 누구보다 잘 아는 바이어들을 통해서 하자는 깨달음이다.

개별 국가의 특이한 상황에 맞추는 나라별 개발

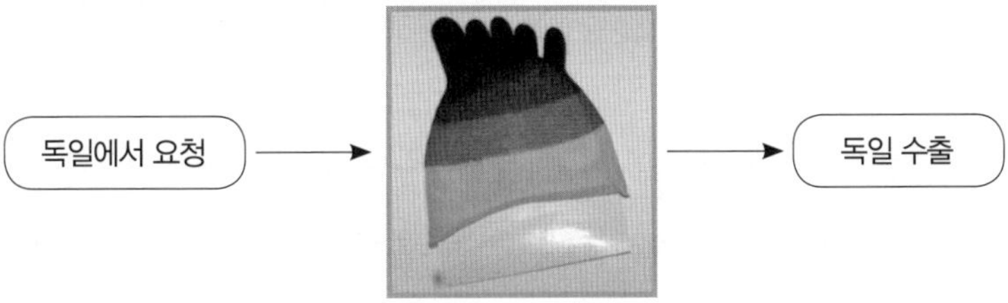

위 제품은 독일에서 월드컵이 개최되기 전에 독일 바이어의 요청으로 만들었다. 독일 국기의 3색을 조합하고, 이를 양말과 모자로 만들기로 한 것이다. 물론 다른 나라에서 팔릴 가능성은 거의 없는 제

품이다. 하지만 인구 1억 명 정도 되는 독일에서 월드컵 분위기를 제대로 탄다면 시장성이 상당할 거라고 생각했다.

이는 각국에 따라 시장 전략이 항상 같을 수는 없기 때문에 수시로 발생하는 개발 유형이다. 이런 나라별 개발은 언제나 해당국 바이어의 요청으로 이루어진다. 아무리 한국에서 독일 월드컵이 있다는 것을 안다 해도 어떻게 접근해야 하는지는 역시 현지 바이어가 가장 잘 알기 때문이다.

다수의 나라가 협력하여 만드는 다국적 개발

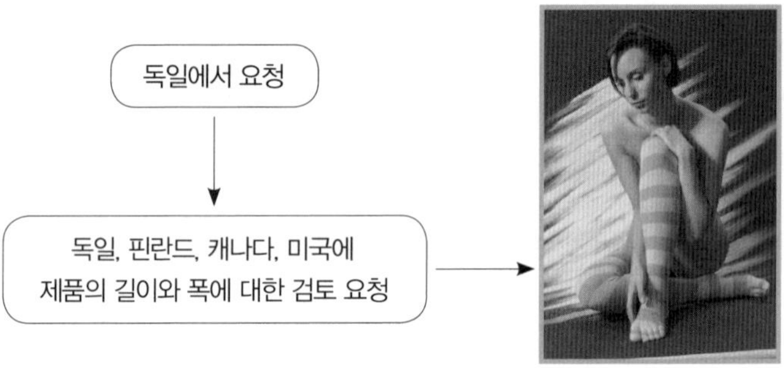

위 제품은 발가락양말의 길이를 좀더 길게 해보자는 제안이 왔을 때 만든 것이다. 보통의 양말은 발목에서 조금 더 올라가는 정도인데, 무릎 바로 밑까지 가는 knee-high와 무릎 위까지 올라가는 over-knee 두 가지가 있다. 이러한 제안을 받고 처음에는 길이와 폭을 공장에서 일하는, 키가 큰 아주머니의 체형을 기준으로 해서 시제품을 만들어 보냈다.

그런데 독일에서는 너무 작고 좁다는 의견이 왔다. 그러고 나니 이건 쉬운 일이 아니다 싶었다. 한국 여자의 체형이 유럽이나 미국 여자의 체형보다는 작지만, 그렇다고 독일 사람의 체형에만 맞추기에는 만드는 수고나 비용에 비하여 효율성이 적다고 생각했다.

그래서 원래 시제품보다 좀더 크고 길게 만든 샘플을 각 나라에 보냈다. 그리고 제품 개발의도 등을 자세히 설명하고 어느 정도 길이와 폭으로 해야 하는지 알려달라고 요청하였다. 대략적이나마 각국의 표준체형을 검사한 셈이다. over-knee와 knee-high 제품은 본래 개발을 시작한 독일보다는 캐나다와 미국에서 더 잘 팔리는 품목이 되었다.

외국에 제품을 수출한다는 것은 분명 한국과는 매우 다른 환경에서 장사하기 시작했다는 것을 의미한다. 그건 제품을 사용하는 조건이 다르기 때문이다. 온도, 습도 등 자연환경은 물론이고 사용하는 사람들의 인식수준 차이가 있을 수 있기 때문이다. 또 나라마다 소득수준이 차이가 나는 것은 물론이고 제품의 규격, 디자인, 크기 등 시장환경 또한 다르다.

가장 흔한 예가 전기사용 환경의 차이다. 한국은 220V에 60Hz의 주파수를 사용하지만, 미국은 110v에 60Hz를 사용한다. 그렇기 때문에 한국에서 사용하던 전자제품을 그대로 미국에 가져가면 사용하지 못하고 창고에 처박아두는 경우가 많다.

그래서 수출할 때는 현지 시장에서 사용할 수 있도록 제품을 수정하거나 완전히 새롭게 개발하는 일이 많다. 이런 세세한 일을 고려하지 못하면 애써 개발한 제품이 현지 시장에서 먹히지 않아 처음부터 다시 개발해야 하는 일들이 자주 벌어진다.

그래서 제품을 새로 개발하거나 수출할 만한 제품을 선정할 때는 반드시 바이어와 사전에 협의하는 것이 좋다. 그러면 현지 시장에 꼭 맞는 제품을 개발할 수 있다. 일반적으로 수출에서는 제조국과 판매국이 원격지로 떨어져 있다. 제조국의 문화와 수출국의 문화가 많이 다르기 때문에 제조자가 아무리 노력해도 현지 시장에 맞는 제품을 개발하려면 시행착오를 여러 번 거친 샘플이 나올 수밖에 없다.

하지만 필맥스는 애초부터 제품을 현지에서 개발하기 때문에 이러한 오류로부터 비교적 자유롭다. 20여 년간 같이 지내온 두 회사는 서로 잘 알기 때문에 상대가 왜 그런 요구를 하는지 새삼스럽게 물을 필요가 없고, 번거로워하지 않을 정도가 되었다. 이렇게 친밀하다는 것은 바이어와 수출자 사이에 샘플 제공 과정에서 벌어지는 수많은 오해와 불쾌감이 사라졌다는 의미이기도 하다.

핵심정리

제품을 성공적으로 개발하기 위한 제안

1. 제품의 의도를 바이어에게 명확히 설명한다.
2. 주 소비계층이 누구인지 설명한다.
3. 소재의 특성을 자세히 알려준다.
4. 제안받은 제품은 가능한 한 샘플을 다양하게 제공한다.
5. 한국적 안목만 고집하지 말고 나라마다 특성이 있으려니 한다.

바이어 설득의 핵심을 고민하자

"한국 제품은 자연의 느낌이 배어 있어서 좋아요."

14~16일 사흘 일정으로 일본 오사카 인텍스(INTEX)에서 개최된 한일 교류종합전. 도라지차와 귤피차 등 한국 특유의 차를 출품한 중소기업 '이도' 부스 앞에서 만난 사사키 씨는 "한국 차는 일본 제품과 달리 부드럽고 편안한 느낌을 준다"라며 전시 제품을 한 꾸러미 샀다.

KOTRA가 주관한 이 박람회는 한국 화장품, 패션, 액세서리, 식품류 등 중소기업 상품과 한류를 결합한 종합전시회였다. 독도를 둘러싼 대립으로 한류 붐이 주춤한 상황에서 열렸는데도 한국의 100개 업체와 일본 바이어, 투자자 등 400여 개사가 참여했고, 이틀간 관람객만 3만 명이 넘을 정도로 큰 관심을 받았다. 이 박람회의 특징은 한류를 활용한 수출이 대기업 중심의 식품·화장품·주류에서 벗어나 한국적 요소가 가미된 중소기업 제품으로 확대됐다는 것이다. 일본 의류·액세서리 업체인 '플래쉬'의 오오쓰카 다키시 대표는 "최근 한류 붐에 힘입어 한국산 액세서리에 대한 수요가 크게 늘었다"며 "한국적 디자인과 합리적인 가격이 가장 큰 장점"이라고 설명했다.(출처 : 매일경제)

앞의 기사를 읽거나 어디서 '가장 한국적인 것이 가장 세계적인 것'이라는 말을 들으면 마치 한국에서 모든 것을 찾아야 하는 것처럼 느껴진다. 가장 적절한 예가 아마도 한식인 듯하다. 한식이 세계에서 가장 건강한 제품이라는데 왜 한식은 세계적인 음식이 되기 어렵지? 왜 미국의 가장 저렴한 음식인 맥도날드 햄버거가 가장 세계적인 음식이 되었지? 한국 음식보다 건강에도 좋지 않다는 미국 음식이 왜 더 보편성을 갖게 되었는지 고민해보자.

일단 미국 음식에 대한 거부감이 없다. 보기에 혐오감이 없고 냄새가 강하지 않다. 그리고 딱 보면 '아, 저건 감자와 고기로 만들었고, 콜라가 있구먼. 그러니 무슨 맛이 나올지 설명이 필요 없어!'라는 감이 확 잡힌다. 설명이 필요 없다.

하지만 된장찌개, 냉면, 비빔밥, 설렁탕 등 한식을 보면 그게 무슨 맛을 낼지 외국 사람으로서는 도무지 예측하기 어렵다. 설명을 해야 한다. 그럼 대략 콩이나 소고기로 만들어졌고, 건강에 무지 좋다는 말이 곁들여진다. 그럼 한 10분 흘러간다. 그래도 맛있으니 먹어보라고 설득해도 고개를 갸우뚱한다. 그나마 문화상품은 한류라는 새로운 분위기가 있으니 얼마나 다행인지 모른다. 문화상품이니 시간을 두고 배경을 설명해야 한다면 그래도 외국인이 고개를 끄덕이며 이

해할 수 있으니까. 원래 문화상품은 이해를 바탕으로 한다.

하지만 공산품을 수출하는 것도 별로 다르지 않다. 그게 한국적인 것이든, 미국적인 것이든 거부감이 없고 이해가 되어야 한다. 그리고 어디에 쓸지 바로 보이면 그래도 쉽다. 그런데 내가 수출하는 발가락 양말은 전혀 그렇지 않다. 한국 사람들은 척 보면 "아, 무좀이 있는 사람들이 신는 무좀양말!" 하고 알아본다. 그런데 사실 발가락양말의 원조는 한국이나 일본이 아니라 독일이다. 독일에서 처음 장갑기계를 만들었고, 발가락양말은 장갑기계에서 나오니까 말이다.

미국 라스베이거스에서 열린 패션박람회 매직쇼에 나갔을 때 나이 지긋한 미국분이 부스에 들어오더니만, 자기가 이걸 50년 전에 미국에서 만들었다고 했다. 그래도 서양에서는 발가락양말이 잘 사용되지 않으니까 사람들은 거의 발가락양말을 보면 "장갑?" 하고 묻는다. 그럼 "아니, 양말!" 하고 신은 모습을 보여주면 깔깔대면서 "인간이 만들 수 있는 것은 이제 다 만들었다"라며 웃는다. 그래서 한두 켤레 팔기 시작해 패션양말로 또는 파티에서 깜짝 놀래주는 용도로 팔렸다.

그러다가 실에 은가루를 잘게 넣어 만든 은나노양말, 참숯의 효능을 살린 참숯양말을 만들었다. 기능성 양말로야 흠잡을 데가 없었다. 문제는 한국에서는 따로 설명하지 않아도 은과 참숯이 사람 몸에 좋다는 것을 알지만, 서양 사람들은 잘 모른다는 것이었다. 물건을 만드는 사람들, 수출하려는 사람들이 쉽게 저지르는 오류가 바로 "아니, 이렇게 당연한 걸 왜 사람들은 모르지?"라고 그 사람들에게 되묻는 것이다. 그럼 바로 답이 다시 온다. "그걸 왜 알아야 해?"

결국 해답은 파는 사람에게 있다. 한국에서 물건을 판다면 그나마 쉽다. 한국 사람은 이해가 빠르고 한국말로 설명해도 되니까. 일본 사람이나 중국 사람도 비교적 쉽다. 같은 문화권이니까. 미국 사람이나 유럽 사람은 그래도 좀 쉽다. 우리가 미국 영화와 음악을 즐기고 그들의 문화를 좀 아니까.

그런데 이슬람 문화, 아프리카 문화에 대해서는 무지하다. 게다가 그들의 말과 문자로 설명해야 한다. 자칫 문구 하나 잘못 선택하면 왜 그런지도 모르면서 바이어 앞에서 문전박대를 당하고 쫓겨난다. 앞서 예로 든 은나노양말은 세균을 없애는 기능을 중점으로, 참숯양말은 냄새를 없애는 기능을 중점으로 설명하면서 한국의 섬유시험연구소에서 했던 연구결과를 첨부하였다.

객관적 자료를 충분히 만든 다음에는 한국에서 있었던 은과 참숯에 관한 여러 가지 이야기를 바이어들에게 설명했다. 그런 시간이 한참 흐른 다음에야 바이어들도 고개를 끄덕였다. 그들을 설득하고도 시장에 출시하여 제대로 매출이 오르는 데 또 한참 흘렀다. 은과 참숯은 그나마 성공한 케이스다. 하지만 내가 시도했던 수많은 제품 중에는 바이어를 설득하지 못해 아이디어나 시제품 차원에서 끝난 경우도 많다.

제품을 바이어에게 설명할 때는 그가 아무것도 모른다고 가정하면서 영어로 설명하는 연습을 해보자. 그리고 바이어가 가장 관심이 있을 만한 단어가 무엇인지 고민해보자. 내가 하고 싶은 말 말고.

한 제품으로 다양한 콘셉트를 만들자

한동안 내 관심을 끈 제품이 있다. 바로 '식품팽창기계'였다. 그걸 파는 사람은 식품을 늘려서 파니 세계의 식량 부족에 기여할뿐더러, 사람들의 눈과 귀를 즐겁게 해주니 그야말로 천사 같은 기계라고 말했다. 게다가 축제라도 열릴라치면 분위기를 한껏 돋우는 데 그만한 기계가 없다. 우리말로 '뻥튀기'기계다.

이것이 우리나라에서만 팔리는 그저 그런 기계인 줄 알았는데, 중남미와 서남아 쪽으로 꽤 나간 품목이란다. 듣고 보니 그럴 듯했다. 가난한 지역에서 약간의 재료를 가지고 조금씩 뜯어먹으며 오랫동안 즐길 수 있는 간식거리를 만들어주니까 말이다. 그래서 그런지 미국이나 유럽 쪽에서는 별로였던 모양이다.

얼마 전 농수산식품박람회장에 가니 그런 기계를 여러 회사에서 내놓았다. 모양도 아주 예뻐졌고 크기도 앙증맞게 작아져 예전에 내가 생각하던 그런 뻥튀기기계가 아니었다. 해외시장에서 팔리면서 디자인도 많이 발전했다. 카탈로그도 한글만 있는 것이 아니라 영어로도 되어 있었다. 아직도 해외에 수출되는 모양이라는 생각이 들었다.

이 기계의 약점은 뻥뻥대는 시끄러움이다. 그런데 그걸 줄이기는 매우 어렵다. 차라리 그걸 이용해보면 어떨까? 뻥튀기는 음식과 소리가 같이 나오는 기계이다. 사람들이 매우 좋아하는 것이 같이 나온다. 뻥뻥할 때마다 과자가 턱턱하고 튀어나온다. 귀도 즐겁고 눈도 즐겁고 입도 즐겁다. 이 기계를 파티장이나 카니발이 벌어지는 곳에서 팔아보면 어떨까? 그들이 좋아하는 솜사탕 대신에 뻥과자를 보여주면 될 것도 같다.

그러고 보니 둘 다 식품팽창이라는 공통점도 있다. 하지만 역시 이 기계의 주 수출국은 서남아나 중남미 같은 곳이다. 아무래도 우리처럼 간식거리가 별로 많지 않은 중동이나 아프리카 쪽에서 더 인기가 있을 것 같다. 그런데 의외로 이 기계가 팔리는 해외시장은 미국, 유럽, 중동 등 다양해서 60개국 이상에 수출했다고 한다.

이 뻥튀기기계를 만드는 회사는 지하철 상가에서 흔히 볼 수 있는 '델리만쥬'로 알려진 '델리스'이다. 이 회사는 2005년 온도와 압력 등을 자동 조절할 수 있는 즉석 스낵 제조기술 특허를 따낸 이후 '매직팝'과 '델리팝'이라는 즉석 뻥튀기 제조기로 연간 10억 원 이상의 수출실적을 올리고 있다. 그런데 이 회사의 수출방식이 재미있다.

뻥튀기이기는 하지만 한국에서 파는 뻥튀기와는 콘셉트가 다소 다르다. 미국 시장의 경우 뻥튀기를 그대로 먹는 것이 아니라 그 안에

샐러드나 아이스크림, 육류를 넣어 한마디로 빵 대용으로 즐긴다.

이스라엘에서도 비슷하다. 양상추, 토마토 등을 뻥튀기 사이에 넣은 샌드위치가 식빵 대용으로 큰 인기를 얻으면서 지역 토착사업으로 자리 잡은 이곳엔 이미 100개 가까운 매장이 생겨 누구나 델리스 제품을 즐긴다. 그러다보니 원재료를 한 달에 한 컨테이너씩 수입해 간다.

이란에서 열린 식품전시회에서는 이런 반응을 잘 보여주었다. 개막식에 참석한 이란 대통령과 관계 장관이 뻥튀기기계 앞에 한동안 머물며 맛을 보는 장면이 이란 최고 권위의 일간지에 실리면서 화제가 됐고, 이란 현지 파트너사가 대통령 표창을 받기도 했다. 간식산업이 척박한 이란에 '저렴하고 양 많은' 간식을 들여온 공로 덕분이라는 후문이다.

뻥튀기기계를 처음 접한 해외바이어들은 접시처럼 생긴 과자가 퐁퐁 소리 내며 튀어나오는 모습에 신기함을 감추지 못한다. 홍콩에서는 일명 '날아다니는 과자'로 신문과 텔레비전에 소개된 적도 있으며, 미국과 캐나다 등지에서는 파티문화에 파고들고 있다. 이 정도면 가히 '뻥튀기 한류 열풍'이라 할 만하다. '최소 재료로 최대 포만감'을 주며 '뻥튀기 한류'를 불러가고 있다.

만일 델리스가 뻥튀기를 뻥튀기로만 팔았으면 어땠을까? 아무래도 우리가 '뻥이요~' 하는 아저씨를 그리워했던 것처럼 먹거리가 다양한 선진국에서 팔리기는 어려웠을 것이다.

그런데 단순히 뻥과자가 아닌 다이어트 식품, 건강에 좋은 식품을 콘셉트로 하면서 먹는 방법을 더 다양화했기 때문에 시장의 범위가 넓어지고 많이 팔리게 되었다. 식품이 얼지 않는 용도로 만들어서 에스키모에게 냉장고를 팔았던 대우라든가, 원색적이고 다양한 색상이 들어 있는 스타킹과 같은 발가락양말을 파티용으로 팔고 있는 필맥스가 그렇다.

상품이란 그 자체로는 아무런 의미가 없다. 사람이 그걸 이용해서 어떤 만족을 얻고자 하는 것이 더 중요하다. 때로는 그 물건을 만든 사람은 자신이 의도했던 바와 다르게 이용되는 것에 모욕감을 느끼기도 한다. 하지만 제품의 가장 궁극적인 목적은 '가치만족'이라는 점을 생각하면 그건 순전히 사용하는 사람의 몫일 수도 있다.

추운 날 길거리에서 '뻥이요~' 하면 터져나온 부스러기라도 주워 먹으려고 했던 뻥튀기가 우리에게는 배고픔과 심심함의 상징이지만, 미국에서는 식당에서 치즈와 야채를 싸서 먹는 다이어트 식품으로 변신했다.

이처럼 제품의 가치는 내가 머리를 싸매고 개발할 수도 있지만, 생각지도 않은 방향에서 우연히 나올 수도 있다. 비록 처음에는 한 가지 용도로 개발했지만 사용처가 넓어지면 넓어질수록 시장도 넓어진다.(뻥튀기 사례 출처 : http://blog.naver.com/merrily899/150050234299)

보편성과 독특성은 조합되어야 한다

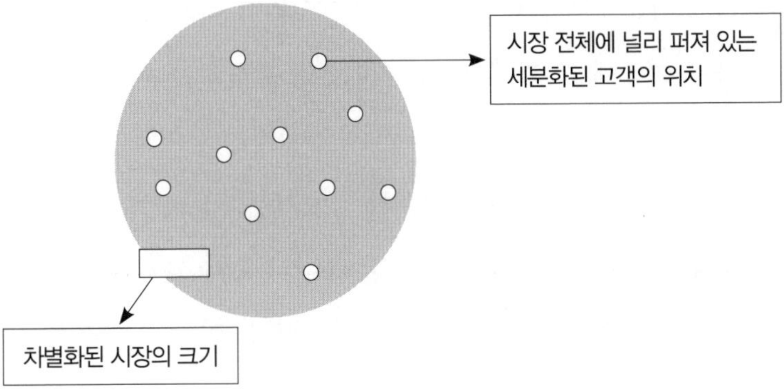

장사를 시작한 지 벌써 25년이 넘었다. 그리고 그 경험을 살려 책을 14권 냈다. 창업 강의도 몇 번 했다. 그러면서 많은 질문을 받기도 하고, 조언을 듣기도 하고, 토론을 하기도 했다. 그럴 때면 꼭 나오는 말이 있다. 바로 '차별화'이다. 차별화만 하면 그 분야에 관심있는 사람들이 우르르 달려와 그 제품을 사주어야 한다고 생각한다. 망했을 때 상당히 차별화가 되었음에도 좀더 차별화하지 못했다고 평가한

다. 그게 정말일까?

물론 차별화는 중요하다. 하지만 차별화에는 거대한 전체 시장이 아닌 매우 협소한 시장을 바라보아야 하는 한계와 널리 퍼져 있는 특정한 취향을 지닌 사람들에게 알려야 한다는 마케팅의 어려움이 있다. 《디퍼런트》를 지은 문영미 교수는 과잉생산의 시대에 차별화하는 것이 얼마나 어려운지를 이렇게 설명하였다.

"많은 기업이 동시에 하나의 카테고리 속으로 몰려드는 경우, 제품 확장은 기하급수적으로 이루어진다. 그러나 그 방식은 다분히 낭비적이고 비효율적이다. 그리고 한 카테고리가 이러한 형태로 발전해나가면, 기존에 그 카테고리를 지배했던 원칙은 한순간에 무너지고 만다. 나는 이러한 단계를 '과잉성숙'이라는 용어로 부른다. 한 카테고리가 과잉성숙 단계로 접어들면, 초세분화(hyper-segmentation), 과잉확장(hyper-augmentation), 과잉경쟁(hyper-activity)이 함께 나타난다. 과잉성숙단계에 속해 있는 기업들은 대부분 아마도 마음 편하게 장사했던 옛 시절을 그리워할 것이다."

이제 장사꾼들은 대부분 한계를 느끼고 있다. 무언가 새로운 것을 만들어내기에 너무 벅차다. 실제로 세상에는 물건이 늘어나는 것 같지만, 그렇지 않다. IT와 인터넷이 새로운 삶을 만들어준다고 하지만, 거기에 소용되는 물건들은 오히려 스마트폰 하나로 줄어들고 있다. 소형 녹음기, MP3, 전자사전, 카메라는 물론이고 이제는 얼마 전에 애플이 히트했던 iPod마저 사라지고 있다.

하지만 소비자들의 욕구를 따라가면서 뭔가 차별화된 제품을 만들기에는 개발비용이 너무 많이 들어간다. 옛날처럼 '어디 만들어볼까!' 하고 근처 금형가게에 가서 "사장님, 이렇게 생긴 물건 하나 만들어주세요" 하고 금형비 몇십만 원을 주고 만들던 때는 이미 지나갔다. 한국에서 문 닫는 금형공장이 늘다보니 금형공장 찾기도 어려워졌고 값도 비싸졌다.

게다가 이제는 '특허'라도 내지 않으면, 좀 괜찮다 싶은 것은 바로 중국에서 모방제품이 들어오니 특허비용도 들여야 한다. 그렇다고 삼성이나 LG도 아닌데 모든 소비자를 상대할 수 있는 제품을 만들려고 해봐야 마케팅 비용도 없고, 그에 따른 생산비용도 없으니 그나마 감당할 수 있는 '틈새시장'을 찾아야 한다. 그중 하나가 바로 문영미 교수가 말한 역포지셔닝이다.

역포지셔닝(reverse-positioning brand)이란 아주 독특한 아이디어를 통해 소비자들의 기대와 전혀 다른 방향으로 나아가기로 결단을 내린 아이디어 브랜드를 의미한다. 그들은 기존 브랜드들이 반드시 필요하다고 생각하는 요소들을 과감하게 삭제하기로 결정을 내린 용기 있는 브랜드다.

역브랜드들은 다른 기업들이 '예'라고 말할 때 '아니요'를 외친다. 그것도 구차한 변명 없이 너무나도 당당하게! 역브랜드는 기존의 가치를 없애면서 동시에 새로운 가치를 만들어낸다. 많은 것을 없애고 그 자리에 새로운 것들을 세운다. 그리고 부가적인 가치를 없애고,

핵심적인 가치로만 조합을 만들어낸다. 이러한 모습은 처음에는 낯설고 때로는 당황스럽기까지 하다. 하지만 바로 그렇기 때문에 역브랜드가 진정한 차별화를 이룰 수 있다.

《디퍼런트》를 읽으면서 계속해서 '어, 내 생각이야~' 하고 흥분했다. 우선 신발과 양말 시장은 과잉성숙의 대표적인 예이다. 이미 수천 년 전부터 있었고, 모든 사람이 관심을 가지며 판매자와 생산자의 수요가 차고 넘치도록 많다. 최근 들어 '맨발 같은 개념의 신발, 베어풋'이 지속적으로 나오는 것은 신발이 더는 '차별화'할 수 없다는 한계를 보여준다.

필맥스의 맨발신발은 신발의 기능을 부정한다. 신발의 충격 완화를 부정하고, 인체보호와 인위적 보행 자세를 거부한다. 발가락양말은 무좀양말이기를 거부하고 뒤꿈치가 있으며, 저렴해야 한다는 개념을 거부한다. 필맥스 발가락양말은 패션 자체로, 한 켤레에 4만 원짜리도 있는 고가양말이다.

맨발신발은 또한 신발에서의 일반적 카테고리에 속하지도 않는다. 워킹화 같기도 하고, 일상화 같기도 하고, 트레킹화 같기도 하면서 혈액순환이나 관절염 등에 좋다. 역브랜드의 전형이자 일탈 브랜드의 전형이다. 신발 같지도 않은 신발.

필맥스는 소비자들에게 친절하지 않다. 마케팅의 한계일 수도 있지만, 항상 필맥스는 'Feel'이 통하는 소비자와 만난다는 확신이 있다. 그래서 Feelmax는 Feel-max(느낌을 최대한으로)이다.

우리의 '맨발신발', '화려한 발가락양말'을 신으려면 소비자들은 인터넷을 뒤지고, 왜 신어야 하는지 공부해야 한다. 적대브랜드처럼 문전박대하지는 않지만, 그렇다고 보통의 마케팅처럼 친절하지도 않다. 그래도 나는 비교적 운이 좋은 편이다. 의학계와 스포츠계에서 맨발이 좋다는 연구자료가 쏟아져 나오고 있고, 사람들도 '이제는 좀 걷자'는 생각을 하기 시작했기 때문이다.

하지만 거의 모든 회사는 충분히 차별화되어 있음에도 빛을 보지 못하고 스러져간다. 왜 그럴까? 일단 쏟아져 나오는 제품이 너무 많다. 한국에서 만들어져 한국에서 소비되는 물건은 이제 많지 않다. 웬만한 물건은 중국이나 제3국에서 만든 뒤 수입되어 소비된다. 중국뿐만 아니라 전 세계 생산자들이 한국을 노리고 있다. 그러니 그 안에서 살아남으려면 얼마나 차별화되어야 할까?

예를 들어 음식만 해도 그렇다. 요즘 '퓨전식당'이 늘고 있다. 식당 한 곳에서 스파게티와 짜장면을 같이 팔며, 미국에서는 한식으로 만든 햄버거가 히트하기도 했다. 문제는 '짜장면을 좋아하는 할아버지와 스파게티를 좋아하는 아이들이 같이 식사하는 가족이 얼마나 있을까? 미국에서 김치나 마늘향이 강한 한식을 좋아하는 미국인의 비율이 얼마나 될까?'를 고민해보면 시장이 그리 큰 편은 아니라는 것이다. 다만, 차별화하기 위한 몸부림일 뿐이다.

그런데 차별화하면 할수록 그에 맞는 소비자층은 더 좁아지고, 더 널리 퍼져 있다. 게다가 이런 특이한 취향은 일시적으로 좋아하는 것인지, 이것이 발전해서 하나의 거대한 사회적 트렌드가 될 것인지, 아니면 그래도 오래갈 것인지 애매하다. 그래서 장사하는 사람도 차별화에 모든 것을 걸어야 할지, 조금만 해보고 조금씩 키가는 전략을 취해야 할지를 두고 우물쭈물한다.

무역에서도 마찬가지다. 가수 조용필과 박진영이 한류의 세계화에 씨를 뿌리고 싸이와 BTS가 세계적으로 알려지고 K-pop이 세계 문화의 주류로 들어서면서 한국 문화가 이제는 이류가 아니게 되었다. 그래서 한국적임을 강조하자는 사람도 많아졌다.

그런데 한류를 어디까지 강조해야 할까? 지나치게 한국적임을 강조하면 외국에서 받아들여지기 어렵다. 그렇다고 한국적임을 강조하지 않으면 중국제나 일본제로 여겨질 수도 있다. 공예품이 중국제나 일본제로 생각되면 그 제품의 독특함은 없는 것이니 오래갈 수 없다. 한국만의 특이함이 있어야 하지만, 현지 시장에서 거부감 없이 받아들여질 만큼 보편성 또한 지녀야 한다.

'차별화'해야 하지만 대중의 취향에도 적당히 비위를 맞추어야 하는 딜레마가 요즘 장사의 어려움이다.

문화와 스타일은 다를 수 있다

"오빠 강남 스타일!" 이게 무슨 말이지? 한마디로 표현하면? 왜 한국말로 안 될까? 강남에서 노는 바람둥이의 행동방식? 강남 스타일과 강남 문화는 다른 건가? 사전을 찾아봐도 딱히 맞는 말이 없다. '스타일'은 무척 익숙한 말이면서도 설명하기 어렵다. 외국에도 이런 말이 있을까?

무역을 하다보면 협상에 관심을 갖게 된다. 끊임없이 내 이익과 그들의 이익 사이에서 갈등하기 때문이다. 그리고 그걸 푸는 방법을 고민해야 한다. 상대 나라의 문화를 잘못 이해하여 협상이 깨진 이야기는 한둘이 아니다.

그런데 요즘 문화와 비즈니스 사이에 일치하지 않는 점이 많아졌다. 그게 궁금해졌다. 강영문 교수는《국제협상과 문화간 커뮤니케이션》에서 문화의 특성을 이렇게 말했다.

"첫째, 모든 문화는 유전되고 상속되는 것이 아니라 구성원이 사회화하는 과정에서 학습되고 전수된다. 사람들은 자신들의 문화를 시간이 흐름에 따라 다음 세대로 물려준다. 특히 문화는 사회적 관계를 통해 발전해나간다. 둘째, 문화는 서로 밀접하게 관련되어 있고 서로 영향을 미친다. 문화의 다른 부분은 또 다른 부분과 밀접하게 관련을 갖고 있다. 예를 들면 결혼과 종교는 밀접한 관련을 갖고 있다. 셋째, 문화는 공유되고 진화·발전된다. 문화는 일반적으로 그 집단 내의 구성원들에게 받아들여져 공유되고, 한자리에 머무르지 않고 끊임없이 변화한다."

문화는 변하기는 하지만 어느 날 갑자기 변하지는 않는다. 하지만 유행은 매우 빠른 속도로 변한다. 그래서 문화만 보고 유행을 무시하면 시장 침투를 제대로 하지 못한다.

문화는 비즈니스에 크게 영향을 미친다. 그런데 고립된 세계라면 문화가 변치 않겠지만 지금 세계는 인터넷으로 씨줄 날줄로 엮여 서로 영향을 미친다.

과거 패션업계에서는 유행의 순서를 파리 → 뉴욕 → 도쿄 → 서울의 순서로 옮겨간다고 했지만, 지금은 전 세계에 거의 동시에 퍼진다. 그러니 한 나라만의 고유한 문화가 과거처럼 고정된 것이 아니다. 그렇다고 전 세계가 하나의 문화로 통일된 것도 아니다. 뭔가 서로 비슷해지고 있기는 한데, 여전히 서로 다르다. 그것을 소비계층에 따른 언어, 몸짓언어, 말투, 사고방식 등이 포함된 국가별 스타일이라고 부르려 한다.

예를 들면 어느 나라나 좋은 물건을 값싸게 사기를 원하는 것은 변함이 없다. 그래서 미국의 월마트 같은 대형마트가 전 세계에 생겨나고 있다.

그런데 왜 한국에서는 세계 제1의 월마트나 세계 제2의 까르푸 같은 대형마트가 실패했을까? 한국 사람들은 백화점 같은 고급스러운 데서 모든 생필품을 사고 싶어하는 반면에 시골의 5일 장터 같은 떠들썩한 맛도 포기하지 않으려 하는데, 월마트나 까르푸는 자기네 방식으로만 장사하려고 했기 때문이다.

세계의 모든 사람은 튼튼하고 질기고 멋있는 옷을 원하는데, 왜 유독 한국에서는 등산할 때 입는 아웃도어 의류가 잘 팔릴까? 그건 지하철이나 버스 같은 대중교통 수단으로 한 시간 안에 갈 수 있는 산이 많고, 레저로는 가장 저렴하기 때문이다. 물론 거기에다 산에서 친구와 같이 막걸리 한잔 걸치면 금상첨화다. 한국에 와보기 전에는 절대로 외국인이 이해하지 못할 패션을 즐기는 국민이다.

곱슬머리인 중동 여성들은 얼굴 전체를 가리는 히잡을 쓰기 때문에 머리에 신경을 덜 쓸 것 같지만, 실제로는 그들도 생머리에 대한 욕구가 강해서 머릿결을 펴주는 고데기가 유망 수출품목에 들어 있다. 집안 파티에서 중동 여성들이 노출이 심한 옷을 입는다는 사실을 알지 못한다면 의류 수출은 매우 미미할 것이다.

이처럼 문화와 때로는 상반되지만 실제로는 벌어지는 일도 많다. 문화에 덮여 감추어져 있는 경우도 많다. 그것은 마치 일본 사람들이 자신들은 아시아 사람이라고 하지만, 속으로는 아시아적 평가에서 벗어나고 싶어하는 것과 같다. 그래서 일본의 문화가 매우 독특한 것 같지만, 백화점에 가면 미국이나 유럽에서 건너온 패션용품이나 소비재가 쌓여 있다.

패션으로 본다면 일본을 대표하는 옷은 기모노이고, 중동을 대표하는 옷은 히잡이고, 한국을 대표하는 옷은 한복이다. 그런데 일본에서 기모노를 입고 다니는 사람이 얼마나 되며, 한국에서 평상시 한복을 입는 사람이 얼마나 될까? 그리고 히잡이 까만색이라고 해서 까만색 면으로 된 히잡만 팔려고 하면 될까? 외부로 유일하게 드러난 게 히잡이다보니 히잡이 얼마나 다양하고 값이 천양지차인지 모른다.

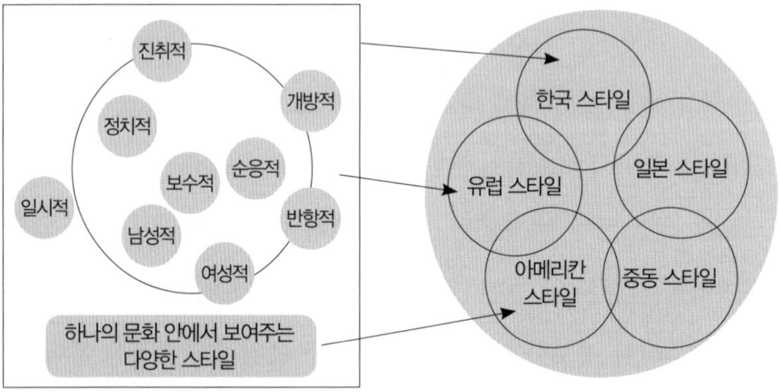

앞의 그림에서 보듯이 하나의 문화 안에는 다양한 스타일이 존재한다. 그 문화의 가장 핵심에는 보수적·남성적·순응적인 스타일이 자리 잡는다. 그러한 스타일이 그 사회에서 지배적인 힘을 가지고 있

기 때문이다. 그 밖에도 다양한 스타일이 있다. 그 전체는 하나의 문화이면서도 다양한 형태를 띠고 있다.

그리고 각 나라의 다양한 스타일은 세계 전체의 한 산업 속에서 나라마다 독특한 스타일을 갖는다. 심지어 무역에서도 막무가내로 밀어대는 한국적 스타일, 예스와 노의 구별이 애매한 일본적 스타일, 논리적으로 파고드는 미국적 스타일, 친구되기가 어렵지만 가까워지면 간이라도 빼줄 듯한 중동 스타일 등이 자주 거론된다.

문화가 거대한 파도라면 스타일은 그 안에서 출렁거리는 잔물결이다. 그런데 대부분 큰 물결은 보지만 잔물결은 보지 못한다. 문제는 이처럼 다양한 스타일에, 각양각색인 인간관계에 모두 대응할 방법이 없다는 것이다.

이는 시장세분화와는 다르다. 시장세분화라면 아예 그 시장을 목표로 하여 상품을 만들어 수출하면 된다. 그러나 전 세계 모든 시장에서 다양한 스타일을 깊이 있게 알기가 매우 어렵다.

말로 표현하기 어려운 이런 미묘한 스타일 차이는 하루이틀 공부한다거나, 문화나 제품에 대한 지식이 있다고 해서 알 수 있는 것들이 아니다. 오랜 시간을 들이면서 자꾸 만나보고 가보아야 겨우 알 수 있다. 어느 나라든 사람 사는 사회는 보이는 것이 다가 아니라는 것을 알아야 한다.

핵심정리

스타일을 극복하는 방법

1. 가능한 한 현지 바이어, 제품 디자이너, 생산자, 마케터와 오랫동안 호흡을 맞추어라.
2. 가능한 한 현지를 자주 방문하여 그 나라, 그 제품을 사는 사람들을 관찰하라.
3. 가능한 한 현지 바이어가 한국을 자주 방문하게 하여 생산과정에 관여하게 하라.
4. 제품의 포장, 사용설명서 등에는 바이어가 작성한 현지어를 넣는다.

경쟁이 먼저가 아니라 스타일이 먼저다

그야말로 글로벌한 경쟁의 시대에 경쟁력을 가지려면 무엇을 해야 할까? 가격? 그럼 중국이 전 세계를 제패해야 하지만 여전히 중국은 아니다. 품질? 그럼 일본이 전 세계를 제패해야 했지만, 일본은 이미 제조업 국가가 아니다. 디자인? 그럼 프랑스나 이탈리아가 전 세계를 제패해야 하지만 그들은 일부 명품시장에서만 우위가 있다. 그럼 위의 것 중 아무것도 없는 기업들은 경쟁에서 밀려나야 할까?

내가 보기에는 어느 것 하나 아주 특출나지 않더라도 꾸준히 사업을 지속하는 기업은 많다. 그리고 그중에서 세계시장을 지배하는 히든 챔피언도 많다. 그럼 그들이 가지고 있는 장점은 무엇일까? 나는 그것을 '스타일'이라고 본다. 스타일을 한마디로 설명하기는 어렵지만 이 글을 읽는 독자들은 대충 고개를 끄덕일 것이다.

스타일은 차별화와는 다르다. 나만의 스타일이 꼭 차별화는 아니다. 차별화가 경쟁자를 의식해서 뭔가를 다르게 만든 것이라면, 스타일은 뭔가에서 우러나와 시간적으로 지속되면서 남들도 뭔가 분위기가 남들과 다름을 느낄 수 있는 것이다. 그 대표적인 상품이 한식이나 디자이너가 만든 부티크 의류는 물론 조그만 나사만 만드는 회사나 우리처럼 신발 같지 않은 맨발신발을 만드는 회사다.

내가 아는 어떤 분은 인터넷을 통하여 액세서리를 수출한다. 규모가 크지는 않지만 벌써 7~8년 이상 수출하고 있다. 독자 브랜드는 아직 없지만 언젠가는 자신의 브랜드로 큰 무역상을 하고 싶어한다.

아직 젊은 그가 그렇게 기대하고 점차 비즈니스 규모를 늘려가는 것은 이미 오랫동안 관계를 맺어온 바이어들이 있기 때문이다. 그들 사이의 거래는 꽤 오래되었다. 소규모에 수작업으로 만드는 액세서리가 남들과 크게 다른 소재나 부품을 사용할 리는 없다. 중곡동 액세서리 거리에서 이 부품 조금, 저 부품 조금 구입해서 조립할 뿐이다. 그런데도 그들이 오랜 기간 거래하는 가장 큰 이유는 액세서리에 관한 한 그를 좋아하는 바이어들과 선호하는 분위기가 비슷하기 때문이다. 그는 바이어들과 서로 의견을 나누어가면서 제품을 만든다.

가격이 남들보다 특히 저렴하다거나 소재가 아주 특이하다거나 품질이 우선되지도 않는다. 그저 바이어들의 취향과 만드는 사람의 취향이 같아서 서로 '아' 하면 '어' 할 정도로 마음이 맞는다는 것뿐이다. 물론 자기와 취향이 비슷한 사람을 찾고, 그들과 비즈니스한다는 것이 쉬운 일은 아니지만, 그렇다고 아주 어렵지도 않다. 인터넷은 세상의 모든 사람과의 연결고리이기 때문이다.

인터넷에서 100만 명 중 한 사람만 나와 스타일이 같아도 수백 명이 같다는 것이다. 그리고 그 사람들은 가격이나 품질로 물건을 사지 않는다. 액세서리만 그런 것이 아니다. 옷도 자기만의 스타일을 가지고 인터넷 쇼핑몰에서 팔다보니 그 스타일이 좋아서 한 사람, 두 사람 고객이 늘다보니 수만 명이 된 사례가 많다.

자, 그럼 경쟁과 스타일의 차이는 무엇일까? 왜 경쟁하면 가격과 품질만 이야기할까? 경쟁은 기본적으로 모든 것이 같다는 전제하에 이루어지는 것이다. 그런데 그렇게 말할 수 있는 제품은 의외로 많지 않다. 모든 사람이 싸고 좋은 옷을 찾아 동대문시장으로 가지만 몇 시간을 돌아도 마음에 드는 옷을 찾지 못하는 경우가 허다하다. 사실 그게 지금 내 고민이다.

필맥스의 발가락양말은 그런 스타일을 유지했고, 그 스타일을 바탕으로 20년 이상 계속해왔지만 이제는 뭔가 바꾸어야 할 시점이다. 그런데 스타일을 유지하는 것이 문제다. 분명 사람들은 필맥스 하면 색상이 선명하고 느슨하면서 편안한 기분을 주는 양말을 연상한다. 그렇지만 이제 새로워져야 하는데 그 스타일을 어떻게 유지할지 고민이다. 그래서 혁신이 어렵다. 뭔가 변해야 하는데 변하지 말아야 할 그 무엇, 말로 하기는 좀 어려운 '스타일'.

항상 혁신해야 한다고 하지만 그래서 망한 식당이 한둘이 아니다. 잘나가던 식당이 어느 날 분위기를 세련되게 한다고 인테리어를 바꾸거나, 건물을 더 크게 지었다가 손님이 확 줄어 소리 없이 사라진 곳이 한둘이 아니다. 음식 맛과 인테리어는 별 상관이 없지만, 사람들이 그걸 어떤 '분위기'로 연결했기 때문이다. 맛은 좀 없지만 분위기가 좋아서 가는 식당도 많다. 액세서리, 조각품, 문구류는 물론이고 거의 모든 제품이 소비자와 스타일이 맞아야 한다. 디자인은 오히려 나중이다.

제조자의 스타일을 소비자가 따라야 하는 경우도 있다. 스마트폰이 그렇다. 이전에는 종류가 아주 다양해서 취향에 맞는 휴대전화를 고를 수 있었지만, 지금은 고작해야 서너 종류뿐이다. 소비자에게 선택의 여지가 별로 없다. 그래서 요즘 지하철을 타면 모두 같은 스마트폰을 쳐다보고 있다. 하지만 같은 옷을 입은 사람은 없다. 많은 디자이너가 자기 취향에 맞게 디자인하면 그 취향에 맞는 사람들이 옷을 고른다.

그럼 취향이 같은 사람들은 어떻게 알아낼 수 있을까? 단골고객이 그들이다. 내 물건을 자주 사는 이유는 대체로 가격이나 품질보다는 취향이 같기 때문이다. 그리고 단골과 자꾸 맞추어 가다보면 시장이 커지기도 하고, 오래가기도 한다. 장사를 시작하는 사람들이 가장 자주 듣는 말도 '내가 무엇을 팔 수 있을지 고민하기 전에 내가 무엇을 가장 좋아하고 잘할 수 있을지'를 고민하라는 말이다.

장사도 결국 자기가 살아갈 길을 찾아가는 것이다. 고객과의 관계도 중요하지만 내면의 무엇과 맞아야 할 수 있다. 그게 내 스타일이다. 그것부터 고민해보자. 그리고 그걸 영문 홈페이지에 올려보자. 그럼 분명히 한글로만 된 홈페이지보다 훨씬 더 많은 반응이 올 것이다.

"I like your style, Mr. Hong!"

7장

가격 전략

모든 바이어는 낮은 가격을 원한다

미국 바이어와 상담할 때

미국은 소비 규모가 가장 큰 나라이다. 따라서 미국에 팔면 대량 소비가 가능하다. 그래서 세계의 거의 모든 생산자는 미국으로 몰려든다. 설령 미국에서는 남지 않더라도 대량 판매가 가능해 공장 등 시설을 돌릴 수 있다. 이익은 다른 나라에서 남기면 된다. 그래서 미국은 경쟁이 치열하고, 대량 구매를 해야 하기 때문에 당연히 가격이 낮아야 한다.

중국 바이어와 상담할 때

중국은 여전히 가난한 나라이다. 일부 최상류층 말고는 돈이 없다. 실제 돈이 많은 사람들은 해외에서 소비한다. 또 웬만한 물건은 중국에서도 생산한다. 짝퉁도 중국에서 만들고, 명품도 중국에서 만든다. 하지만 역시 가장 큰 부분은 저가형 제품을 생산한다는 것이다. 소비도 그렇다. 그래서 중국에서는 가격이 비쌀 수 없다.

유럽 바이어와 상담할 때

유럽 사람들은 실용적이다. 사치하지 않고 검소하게 산다. 아무리 멋있어 보이는 물건도 실생활에 쓸모가 없으면 사려고 하지 않는다. 또 사용가치에 비하여 가격이 비싸도 사지 않는다. 돈이 많은 것 같지만, 세금이 매우 높기 때문에 실제로 쓸 돈도 별로 없다. 그래서 유럽에서는 물건을 비싸게 팔면 안 된다.

중남미 바이어와 상담할 때

중남미는 원래 빈부 차이가 매우 심하다. 돈은 아주 소수의 백인에게 몰려 있다. 나머지는 그야말로 생계유지를 위한 최저 수준에 머물러 있는 경우가 많다. 게다가 땅은 넓은데 인구는 상대적으로 적다. 그러니 판매비용이 많이 들어간다. 중남미에서는 가격이 비싸면 절대 수출하지 못한다.

물건을 팔려고 상담하다보면 "홍 사장! 우리에게는 여유가 있으니 좀 비싸게 주어도 괜찮아요"라고 하는 사람은 한 번도 만나지 못했다. 세상의 모든 바이어는 백이면 백 저렴한 가격을 원한다. 물론 무조건 값만 싼 게 아니라 품질은 최고를 유지해야 한다.

게다가 웬만한 바이어들은 이미 해외의 공급처를 수십 군데씩 파악하고 있고, 실제로 만나기도 하며, 해외 생산자들이 그들과 접촉하려고 주기적으로 이메일을 보낸다. 어느 정도 규모가 있으면 이미 외국 세일즈맨을 수백 명 만났고, 그에 맞먹는 정도의 생산자들이 버티고 있다. 그래서 내가 제시하는 가격이 비싼지 안 비싼지를 이미 상대도 알고 있다. 그러니 바이어와 상담하기가 어려울 수밖에 없다.

나 혼자만 만드는 물건이라면 그래도 좀 낫지만, 하늘 아래 새로운 물건은 없다. 기존에 있던 물건에서 뭔가 좀 다르게 만들었을 뿐이다. 따라서 어느 물건은 어느 정도 가격이 합당하다는 공감대가 바이어와 세일즈맨 사이에 이미 형성되어 있다. 문제는 그사이 어디에서 움직일 것인가 하는 것이다. 그래서 내 물건을 판다는 것이 어렵다. 항상 남과 비교하면서 가격을 매겨야 하니까.

그렇다고 무조건 가격을 싸게 매길 수는 없다. 내가 손해 보면서 팔 수는 없으니까. 문제는 자기네에게는 싸게 팔아야 한다는 바이어의 생각이다. 만일 다른 나라나 다른 사람에게는 물건을 싸게 팔면서 자기한테만 비싸게 판다는 생각이 들면 바이어와의 상담은 바로 끝이다. 나는 독일, 핀란드, 캐나다에서 가격을 동일하게 매겼다.

실제로 원가계산을 같이하기도 하고, 공장에서 생산하는 과정도 같이 보고, 핀란드와 독일의 바이어는 서로 만나서 판매 전략을 상의하기도 했다. 하지만 이런 경우는 오히려 극히 예외다. 그들이 확실하게 이해하는 것은 어느 누구도 비싸게 산다는 섭섭함은 없다는 것이다. 그 가운데서 내가 각 나라의 특수한 상황에 맞추어야 하는 어려움이 있기는 하다.

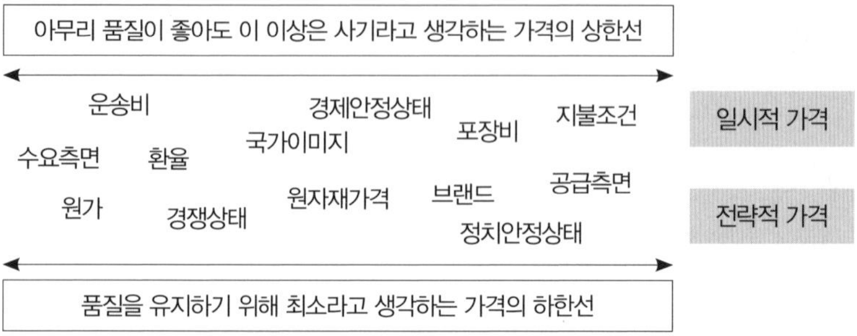

그렇다면 가격을 어떻게 정해야 할까? 물론 모든 바이어에게 그들이 만족할 만큼 싸게 주어야 하는 것은 맞지만, 그래도 어느 정도껏이어야 한다. 아무리 원가가 적게 들어간다고 하더라도 지나치게 싸면 의심받는 것은 어느 나라나 마찬가지다. '싼 게 비지떡'이라는 말은 만국 공통어다.

앞의 그림에서 보는 것처럼 가격의 상한선과 하한선이 있는데 그 사이에서 고려해야 할 것이 엄청나게 많다. 그리고 상한선과 하한선도 절대 고정되어 있지 않다. 상황에 따라서 오르락내리락할 여지는 많다.

모든 바이어를 섭섭하게 만들지 않는 방법은 있다. 바로 상황에 따라, 바이어와의 관계에 따라 가격을 달리하는 것이다. 일시적 가격이란 그때그때 바이어와의 상담 분위기에 따라 가격을 주되, 본사에서 경영진이 내려준 지침에 따라 재량껏 주는 가격이다.

하지만 전략적 가격이란 좀더 장기적이거나 회사 수출전략에 따라 달라진다. 예를 들면 미국 시장의 양말 가격이 U$1.00인데, 현재 수준으로 타산이 맞지 않아도 수출을 시작하고 대량 주문이 가능하다면 회사의 운영비 절감, 장기적 경영안정성, 생산성 향상 등을 감안해 그 가격에 맞추거나 더 낮출 수도 있다. 그래서 세일즈맨은 항상 전략적이어야 한다.

수출하는 사람 처지에서 보면 역시 미국이 가장 싼 게 맞다. 자동차를 보아도, 옷을 보아도 그렇다. 거의 모든 제품이 미국에서 싸야 한다. 미국은 대체로 대량 주문을 하고, 그에 따라서 다른 생산비용이나 관리비용이 절감될 뿐만 아니라 모든 생산자가 미국에 팔기를 원하기 때문이다. 그래서 회사들은 대부분 미국에서는 전략적 가격을 미리 산정해놓기도 한다.

전략적 가격도 있다

내수 가격을 결정하는 일은 비교적 간단하다. 우선 물건을 구상해서 만든다. 시장조사를 해서 제품에 대한 소비자의 선호도를 조사하고, 소비자들이 제품에 얼마만큼 지불할 의사가 있는지를 알아본 뒤 그에 맞춰 가격을 정한다. 물론 소비자가 내 물건을 살 의사가 있더라도 원가 이하로는 절대 장사를 하지 못한다.

같은 물건이라면 내수든 수출이든 제품의 원가는 같다. 그런데 수출은 가격을 정할 때 좀더 복잡하다. 환율이라는 변수가 있다. 환율은 도대체 예측이 불가능하다. 2000년 전후 발가락양말을 처음 유럽에 수출할 때였다. 유로화가 처음 발행될 때여서 어떻게 움직일지 예측이 불가능했다. 애초 유로화는 U$1=Euro1의 가치를 목표로 발행하였다.

그런데 막상 시장에서는 초기에 유로화 가치에 대한 믿음이 든든하지 않아 U$1=Euro0.9 정도로 교환되었다. 그래서 우리도 가격을 그 가치에 맞게 유럽 수출가격을 매겼다. 그런데 1년 정도 지나자 달러 대비 유로화 가격이 역전되어 U$1.00=Euro1.50까지 올라갔다. 수출가격으로 보면 켤레당 1,000원이었다가 1,600원까지 올라간 것이다. 그 덕분에 예상치 못한 이익을 많이 남겼다.

이와 반대로 IMF 전후에 중남미의 수리남으로부터 철강 주문을 받았다. 가격은 톤당 900원 정도. 그런데 IMF가 일어나 가격이 원/달러 대비 1,200원까지 올라가 이익을 남겼다. 그리고 다시 주문을 받았다. 그사이에 환율은 1,700원까지 올라갔다. 시장에서는 환율이 2,000원까지 올라갈 거라고 예측하고 있었다. 그래서 이번에는 1,700원에 맞추어 가격을 냈다. 그런데 오히려 환율이 1,400원까지 떨어졌다.

손해를 보지는 않았지만, 겨우 손익분기점을 맞추고 몇 달 동안의 노력은 헛수고로 끝났다. 그게 불과 서너 달 사이의 일이다. 따라서 환율을 잘 정해야 한다. 이를 기준환율이라고 하는데, 회사마다 다르지만 적어도 6개월 정도는 유지할 수 있어야 한다. 그러자면 현재 환

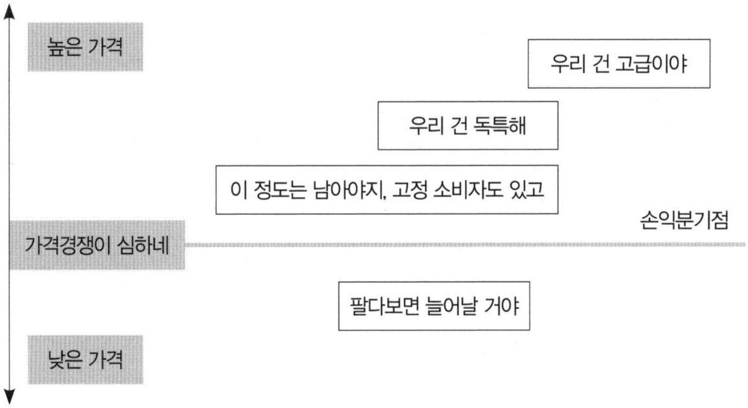

율보다 약간 낮게 정해야 한다.

하지만 기준환율까지 정했다 하더라도 훨씬 더 복잡한 문제가 남아 있다. 그건 바로 돈 계산 문제가 아니라 사람의 마음과 미래에 대한 예측 문제다. 일단 손익분기점은 나와 있다. 그런데 바이어가 내 제품을 어느 정도까지 인정하는가에 따라 가격은 천당에서 지옥까지 왔다 갔다 한다. 내 제품이 정말 독특하여 시장에서 나를 넘어설 경쟁자가 없다면 어느 정도 이익을 붙일 수 있다. 거기에 더해서 명품이나 그에 버금간다고 인정받으면 이익을 100% 붙여도 바이어는 사 간다.

그런데 제품 품질은 좋은데 시장에 전혀 알려져 있지 않다면 원가 이하로 가격을 매겨서 팔 수도 있다. 그렇게 팔다보면 가격은 높이지 못하더라도 생산원가가 떨어지면 자연히 손익분기점을 넘어설 것이라고 기대할 때다.

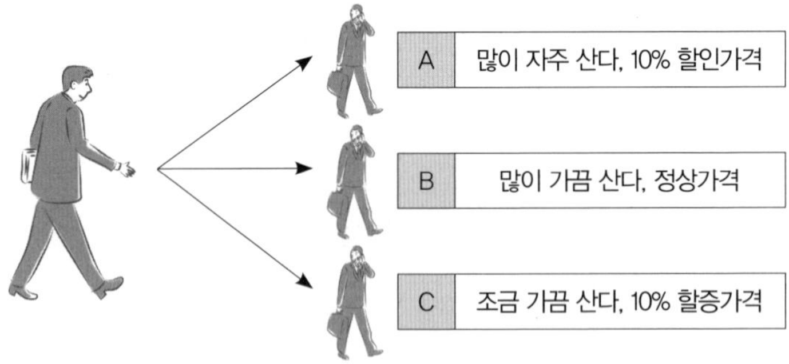

그런데 이 과정이 다 되었다면 끝난 걸까? 그게 아니다. 최종적으

로 가격을 결정하는 것은 결국 바이어와 상담할 때다. 바이어 세 명이 한 나라에 있다고 하자. 예를 들어 미국 양말 바이어를 만난다고 하자. 한 사람은 뉴욕 맨해튼 엠파이어스테이트 빌딩에 사무실을 가지고 있다. 그는 양말업계에 잘 알려져 있는 큰 바이어다. 그와 거래가 성사되면 한동안 공장 돌리는 걱정은 접어두어도 된다.

또 한 사람은 샌프란시스코의 관광지에 장사가 잘되는 숍을 세 개 가지고 있고, 로스앤젤레스의 테마리조트인 MGM Studio에도 숍을 두 개 가지고 있다. 꾸준히 상당한 물량을 가져가지만 규모가 아주 크지는 않다.

마지막 바이어는 규모는 작지만 한 달에 한 번씩 꾸준히 가져가고, 우리가 어려울 때 같이 시작한 바이어라 인간관계도 좋다.

그럼 누구에게 어떤 가격에 주어야 할까? 모두에게 같은 가격으로 주기는 어렵다. 그런데 다른 가격을 주다가 서로 알게 되면 뭐라 할까? 요즘 같은 인터넷 시대에 누가 누구보다 더 싸게 파는지 아는 것은 그리 어려운 일이 아니지 않은가? 그게 아니더라도 물건을 받고 싶어하는 가격은 바이어마다 제각각이다. 그사이에서 잘 결정해야 한다. 그래서 가격은 언제나 전략의 최종 수단이기도 하다.

지금 많이 먹고 짧게 갈 것이냐? 지금 적게 먹고 오래갈 것이냐? 가장 좋은 가격은 많이 먹고 오래가는 것이다. 그러려면 내 제품의 가격은 내가 정할 수 있어야 한다. 바이어가 정해주는 가격, 시장이 정해주는 가격으로는 조금, 짧게 먹기도 힘들다.

내 제품의 가격은 내가 정해야 한다

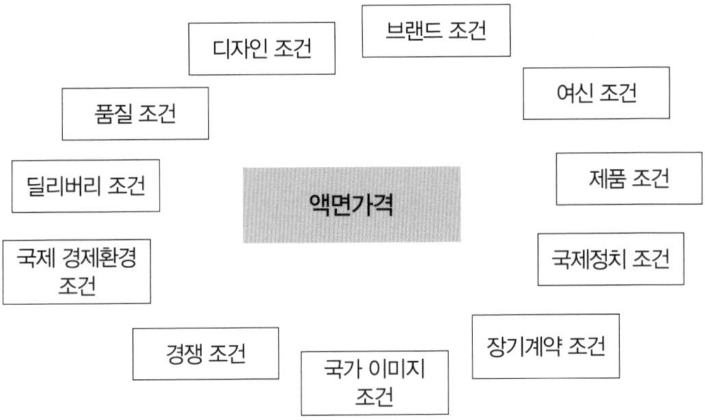

해외 세일즈를 나가면 바이어들이 두 팔을 벌려가면서 만면에 웃음을 짓고 'Welcome to my office sir!'라고 반겨준다. 그리고 자기 사무실과 샘플 룸을 보여준다. 샘플 룸에는 중국제, 베트남제, 태국제, 그리고 한국의 경쟁사에서 보내온 아주 훌륭한 경쟁 제품이 모두 있다.

약간 잡담을 하다가 상담에 들어간다. 이런저런 이야기를 하다가 세일즈맨의 기를 죽이는 방법이 하나 있다. 자기 책상 위에 있는, 전 세계에서 온 세일즈맨들의 명함을 꺼내놓는 것이다. '자, 나에게는 이렇게 많은 사람이 와서 저렇게 많은 샘플을 주면서 팔고자 한다. 넌 나에게 무엇을 보여주겠느냐?'라며 압박한다. 그러면 세일즈맨은 대부분 위축되어 당황하면서 가격조건을 말한다. 그래 봐야 결국 중국산이나 베트남산보다는 높은 가격이기 쉽다.

그런데 그냥 가격만 낸다면 재미가 없다. 세일즈도 어떻게 보면 게임이다. 게임의 룰을 상대가 정하면 나에게 유리할 수 없지만, 그 룰을 나에게 맞도록 조금만 바꾸어도 판세는 뒤집힌다.

우선 중국에서 신발 한 켤레에 U$10를 제시하였다고 하자. 딜리버리는 석 달, 최소 수량은 3,000켤레. 그런데 나는 한 켤레에 U$15를 제시하는 대신 딜리버리는 한 달 반, 최소 수량은 1,500켤레라고 하자. 이러면 같은 제품이라도 다른 가격이 나오는 것이 당연하다.

이번에는 중국 바이어의 사무실에 갔다. 그런데 역시 같은 신발인데 Made in Japan은 U$10를 제시하고, Made in Korea는 U$12를 제시하였다. 그러면 중국 바이어는 어떨까? 일본 제품인데다 가격도 저렴하니 당연히 일본 신발을 살까? 아베 정권이 '일본이 벌인 태평양 전쟁은 침략전쟁이 아니며 피해 당사자였던 한국과 중국도 일본만큼 책임이 있다'고 하는 때에는 한국산을 살 가능성이 매우 높다. 중·일 관계가 악화되고 소비자들이 일본을 싫어하면서, 일본 제품 불매운

동을 벌일 수 있기 때문이다.

이번에는 똑같은 제품을 가지고 중국 제품과 비교하는 페루 바이어와 만났다. Made in China는 U$10이고, 내 제품은 U$12이다. 그런데 나는 선적 90일 후에 지급하는 조건을 제시하였다고 하자. 그럼 어떨까? 우선 페루의 이자율이 20% 전후라면 적어도 5%만큼 가격 차이가 조정된다.

보통 우리보다 못사는 나라들은 이자율이 높다. 은행 시스템이 불안정하고 경제의 안정성이 떨어지지만, 발전하는 나라이기 때문에 사업 기회도 많다. 그래서 이자율이 높다.

게다가 바이어는 현금 부담이 훨씬 줄어든다. Made in China보다는 Made in Korea가 이미지도 좋다. 90일 정도면, 무역보험공사를 통하여 수출품에 사후 지급보증을 받으면 부동산을 담보한 것만큼이나 싼 이자로 자금을 활용할 수 있다. 이 이자는 바이어가 부담하라고 해도 되고, 내가 부담해도 된다. 이처럼 더 좋은 지불조건을 제시하면 수출가격은 액면 그대로가 아니게 된다.

이제까지는 똑같은 제품으로 내가 가격을 정하는 방법만 말했다. 여기에다 내 제품이 다른 경쟁자와 다르거나 아예 새로운 제품이라면 어떨까? 그런데 사실 하늘 아래 아주 새로운 제품도 드물지만, 아주 같은 제품도 없다. 물건을 만드는 사람이라면 그래도 남들과 뭔가를 다르게 하려고 노력한다. 그리고 그게 아주 어려운 일도 아니다.

필맥스는 발가락양말을 만든다. 양말 만드는 기계는 누구나 쉽게 구할 수 있다. 그런데도 나오는 물건은 다르다. 남들은 면양말을 만들 때 우리는 비단양말을 만들었고, 남들은 단지 여러 색을 조합하기만 할 때 우리는 남들보다 색이 더 선명한 양말을 만들었다. 이것이 남들은 모르는 비결도 아니었다. 단지 시간과 노력이 더 들어갈 뿐이었다. 그리고 우리는 우리 가격에 20년 넘게 팔았다.

규모가 웬만큼 커서 자금과 시설을 효율적으로 돌릴 수 있는 정도가 아니면 애초부터 가격경쟁을 하는 것은 무리다. 소규모 제품은 소규모 기업끼리 경쟁이 붙는다. 중국의 양말공장이 아무리 커봐야 한국 공장보다 수백 배 크지는 않다. 실제로 그 정도를 살 만한 바이어도 그리 많지 않다. 그다음부터는 디자인, 소재, 가격조건, 품질, 운임, 경제상황, 정치상황, 생산국의 정책, 소비국의 정책 등 온갖 요소가 다 들어간 다음 비로소 비교가 가능한 것이 국제시장에서의 경쟁이다.

경쟁에서 룰은 다양하다. 가격은 수많은 요소 중 하나일 뿐이다. 단순하게 말하면 한때 한국은 중국의 저렴한 가격에 밀리고, 일본의 고품질에 밀려서 샌드위치 신세가 된다는 위기론이 있었다. 그러다가 중국보다는 품질이 좋고, 일본보다는 가격이 좋다는 역샌드위치론이 나왔다.

모든 바이어는 저렴한 가격을 원한다. 하지만 그들도 자기 제품 중에는 가장 높은 가격부터 가장 낮은 가격까지 다양하다. 가격이 문제가 아니라 그 가격을 얼마나 잘 설득할 수 있느냐가 문제다. 그건 순전히 내 가격의 설득력 문제이지 달러로 얼마냐의 문제는 아니다.

핵심정리

바이어와 가격논쟁을 이끄는 법

1. 물건이 남들과 다르다는 점을 확실히 말한다.
2. 단순 + 단기 가격부터 전략 + 장기 가격을 다양하게 만든다.
3. 바이어가 가격을 원할 때는 전략부터 말한다.
4. 단순 가격 제시를 요구할 때는 옵션이 다양함을 제시한다.
5. 제시한 가격에 내 제품을 좋아할 사람이 있음을 설득한다.
6. 내가 진실을 말하고 있음을 상대가 추호도 의심치 않게 한다.

8장

유통 전략

타깃시장이 스스로 정해지는 경우도 있다

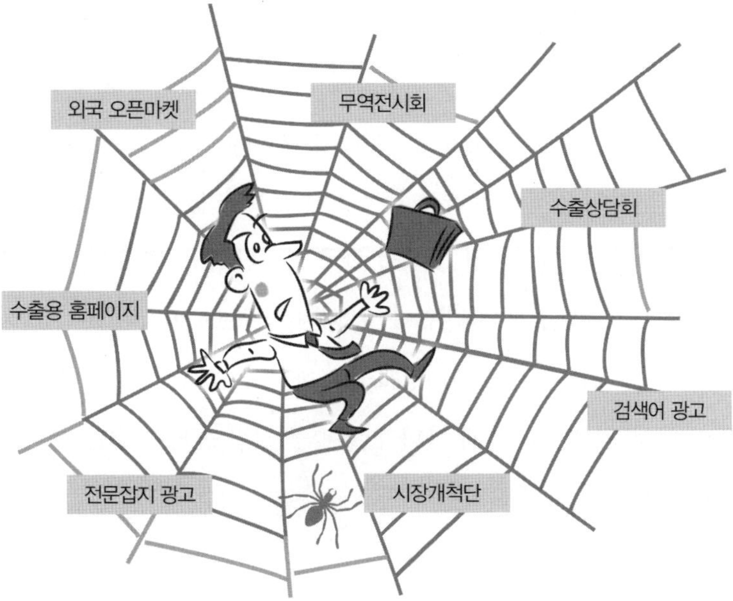

해외마케팅을 하려면 여러 가지 복잡한 문제가 많다. 그래서 전략을 짜는 데 시간이 많이 걸린다. 그중에서도 어느 나라의 어떤 유통

경로를 통해 팔아야 할지 많이 고민된다. 그래서 시장세분화는 어떻게 하고, 제품 구성은 어떻게 하며, 가격은 어떻게 하는지 등에 대한 마케팅 전략 짜기에 부심한다. 그런데 또 그렇게 열심히 고민했다고 해서 그대로 가는 경우도 별로 없다. 물론 마케팅 전략을 잘 짜면 여기저기 헛돈이나 헛수고를 들이지 않고 적은 비용으로 성공을 거둘 수도 있다. 그래서 계획을 잘 짜는 것이 중요하다. 계획대로만 된다면 말이다.

그런데 시장은 어떻게 보면 장사꾼이 손님을 찾아가기보다는 손님이 장사꾼을 찾아와서 사는 곳이다. 사람들이 동대문시장으로 가지, 동대문시장이 사람을 찾아가지는 않는다. 돈암시장에 동네 사람들이 와서 사지, 돈암시장이 동네 사람들에게 가지는 않는다. 그러니까 어디든 좌판을 깔아놓는 것이 중요하다는 말이다. 그럼 그 시장이 크든 작든 손님들이 와서 구경하고 살지 말지 정할 수 있다.

그리고 동대문시장이라고 해서 한국 사람만 오는 것도 아니다. 중국 사람도 오고, 일본 사람도 오고, 심지어 우즈베키스탄 사람도 와서 산다. 우리는 그걸 보따리장사라고 한다. 돈암시장도 마찬가지다. 돈암동 사람들만 오는 게 아니다. 은평구 사람도 와서 술을 마시고, 족발을 사고, 감자탕을 먹는다.

1997년에 처음 인터넷 홈페이지를 만들 때 발가락양말을 팔 수 있는 곳은 일본이나 기껏해야 아시아 정도라고 생각했다. 아무래도 발가락양말은 일본 사람과 한국 사람만 신는다고 생각했고, 그때 싱가포르에 수출하고 있었으니까 지리적으로 가까운 태국이나 말레이시아 정도에는 팔 수 있지 않을까 기대했다. 그런데 정작 연락 온 곳은 핀란드, 노르웨이, 오스트레일리아, 독일이었다.

그리고 한참 지나서 미국 바이어를 만나기 위하여 라스베이거스 매직쇼에 나갔을 때 엉뚱하게도 일본 바이어를 그곳에서 만났다. 그러고 보니 어디를 가든 항상 예상치 못한 사람을 만났다.

그리고 거의 항상 나는 앉아 있고, 바이어는 걸어 들어와서 만났다. 전시회가 그랬다. 부스를 차려놓고 있으면 처음 보는 사람이 들어와서 구경하며 이건 어떻고 저건 어떻고 수다 떨다가 그냥 가기도 하고 바이어가 되기도 한다. 시카고 사람은 그냥 가고 샌프란시스코 사람은 거래처가 되었다. 내가 시카고에 팔고 싶다고 해서 시카고 사람들이 많이 들어와서 사는 게 아니었다.

시장개척단도 호텔에 테이블 펴놓고 기다리다 바이어를 만났다. 내가 직접 가서 바이어를 만난 것은 해외에 세일즈 출장을 갔을 때뿐이었다. 그러니까 해외시장에서 바이어를 만나는 것도 대부분 좌판을 깔아놓고 기다릴 때다. 그리고 내가 기다리던 엄청 큰 바이어보다는 고만고만한 사람들이 들어와서 거래를 작게 시작하다가 누구는 금방 끝나고 누구는 20년 이상 거래하고 있다.

그리고 그들이 요구하는 대로 양말을 만들었고, 그들의 시장에 맞추려고 노력했다. 노란색 양말도 만들고, 초록색 양말도 만들고, 스타킹 같은 양말도 만들고, 아기용 양말도 만들었다. 그럼 그들이 가져가서 잘 팔기도 하고, 그대로 묻혀버리기도 했다. 애초에 내가 생각했던 일본과 동남아 시장은 그리 커지지 못했고, 전혀 예상하지 못한 미국과 유럽이 타깃시장이 되었다.

그럼 왜 난 계획대로 하지 못했을까? 실제로 내 계획대로 되었다면 난 여전히 그저 그런 검은색 무좀양말이나 팔고 있었을 것이다.

하지만 시장은 나에게 예상보다 훨씬 다양한 물건을 만들게 했고, 더 많은 나라에 팔 기회를 주었다. 그건 내가 계획을 잘 짜고 타깃시장을 정확히 잡아서 그런 것이 아니라, 순전히 여기저기 좌판을 많이 벌리면서 장사했기 때문이다. 라스베이거스박람회, 뉴욕박람회, 도쿄박람회, 샌프란시스코 지사화업체 신청, 인터넷 홈페이지 개설, 야후와 구글 키워드 광고, 세일즈 출장, 그리고 주요 검색 포털에 일일이 손으로 입력해 검색사이트 첫 페이지 최상위에 오르도록 했기 때문이다.

작살을 잘 던져서 한번에 물고기를 잡는 낚시꾼이라기보다는 여기저기 줄을 쳐놓고 기다리는 거미 같은 방법을 쓴 셈이다. 그러다 보니 우연히 걸리기도 하고, 예상했던 곳에서 잡힌 바이어도 있고, 거의 잡았다가 놓친 바이어도 있다.

핵심정리

거미줄을 잘 치는 법

1. 인터넷에 거미줄을 잘 친다(홈페이지).
2. 업체들이 참가하고 싶어하는 박람회에 참가한다.
3. 타깃시장으로 가는 시장개척단을 찾아본다.
4. 크든 작든 가능한 한 내 명함과 카탈로그를 뿌릴 곳을 찾는다.

독점은 아무에게나 주는 것이 아니다

3~4년 전의 일이다. 중국에서 이메일이 왔다. 필맥스 발가락양말과 신발을 중국에서 팔고 싶다는 인콰이어리였다.

그런데 문제는 그 회사에서 중국에 대한 독점적 판매권을 달라는 것이었다. 필맥스라는 이름 자체를 중국에서 독점적으로 사용하게 해주면 자신들도 현지의 홈쇼핑이나 백화점에 들어갈 수 있도록 적극적으로 마케팅해보겠다는 의지를 표명했다. 그래서 판매 가능 수량을 알려달라고 했다.

얼마 되지 않아 장밋빛 전망이 들어왔고 판매 가능 수량이 무척 높았다. 문제는 최소 판매 가능 수량이 없다는 것이었다. 그건 실제 판매 여부와 관계없이 한국에서 의무적으로 가져가야 할 수량인데 거기에 대한 언급이 없었다. 그래서 다시 물어보았더니 자신들이 필맥스 양말과 신발을 팔려면 홍보자료, 동영상, 거래처 발굴에 수십만 달러를 투자해야 하는데 의무 수량까지 부담할 수는 없다고 했다. 몇

차례 이메일이 오고간 뒤 결국 이 일은 무산되었다.

이전에도 뉴질랜드, 오스트레일리아, 일본 지역에 독점적 판매권을 준 적이 있다. 하지만 일본을 제외한 다른 지역은 그리 오래가지 못하였다. 그냥 독점적 지위만 가졌을 뿐 별다른 활동을 하지 않았기 때문이다.

그런데 나로서는 참 속 타는 일이었다. 뉴질랜드와 오스트레일리아의 다른 사람들이 사겠다고 해도 이미 독점권을 가져간 사람에게 넘겨주어야 하는데, 그러고 나서 보면 성과를 내는 경우가 많지 않았다. 일본의 경우는 한동안 꾸준히 가져가면서 많은 도움을 주었다. 이런 경험과 더불어 중국에 독점을 주지 않은 것은 몇 가지 이유가 있는데, 그중 하나가 누군가에게 독점을 주기에 중국은 너무 큰 시장이기 때문이다.

수출이든, 수입이든 바이어는 항상 그 물건이나 상표에 대한 독점적 지위를 갖고 싶어한다. 한 시장에서 그 물건을 혼자만 팔 수 있다는 것은 상당한 마진을 볼 수 있을 뿐더러 경쟁상대 없이 자기 마음대로 마케팅을 펼쳐볼 수 있기 때문이다.

게다가 같은 제품에 경쟁자가 있을 경우 자신이 시행한 마케팅의 성과를 경쟁자가 나눠가는 억울함도 있다. 예를 들면 내가 어느 잡지에 광고를 했는데, 소비자는 엉뚱하게 다른 곳에 가서 살 수 있다. 그래서 바이어는 항상 독점적 지위를 요구한다. 독점을 주지 않으면 계약하지 않겠다고 하는 일도 자주 생긴다.

실제로 이란의 바이어에게 독점을 준 어느 전자업체는 그 바이어가 여러 브랜드의 같은 제품을 동시에 취급하면서 정작 독점을 준 자기네 제품을 소홀히 하여 고생한 적이 있다. 그러니까 그 바이어는 여러 브랜드에 대한 독점적 판매권을 확보하고, 그중에서 가장 유명하고 커다란 회사 제품을 판매하는 전략을 취했다. 그러면서 이란 시장에서 제품의 독점력을 유지하였다.

중소기업이 외국업체의 독점적 지위 요청을 거부하기는 쉽지 않다. 자사 제품을 사겠다는 바이어가 많지 않으니 관심만 보여도 고마운 데다 자신들이 제조업체를 대신해서 적극 마케팅을 하겠다니 성의가 갸륵하기 때문이다.

삼성, 현대, LG처럼 누구나 알아주는 브랜드도 아닌 데다 이미 시장에 비슷한 제품이나 더 알려진 경쟁자가 있는 상황에서 이런 바이어가 나타나면 기분이 좋은 것은 사실이다. 그래서 덥석 독점을 주기도 하지만, 바이어는 부담 없이 독점적 지위만 받아서 아무 성과를 내지 못하고 오히려 방해만 된 사례를 많이 보았다. 서로 아무 부담 없이 꾸준히 거래하면서 상대방을 충분히 알게 되었을 때 독점계약을 맺는 것이 가장 좋다.

하지만 어느 경우든 현지의 유통망이 얼마나 복잡한지, 내 제품을 팔 수 있는 중간상인이나 방법이 얼마나 많은지, 현지에 수입된 뒤 얼마나 많은 경로를 거친 다음 소비자의 손에 들어가는지를 충분히 검토해야 한다. 그리고 판매자로서는 적정한 수의 유통채널을 확보하는 것이 바람직하다.

무조건 유통채널만 많으면 좋다는 말이 아니다. 그렇게 되면 현지에서 하나의 제품을 놓고 내 바이어들끼리 경쟁하게 된다. 그래서 전혀 다를 게 없는 제품을 여러 사람이 팔다보면 가격경쟁을 해야만 하고 그러다 보면 모두 흥미를 잃어 아무도 그 제품을 적극적으로 팔지 않는 사태도 발생할 수 있다. 그래서 항상 '적당히'가 중요하다.

만일 상대가 굳이 독점적 지위를 요구한다면, 그에 상응하는 부담을 지우는 것이 맞다. 그동안 아무리 잘했더라도 미래는 알 수 없다. 해외바이어에게 독점을 준다는 것은 내 미래를 어느 정도는 그 바이어에게 위임하는 것이나 마찬가지다.

내가 오스트레일리아와 뉴질랜드에 독점계약을 준 이유는 그 시장이 그리 크지 않아 실패 부담이 적었기 때문이다. 일본 바이어는 발가락양말을 시작할 때부터 서로 배우면서 관계를 맺어온 사이였고, 일본 시장에 진입하고 싶어 오히려 내가 독촉한 편이었다.

하지만 누구도 미국과 중국 시장에 독점을 주면 안 된다. 이건 나뿐만 아니라 모든 수출업체의 상식이어야 한다. 그 시장은 누구에게 독점을 주기에는 너무 넓고 크다. 한 사람이 관리할 수 있는 시장이 아니다.

소량 주문에 대응할 유통방법도 있다

해외바이어의 소량 주문에 응하기가 어려울 때는 코트라 공동물류센터를 이용해보자. 미국 라스베이거스의 매직쇼와 뉴욕의 패션쇼에 나갔을 때 일이다. 처음 나갔을 때는 기대가 컸다. '그래도 미국 박람회인데 한 번에 몇만 장을 주문하는 바이어를 만날 수 있겠지!'라는 기대를 했다.

그런데 막상 전시회가 개최되고 바이어를 만나보니 그런 일은 일어나지 않았다. 나름 큰 바이어도 고작해야 샘플 몇 개를 사가고, 좀 더 많이 사는 바이어도 몇백 장 정도에 불과했다.

그런데 나를 더 고민케 한 것은 다음번에 살 때는 DDP나 DDU 조건으로 하자는 것이었다. DDP(Delivered Duty Paid)는 관세지급 인도조건이고 DDU(Delivered Duty Unpaid)는 관세미지급 인도조건이다. 한국에서 미국의 상점까지 물건을 보내주는데, DDU는 미국 세관에 내는 수입 관세를 내가 부담하는 것이고, DDP는 수입상이 내는 것이다. 대규모 거래를 전제로 하는 무역 거래에서는 거의 사용하지 않고, 주로 샘플이나 소액거래에서 쓰는 조건이다. 그러니까 한마디로 '네가 물건을 한국에서 보내지만, 나는 무역에 관해 잘 모르니 국내에서 택배받듯이 받겠다'는 조건이다.

언뜻 들으면 말도 안 되는 조건 같다. 그래도 무역인데 '자기가 해야 할 일은 어느 정도 해주어야지' 하는 생각이 들지만, 사실 미국 사람들은 수출입에 대하여 잘 모른다. 무역거래조건이나 무역의 여러 형태에 대한 용어가 미국에서 나오기는 했지만, 그들이 말한 것은 국제간의 무역이 아니라 자기네들의 각 주간무역(interstate-trade)을 정형화하는 것을 국제무역에 적용한 것뿐이다.

그런데 이런 바이어들을 많이 만났다. 자기가 로드숍(road shop)을 20개 가지고 있는데, 택배로 보내줄 수 있는지에 따라 거래하겠다고 하는데 참 난감했다.

이런 바이어들에게는 캐나다에서 보내주겠다고 하고, 실제로 캐나다에서 보내기도 했지만 이도 쉽지 않았다. 캐나다에서 미국으로 수입하려니 수입관세를 두 번 내야 하는데다 운송비 부담이 만만치 않았기 때문이다.

결국 이런 바이어는 대부분 놓치고 말았다. 그러면서 이런 일을 누군가 대신해주었으면 좋겠다는 생각이 들었다. 운송비를 충분히 치러도 될 만큼 큰 물량을 미국에 받아놓고, 미국 내에서 들어오는 소량 주문에 응해주는 물류센터가 있다면 큰 도움이 될 것이다.

바이어와 상담을 하다보면 한 번에 100만 켤레를 얘기하는 바이어는 없다. 처음에는 소소하게 하다가 커지면 다행이고, 대부분 자기에게 부담이 되지 않는 수준에서 괜찮은 물건을 계속해서 구입하기를 원한다. 그러기에는 유통 부담이 매우 크다. 한국에서 소액의 적은 물건을 일일이 보낼 수는 있지만, 수입대비 비용의 효율성이 이루어지기 어렵기 때문이다.

그런 일이 있은 지 얼마 되지 않아 코트라 물류센터가 가동되기 시작했다. 형식은 코트라와 현지 물류업체가 협조하여 한국 업체의 물량을 받은 다음 택배로 조금씩 보내주는 것이다. 정부지원금도 업체당 400만 원 나온다. 초기비용으로 치면 보유재고를 보내는 것 말고는 크게 부담되지 않는 수준이다.

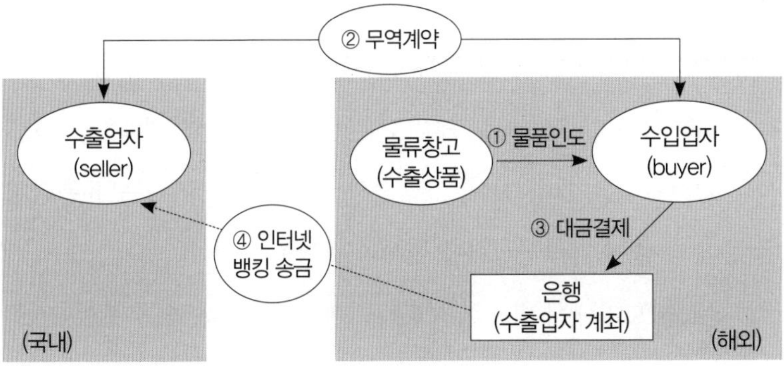

위의 그림은 코트라 물류센터의 업무 흐름도이다. 내가 물류창고에 수출물품을 보내놓고, 현지의 거래처가 구매하겠다고 할 때마다 물류창고에서 적정한 수량만큼 재포장해서 보내준다. 그럼 바이어는

현지의 내 계좌로 입금한다. 이게 제대로 굴러간다면 1년에 한두 번 받을 주문을 한 달에 한두 번도 받을 수 있다.

가장 좋은 것은 바이어의 오더주기가 짧아지고 일정해진다는 점이다. 보통 바이어와 수출상담이 이루어졌다 해도 준비기간과 생산기간, 운송기간을 합치면 서너 달은 족히 걸리지만, 이처럼 미리 물건을 현지에 갖다 두고 거래계약을 체결한다면 일주일이면 납품할 수 있다. 어느 바이어가 좋아하지 않을까?

이런 물류창고를 이용할 만한 거래 유형은 예전보다 훨씬 많아졌다. 외국에서 우리 물건을 홈쇼핑 또는 인터넷에서 판매하고자 하거나 백화점 또는 마트 같은 곳에 지속적으로 납품하려는 바이어들이 선호할 만하다. 바이어로서는 필요한 물건을 제때 공급받을 수 있어 안정적인 판매가 가능하고 물류비용을 절감할 수 있으니 환영할 만하다.

그뿐만 아니라 로드숍 몇 개에서 수십 개 정도를 가지고 있어 규모가 작지는 않지만 그렇다고 크지도 않은 바이어들의 애매한 수량을 적극적으로 수용할 수 있다. 그러면서 중간 수입상이라는 유통단계를 하나 더 줄여 가격경쟁력을 높이니 장점이 많다.

실제로 코트라에서 발표한 성공사례에 따르면 자동차부품의 JIT(적시 납품, Just in time)에 사용한 적도 있다. 게다가 이런 경우 제품이 소비재라면 대량 거래가 아니기 때문에 바이어가 특별히 독자 브랜드를 고집하지 않을 것이므로 내 브랜드를 알릴 절호의 기회가 되기도 할 것이다.

코트라 공동 물류센터 운영현황

국가	KBC명	국가	KBC명	국가	KBC명
네덜란드	암스테르담	베트남	호치민	러시아	모스크바
독일	함부르크	인도	뉴델리		블라디보스토크
	프랑크푸르트	파나마	파나마	중국	광저우
미국	뉴욕	아르헨티나	부에노스아이레스		다롄
	디트로이트	칠레	산티아고		상하이
	LA	벨기에	브뤼셀		시안
	시카고	영국	런던		우한
	마이애미	캐나다	토론토		베이징
오스트레일리아	멜버른	일본	도쿄		청두
싱가포르	싱가포르	이집트	카이로		칭다오

9장

촉진 전략

바이어를 만날 방법은 많다

뭐든지 시작이 반이라고 했다. 팔 걷어붙이고 하다보면 방법은 많다. 수출도 그렇다. 오히려 국내에서 파는 것보다 방법이 훨씬 더 많다. 국내에서야 마케팅 촉진수단이라고 하면 가장 먼저 광고하거나 국내 전시회에 참가하는 정도다. 그 정도는 누구나 생각할 수 있고 언제든 할 수 있다.

그런데 해외마케팅을 위한 수단은 훨씬 다양하다. 하기야 갈 수 있는 나라가 많은데, 좁은 한국에서 할 수 있는 정도밖에 없다면 수출하는 사람들이 무척 섭섭할 거다.

다음의 그림을 보자. 우리가 활용할 수 있는 다양한 해외마케팅 촉진수단이 잘 정리되어 있다. 소요비용과 마케팅 효과를 대비해놓았는데, 소요비용이 엄청 적게 들어간다.

가장 가운데 있는 시장개척단을 기준으로 본다면 300만~400만 원이면 된다. 그것도 해외바이어 한 사람을 만나기 위한 비용이 아니

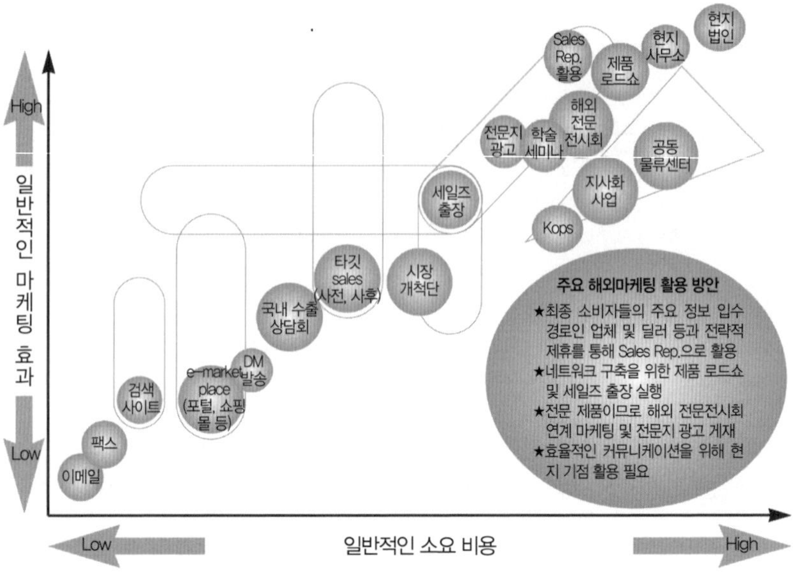

해외마케팅 수단별 비용대비 효과 + 현지시장 요건

* 자료 : KOTRA 최병훈 박사

라, 해외의 주요 거점 도시나 국가를 서너 곳 돌아다니면서 바이어를 수십 명 만나는 비용이다.

이 정도면 국내에서 몇 군데 거래처를 만나 저녁식사하면서 삼겹살에 소주 몇 잔 하다보면 훌쩍 넘어가는 비용이다. 기준을 그렇게 잡아보자는 이야기이다.

가장 손쉬운 것은 이메일이다. 이메일에는 거의 비용이 들어가지 않는다. 코트라나 무역협회에 가서 업종별 바이어 목록을 찾아볼 수도 있고, 인터넷으로 검색해볼 수도 있다.

구글에서 'socks(양말)'를 쳐보면 양말과 관련된 전 세계 사이트가 수십만 개는 나온다. 거기에서 그럴듯해 보이는 사이트에 들어가 이메일 주소를 찾아보면 된다. 앉아서 손가락만 몇 번 두드리면 된다. 전에는 팩스를 미국에 보내려면 A4용지 한 장에 3,000~4,000원이 들어갔지만, 지금은 아무리 길고 자세하게 자료를 만들어 보낸다 해도 '공짜'다. 이렇게 쉬울 수가 없다.

이것이 너무 막연하다 싶으면 각 지방자치단체나 조합·협회에서 개최하는 수출상담회에 가볼 수 있다. 한국 상품의 수입을 희망하는 구매단 또는 개별 바이어의 방한을 유치하여 국내업계와 수출 상담 기회를 제공함으로써 국내업체들이 바이어와 수출 상담을 벌여 수출 증대 기회를 가질 수 있다.

이것은 해당 단체에서 자기네 지역의 경제활성화를 위하여 해외 바이어를 한국으로 불러들여 수출 기회를 늘리고자 할 때 하는 일이다. 그래서 참가비도 거의 '공짜'다. 단지 왕복 교통비와 시간만 들이면 된다. 그 대신 언제 어디서 나와 관련된 수출상담회가 열리는지 귀는 쫑긋, 눈은 활짝 열어두어야 한다.

수출상담회에 관한 자세한 정보는 코트라와 중소벤처기업부(www.exportcenter.go.kr)에 물어보면 거의 다 나온다. 그리고 경기도에서도 자주 하는 행사이니 경기도경제과학진흥원에 회원 가입을 해놓으면 이메일로 정보가 온다.

이런 행사는 갑자기 열리는 경우도 많다. 수출이 위축되고 있다거나 경기가 좋지 않다는 기사가 나오면 두어 달 뒤 대규모 수출상담회가 열리곤 한다. 해외 출장을 가려니 여력이 없거나, 아직 수출을 잘 모르지만 수출하고 싶은 회사들에게 해외바이어 상담 기회를 주기 위한 정부의 노력이다.

여기저기 쫓아다니기 번거롭다면 내게 필요한 바이어 명단만 찾아서 하면 된다. 15만 원이면 코트라에서 원하는 지역의 바이어 명단을 만들어준다. 그것도 현지 무역관이 해당 바이어에게 전화해서 한국의 양말회사가 거래하고 싶어하는데 의향이 있는지 미리 물어보고 전달해주는 명단이다. 그럼 그 회사들과 연락하면 된다. 샘플까지 보냈는데 안 된다면 왜 안 되는지 고민하고 다시 이메일을 보내 거래를 만들어가면 된다.

좀 여유가 된다면 앞의 그림처럼 현지법인이나 현지 사무소를 두면 거의 모든 문제가 해결되기는 하지만, 현지에서 머물 직원과 사무실 유지비용을 감당할 중소기업은 많지 않다. 그렇기 때문에 비용대비 효과를 잘 점검해야 한다.

의지만 있다면 생각보다 수단은 많다. 현지의 유통망이 복잡하면 복잡한 만큼 할 수 있는 방법이 많음을 의미하고, 단순하면 단순할수록 적극적으로 해볼 만한 타깃이 보인다는 것을 의미한다. 이렇거나 저렇거나 찾아보면 다양한 길이 보인다.

핵심정리

해외마케팅 촉진수단 활용

1. 코트라와 중소벤처기업부의 시장개척 지원사업을 찾아본다.
2. 촉진수단의 이름과 해당 내용을 확보한다.
3. 인터넷으로 '해외마케팅 촉진수단'을 검색하여 자료를 확보한다.
4. 그중에서 우선 할 만한 품목을 골라본다.
5. 직접 해본다.

바이어와 공동브랜드를 만들어보자

1997년부터 발가락양말을 싱가포르에 수출한 뒤 2000년에 핀란드와 독일의 바이어를 만나게 되었다. 독일에는 Kim's, 핀란드에는 Feelmax, 기타 지역에는 Toepia라는 자체 브랜드로 수출하였다.

하지만 양말시장, 게다가 더욱 작은 틈새시장인 발가락양말을 수출하면서 각자 브랜드로 판매하는 것은 별로 발전성이 없어 보였다. 그때만 해도 양말만 전문으로 하면서 독자 브랜드를 가진 곳은 없었다. 특히 발가락양말은 시장 자체가 워낙 작아 독자 브랜드라기보다는 양말을 파는 곳에서 구색 맞추기 정도에 불과했다.

그나마 한국에서는 '무좀양말' 정도의 인식은 매우 낮지만 그래도 양말이라고는 알고 있지만, 유럽과 미국에서는 발가락양말을 처음 보는 사람도 많았다. 다른 네 나라에서 같은 물건을 팔았지만, 서로 긍정적인 영향을 미치는 시너지 효과를 만들어내고 싶었다. 그저 각자가 같은 일을 하면서 전혀 연관성이 없고, 연결도 되지 않는 것보다는 상호 밀접하게 관계를 맺다보면 얻게 될 이득이 훨씬 많다고 생각했기 때문이다. 어떻게든 이들의 연결고리를 잇고 싶었다.

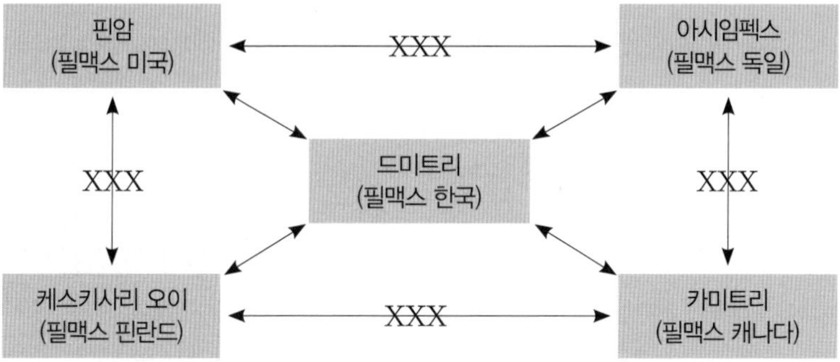

그래서 고민하다가 2001년에 독일과 핀란드 바이어에게 브랜드를 통일하자고 하였다. 브랜드를 통일하는 이점으로는 ① 동일 브랜드를 사용함으로써 공동 마케팅이 가능하고, ② 서로 홈페이지를 연결함으로써 다국적 브랜드임을 홍보할 수 있으며, ③ 세계 어디서나 애프터서비스가 가능함을 강조함으로써 신뢰성을 높일 수 있음 등을 바이어들에게 얘기하였다. 물론 공급자로서는 장기적인 판매망을 확보할 수 있음은 더 말할 필요가 없다.

이러한 공동브랜드 도입 시도는 국내외에서도 있었다. 외국에서는 미국 캘리포니아 오렌지 생산업자들이 모여서 만든 선키스트(SUNKIST), 국내 가죽제품 생산업체들의 가파치(CAPACCI), 중소 신발업체가 모여서 만든 '귀족' 등이 있다. 이처럼 중소 민간업체에서 자발적으로 만든 것 말고 정부기관에서 지역경제를 활성화하기 위하여 만든 브랜드도 있다. 대구의 쉬메릭(CHIMERIC), 부산의 테즈락(TEZROC), 경북의 신라리안 등이 그것이다.

하지만 3~4개국 기업이 하나의 제품을 마케팅하기 위하여 연합한 경우는 '필맥스(Feelmax)'를 제외하고는 아직 보지 못하였다. 이처럼 공동브랜드를 활용하면 얻을 수 있는 장점이 참 많다.

하지만 공동브랜드를 하는 것은 생각보다 쉽지 않다. 우선 공동브랜드에 참여하는 바이어와 공급자는 자기 사업의 주도권을 상당 부분 포기해야 하기 때문이다. 게다가 서로 거리가 상당히 떨어져 있기 때문에 각자 상황을 잘 알지 못할 수밖에 없다.

또한 하나의 브랜드로 묶인다는 것은 위험이 닥쳤을 때 일사불란하게 공동 대응하기 쉽지 않다. 또 각자의 사업구상이 달라지고 더 이상 공동브랜드 아래에서 움직일 필요성이 사라졌을 때, 모두를 구속하고 있던 브랜드와 사업구조를 푸는 것도 적지 않은 어려움에 봉착할 수 있다.

서로 다른 회사들이 브랜드를 공동으로 사용한다는 것은 결과적으로 '운명공동체'가 된다는 뜻이다. 서로가 잘하지 않으면 오히려 자기 성장에 제약이 올 수도 있는 위험성이 있는 큰 모험이었다.

그들을 설득하기는 쉽지 않았다. 누가 브랜드의 주도권을 갖느냐에 따라 운신의 폭이 넓어질 수도, 좁아질 수도 있었기 때문이다. 몇 달 노력한 끝에 해보자는 공감대가 형성되었다.

2002년 셋은 핀란드에 모였다. 그리고 헬싱키의 변호사사무실에서 이틀 동안 토론한 끝에 계약서를 마무리 짓고, Feelmax라는 브랜드를 공동으로 사용하기로 하였다. 브랜드를 Feelmax로 정한 것은 이름이 가장 좋았기 때문이다.

마케팅 주도권은 핀란드에서 갖기로 하고, 나머지 지역에서는 약간 비용을 부담하기로 하면서 각자 판매 지역 구분도 명확히 하였다. 나도 단순히 OEM 공급자가 아닌 브랜드에 일정 지분을 확보함으로써 장기적인 판매망 확보와 브랜드 전략 수립이 가능하게 되었다.

바이어와 셀러 관계이기는 하지만 우리는 한 브랜드로 하나의 테두리를 만들었다. 이는 단순히 달러만으로 엮인 것보다 훨씬 공고한 관계다. 단순히 나만의 이익을 위해서는 지속될 수 없는 관계다. 그렇기 때문에 서로 발전하기 위하여 노력해야 하고, 솔직해야 하고, 자기 운명의 일부를 서로에게 맡겨야 하는 어려움이 있다.

그럼에도 공동브랜드를 쓰면서 상당한 이점을 맛보았다. 우선 해외시장의 트렌드를 나 혼자 일일이 조사하거나 알아보지 않아도 해외 파트너들이 알려주었다.

그리고 소비자들도 '필맥스(Feelmax)'가 내일이면 사라질 그저 그런 구멍가게 수준의 양말가게가 아니라 여러 나라에 체인점을 가지고 있는 꽤 괜찮은 회사라는 이미지를 갖게 되었다. 그러면서 우리는 공동의 마케팅 자료를 만들어 '세계 어디서나 애프터서비스가 가능한 발가락양말'이라는 캐치프레이즈를 사용함으로써 소비자의 신뢰도를 더 높였다.

물론 양말에서 애프터서비스가 있는 경우는 거의 없었다. 다만, 발가락양말을 처음 사용하면서 불만사항이 약간 들어오기는 했지만, 이는 수리보다는 교환으로 대응하였다. 그 과정에서 우리는 소비자의 발전적 제안을 많이 받게 되었다. 그중 하나로 양말 한 켤레에 유럽 소비자가로 4만~5만 원 하는 천연비단 발가락양말을 개발하여 지속적으로 판매하기도 하였다.

소규모 회사들이 브랜드를 가지면 해외바이어 이름으로 물건을 공급하는 것보다 훨씬 더 위험하다. 그것은 또한 내 판매처 확대를 스스로 제한하는 모험이기도 하다.

그렇지만 그에 상응하는 이점도 많다. 가장 먼저 해결해야 할 문제는 '나와 이름을 걸고 같이 비즈니스를 할 바이어'를 찾는 것이다. 그러면 필맥스처럼 같이 어려움을 극복하면서 성장·발전하는 장기적 파트너십을 구축하고, 궁극적으로는 모든 업체가 희망하는 '꿈의 브랜드'도 가능하다.

핵심정리

필맥스의 브랜드 정체성 유지 전략

1. 동일한 필맥스 로고를 사용한다.
2. 마케팅 활동에 공동 자료(카탈로그, 홍보물 등)를 사용한다.
3. 각자 웹디자인의 공통성을 유지하고 상호 링크한다.
4. 유럽에서 광고를 한다.

나는 왜 브랜드에 집착했을까

1994년쯤, 파나마무역관에 있으면서 국내 중소기업의 해외 출장자를 돕는 일을 할 때였다. 이때는 한국의 신발산업이 전 세계를 지배했다. 그래서 당연히 한국 신발업체도 중남미에 수출하고자 많은 출장자가 파나마로 출장을 왔다.

참고로 파나마는 당시 전체 중남미 수출이 50억 달러였다면 20억 달러는 조선업체들의 실적이었고, 나머지 30억 달러 중 25억 달러는 파나마를 거쳐 콜롬비아, 베네수엘라 등 다른 중남미 국가로 퍼지는 중계무역기지였다.

어느 날 부산에서 신발을 만드는 제조업체에서 일하는 김 과장이 중남미로 수출하고자 시장개척단과 함께 왔다. 나는 그와 함께 파나마에서 제법 큰 신발중계 무역상 카를로스를 만나러 갔다. 김 과장의 회사는 나이키나 아디다스 등에 신발을 납품하는 곳으로 신발의 품질은 말 그대로 나이키, 아디다스였다. 그래서 난 당연히 카를로스가 그와 거래를 하고 싶어할 줄 알았다.

그런데 막상 카를로스가 하는 말은 "너희 신발이 나이키, 아디다스와 같은 것인 줄은 안다. 하지만 내 브랜드나 너희 브랜드가 아닌 나이키, 아디다스 신발을 달라"는 것이었다. 그러니까 한마디로 짝퉁을 만들어달라는 말이었다. 당시에는 나이키, 아디다스 신발의 모조품이 많이 돌아다녀 지적재산권 문제가 막 제기될 때였다.

김 과장이 만든다면 모조품도 아니고 나이키, 아디다스 자체가 된다. 실제로 그 제품을 만드는 공장이었으니까. 하지만 그것 또한 상당한 위험을 감수해야 하는 일이었기에 김 과장으로서는 받아들이기 어려운 데다 양심상 할 수 있는 일이 아니었다.

그런데 더 놀라운 것은 김 과장 브랜드로 하면(오래전 일이라 정확한 기억은 아니지만) U$10를 주겠지만, 짝퉁을 만들어주면 U$15를 주겠다고 했다. 품질은 딱 그만큼이 아니어도 좋으니 만들어달라고 오히려 사정하는 모습을 보니 기가 막혔다.

그의 말을 들어보니 중국산 짝퉁도 들여오는데 중국산에는 U$11 정도를 주는 모양이었다. 자기는 딜러가 아니니 그 신발을 만드는 곳도 알지만 유명 신발을 직접 구매하지도 못하는데 짝퉁이라도 구할 수 있으면 U$35 정도에는 팔 유통구조가 되어 있다는 것이었다. 결국 그 상담은 무산되었다.

이 일로 나는 브랜드의 중요성을 실감했다. 그래도 정말로 나이키, 아디다스 신발을 만드는 제조업체에, 그것도 순수하게 주문을 받아 만들기만 하는 OEM 업체가 아니라 디자인이나 소재까지 결정하여 해마다 나이키, 아디다스와 회의할 정도의 업체인데, 이 정도 대접밖에 받지 못하는 것은 정말 충격적이었다. 그리고 그 정도 수준이 있는 신발이 고작해야 중국산 짝퉁만도 못한 가격을 제시받는 것은 아무리 생각해도 이해하기 어려웠다.

브랜드라는 게 뭔가? 신발에다 이름표 하나 다르게 붙인 것에 불과한데도 실제 시장가격은 대여섯 배 차이 난다. 그러면서도 한쪽은 거들먹거리며 소비자들에게 큰소리치며 팔지만, 한쪽은 오히려 사달라고 애원해도 본체만체한다.

물론 마케팅 책을 보면 그래도 브랜드가 소비자에게 제공하는 여러 가지 가치 때문에 더 높은 가격을 받을 수 있다고 한다.

그럼 브랜드를 구성하는 5가지 요소를 보자. 브랜드 네임, 심벌과 로고, 캐릭터, 슬로건, 패키지(포장). 어느 것 하나 제품의 실질적 가치를 높이는 것은 없다. 그럼에도 브랜드가 브랜드로 인정받는 것은 이런 5가지 요소에 포함되지 않은 보이지 않는 '추상적인 무엇' 때문이다. 서양 사람들은 한국 사람처럼 사치나 허영을 추구하지 않고 무척이나 실용적이고 검소해서 '추상적인 무엇'이 그리 중요하지 않을 줄 알았다.

그런데 알고 보니 세상 사람들은 다 거기서 거기였다. 한국 사람, 미국 사람, 남미 사람이 다 '브랜드'라면 사족을 못 쓰는 것은 마찬가지다. 아마 소비자를 불러놓고 김 과장이 "이 제품은 실제로 나이키,

아디다스를 만드는 회사에서 만듭니다"라고 설명하고, 그 옆에서 내가 덧붙여 "나는 한국 정부를 위해서 일합니다. 이 제품은 한국의 나이키, 아디다스 공장에서 나온 것이고, 모든 원부자재도 같고, 만드는 기술자도 같습니다. 가격은 절반입니다"라고 해도 소비자는 나이키, 아디다스를 선택할 확률이 높다.

김 과장과의 하루에서 브랜드의 고귀함, 마케팅력이 주는 판매의 효율성, 감히 범접하지 못할 만큼 높은 곳에서 경쟁자들을 내려다보는 위엄, 이름 없는 것들은 엄두도 못낼 만큼 좋은 마진율에 자기 바이어까지 흔들어댈 수 있는 자신감 등 브랜드의 실질적 힘을 그대로 보았다. 이와 더불어 노브랜드의 서러움도.

게다가 머지않은 뒷날 명성이 자자했던 부산의 신발산업은 나이키, 아디다스가 저렴한 생산공장을 찾아 중국으로 넘어가는 것을 속절없이 쳐다보아야 했고, 다시 한 번 모든 이에게 '이름 없음'의 비참함을 보여주었다.

이와는 반대로 당시에도 로만손 시계, 카스 저울, 777 손톱깎이 등은 소기업이었지만, 자기네 이름이 아니면 팔지 않았다. 처음에는 별 대접을 받지 못했지만, 결국 중남미 시장에서 제대로 대접받으면서 장사할 정도로 브랜드를 갖게 되었다. 그 회사들은 출장자들의 때깔도 달랐다. 일단 자신감이 있어 보였다. 그런 모습은 내 기억에 깊게 남았다.

그러다가 막상 내가 장사를 하다보니 이름이 있고 없음의 차이를 몸으로 실감했다. 자동차 부품, 방탄복, 화장품 기계 등을 거치다가 발가락양말이라는 내 제품을 갖게 되자마자 브랜드를 갖고자 했고, '필맥스'라는 브랜드를 만들었다. 그리고 그것을 바탕으로 더 큰 곳으로 가고자 20년 넘게 지지고 볶았다.

자체 브랜드와 OEM 사이에서

브랜드 있어야 해? 있으면 좋지만 반드시라고까지 할 정도는 아니다. 브랜드 있어야 해? 없어도 좋지만 자기 브랜드로 장사하면 정말 재미있다.

내용	자체 브랜드	OEM, ODM
남이 보기에	폼 난다.	내 이름이 없다.
가격	내 가격은 내가 정한다.	바이어가 주는 대로 받는다.
독립성	내가 한다.	바이어가 한다.
판매 가능성	매우 낮다.	팔리는 대로 만들어 판다.
지속성	성공하면 길고, 실패하면 매우 짧다.	실패한 브랜드보다는 오래가고, 성공한 브랜드보다는 짧다.

2007년경 유럽에서의 오더가 줄어들 때 미국의 유명한 양말회사로부터 OEM 제안이 왔다. '이걸 받아, 말아?' 사실 적지 않게 고민했

다. 당시 그 회사에서 약속한 것은 우선 10만 켤레이고 지속적으로 더할 수 있다고 했다. 우리는 필맥스가 조만간 나아질 거라 기대하면서 그 제안을 받아들이지 않았다. 필맥스라는 브랜드가 남들에게 인정받을 때를 기대하며 여러 가지 가능성을 돌아보지 않았다.

지금 돌이켜보면 그 제안을 받아들였으면 더 나았을지도 모른다는 아쉬움이 있다. 하지만 당시에는 그 제안을 받아들일 만한 사정이 아니었다. 그건 나 혼자 내릴 수 있는 결정이 아니라, 기존의 모든 필맥스 파트너가 받아들여야 할 수 있는 일이었고, 우리는 '필맥스'라는 종교에 몰입해 있었기 때문이다. 그리고 우리는 우리의 신을 만날 거라는 확신에 차 있었다.

2002년 핀란드에서 파트너들과 브랜드를 통일하고 Feelmax라는 이름으로 장사를 시작한 이래 '잘했다'고 하는 때도 있었지만, '내가 왜 그랬지?' 하는 때도 있었다. 통상적인 마케팅 교과서에 따르면 브랜드를 가지라고 한다. 그리고 나도 가능하면 브랜드로 자기 장사를 하라고 한다.

그런데 브랜드를 가지는 것에는 적지 않은 함정이 숨어 있다. 브랜드가 소비자에게 신뢰를 받아야 하는데, 사람들에게 믿음을 받는다는 것은 적지 않은 시간과 노력, 그리고 비용이 들어간다. 그리고 자기만의 브랜드를 만들려면 수많은 유혹을 넘겨야 한다.

"필맥스 제품이 좋군요. 저희 회사에 저희 브랜드로 만들어줄 수 있나요? 수량은 꽤 됩니다." 대부분 이런 제안을 무시하기는 정말 쉽지 않다. 브랜드가 좋다는 것은 누구나 안다. 그건 소비자나 유통망에 휘둘리지 않고 나만의 전략으로, 나만의 방식으로 장사할 수 있다는 의미다.

그건 나뿐만 아니라 잠재적 바이어도 그런 희망을 가지고 있다. 그래서 바이어를 만나면 언제나 그런 문제가 나온다. "이봐, 홍! 너희 이름으로 수출하겠다고? 난 내 이름으로 수입하고 싶은데!" 그럼 바로 선택의 순간이 오고, 그 선택은 회사의 운명을 좌우할 수 있다. 그런 시점에서 "아니, 난 내 이름으로만 비즈니스하겠어. 미안, 바이어!"라고 하기가 정말 쉽지 않다.

수많은 신발회사가 여전히 나이키, 아디다스, 리복을 뛰어넘는 브랜드로 장사하고 싶어하지만, 아직까지 성공한 브랜드는 없다. 한국에서도 여러 대기업이 시도했지만, 실패를 거듭하고 있다. 하물며 중소기업에서 자체 브랜드를 갖는다는 것은 정말 어렵다.

브랜드를 확립하고 유지하려면 마케팅 비용은 물론이고 상당한 시간이 소요된다. 그게 내 실력이다. 설령 내가 그런 실력을 가지고 있다 하더라도 나를 인정해주는 소비자가 많아야 할뿐더러, 내 브랜드에 대한 그들의 충성심도 지속되어야 한다.

그런데 요즘 소비자들은 브랜드 충성도가 점점 낮아지고 있다. 이전에 듣던 브랜드 중 사라진 것은 많지만, 새로이 생겨난 브랜드는 듣기 어려워진 이유이다. 그런 와중에 내 제품의 콘셉트, 품질, 유통라인, 가격 등에서 일관성을 유지해야 한다. 요즘같이 변화무쌍한 시대에 그게 가능할까?

내 제품이 괜찮다고 인정되면 편협한 유통라인에 구애받지 않고 좀더 다양한 유통라인과 훨씬 더 많은 바이어를 만날 수 있다. 정말로 내가 제품을 잘 만들고 시장에서 받아들여진다면 바이어와의 협상력도 충분히 가질 수 있다. 실제 영업이나 기업 관리에서도 편할 수 있다. 유명인의 잘못은 만회할 틈도 없이 심각한 타격을 주지만, 무명인에게는 잘못을 고칠 관용이 얼마든지 주어진다. 브랜드의 이점만큼이나 위험도 크다는 이야기이다.

팔 수만 있다면 내 브랜드면 좋고, 상대 브랜드라도 할 수 없다. 그게 기분은 좀 나쁘고 자존심이 상할 수 있지만 장사는 장사다. OEM보다는 ODM이 낫다.

어쩌면 브랜드란 연예인이 말하는 덧없는 인기일 수도 있다. 자기 이름을 갖고 장사하는 것도 중요하지만 더 분명한 것은 장기적으로 살아남으면서 이익을 내야 한다는 것이다. 내가 얼마나 멋있고 재미있게 장사하느냐는 또 다른 문제다. 아주 오래 살아남거나 아주 빨리 사라지거나.

그건 브랜드를 갖고자 하는 사람들이 필연적으로 해야 하는 선택이다. 그것도 국제적 시장에서 브랜드를 갖고자 하는 것은 정말로 피땀 나는 노력이 필요하다. 그걸 감내할 자신이 있는지 심각하게 고민해야 한다.

마케팅은 파트너가, 생산은 한국에서

해외마케팅은 국내 마케팅과는 비교할 수 없을 정도로 변수가 매우 많다. 그렇기 때문에 국내에서는 당연하게 안다고 할 수 있는 사항도

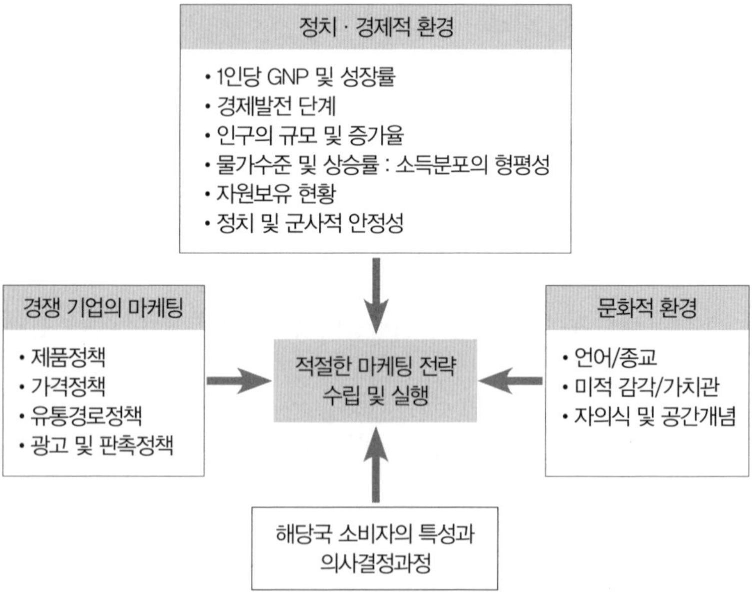

심각하게 고려해야 한다. 앞의 표는 해외마케팅 시 사전에 충분히 조사하고 마케팅 전략을 수립할 때 적극 감안해야 하는 사항들이다.

만일 국내 마케팅을 한다면 앞의 사항들은 굳이 알 필요조차 없다. 한국이란 사회는 같은 언어를 사용하면서 비슷한 사람들이 살며 상당히 균일한 문화를 가졌고, 파는 사람이 한국 사람이라서 당연히 아는 사항들이기 때문이다.

그런데 어느 것 하나 소홀히 대할 수 없는 사항을 바다 건너 멀리 떨어져 있는 외국에 대하여 소상히 조사해야 함은 물론이고, 그들을 상대로 마케팅을 실시한다는 것은 언제나 자금과 인력, 그리고 정보 부족에 시달리는 중소기업으로서는 덤벼들기 쉽지 않다. 그리고 그냥 물건을 파는 것이 아니라 자체 브랜드로 외국에 팔려고 하면 장기적인 전망까지 더해야 하기 때문에 그 어려움은 몇 곱절이 된다.

흔히 우리는 브랜드 하면 한 회사가 브랜드에 대한 전체 소유권을 가져야 한다고 생각하지만, 제조자와 판매자가 나누어 갖고, 브랜드 발전을 위하여 협력하는 것이 더 좋을 수도 있다. 특히 해외 수출의 경우에는 더욱 생각해볼 만한 방법이다.

이러한 사례로 2000년 이후 내가 바이어들과 필맥스로 브랜드를 통일한 뒤 해외바이어들은 현지 마케팅에 전념하고, 나는 한국에서 생산에 전념할 수 있게 되었다. 공동마케팅을 지속하기 위한 방법으로 우리는 전체 판매액의 5%를 핀란드의 Feelmax OY에 지불하기로 하였다. 이는 흔히 말하는 브랜드 사용 로열티 개념이 아닌, 공동

Funding for marketing

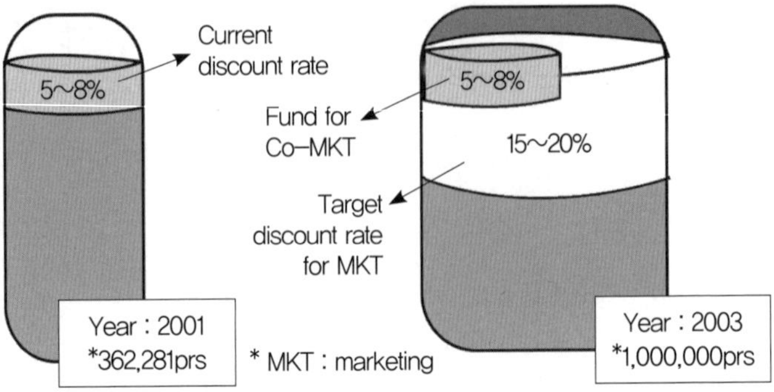

마케팅 펀드 개념이었다.

이러한 펀드 조성이 가능했던 것은 전체 파트너의 동의가 있었기 때문이다. 당시에는 유로화 환율이 기준으로 삼은 환율보다 강세를 보여 바이어들에게 상당 부분 환차익 할인을 주었는데, 이 중 일부를 마케팅 펀드로 조성하기로 하였다. 그리고 핀란드 필맥스에서는 이 펀드를 사용하여 유럽 전체에 대한 광고 등 마케팅을 하고 카탈로그, 사진 촬영, 이벤트 활성화 등을 하기로 하였다.

이렇게 적극적으로 마케팅하면 판매가 늘어나고, 그로써 경영효율성이 커져 가격을 15~20%까지 낮출 것으로 예상했다. 이러한 우리의 기대는 실제 판매량이 2004년에 거의 100만 켤레에 이름으로써 이루어졌다.

이는 전적으로 현지 마케팅은 현지 바이어들에게 맡겨놓고, 생산은 한국에서 담당해 최고 상품을 만들어 장기적으로 가자는 전략이 맞아떨어졌기 때문이다. 이로써 우리가 즐겼던 장점을 꼽아보면 다음과 같다.

첫째, 마케팅력의 부족을 메울 수 있다. 현지에서 마케팅력을 충분히 보유한 기업과 협력함으로써 자사 제품을 단시간에 시장에 진입시킬 수 있었다. 이는 대다수 기업이 흔히 생각하는 것처럼 미국이나 일본처럼 큰 시장에 먼저 들어가는 것이 항상 정답이 아님을 보여준다. 핀란드 같은 작은 나라에서는 시장 전체에 신제품을 소개하는 데 마케팅 비용이 많이 들지 않기 때문이다.

수입자가 어느 정도 적극적이기만 하면 언론을 통한 소개도 용이하고, 초기부터 그 나라 소비자 전체를 상대로 마케팅 활동을 펴기가 쉽기 때문이다. 필맥스는 유럽의 핀란드라는 좋은 거점에서 성공하면서 생산량과 품질을 높일 여력을 확보하였다.

둘째, 브랜드의 영향력을 확보함으로써 바이어와 장기적으로 유대관계를 맺을 수 있어 안정적인 관계를 유지할 수 있다. 단순한 OEM 수출이 항상 문제가 되는 것은 갑을관계가 명확해서 바이어는 언제든 거래처를 바꿀 수 있지만, 수출자는 그렇지 못하다는 것이다.

그럼으로써 거래조건 또한 바이어의 선처만 바라야 하는 열등한 위치에서 시작하지만, 한국의 드미트리와 다른 해외바이어들의 관계는 어느 모로 보나 대등한 관계다. 20년이 넘는 동안 중국과 터키의 수많은 경쟁업체가 필맥스의 파트너들과 거래를 희망했음에도 우리가 여전히 공고한 관계를 유지하는 것도 상호 대등한 처지에서 브랜드의 장기적 발전전략을 협의하기 때문이다.

양사의 깊은 신뢰를 바탕으로 한 협력은 새로운 차원의 마케팅 모델을 만들어냈다. 이제 필맥스는 발전적 관계를 바탕으로 신발밑창 두께 1mm, 무게 150g에 불과한 '맨발 같은 신발'이라는 신제품을 개발해 유럽 시장에 이어 한국에서도 판매하기 시작하였다. '발가락양말'의 브랜드에서 Footware라는 좀더 확장된 시장을 노리기 시작한 것이다.

맨발로 걷기를 좋아하는 한국인의 기호를 감안하면 세계 어느 나라보다도 시장성이 높다고 판단하고 '맨발 트레킹화'에 마케팅 포인트를 두었다. 이에 대비하여 핀란드 Feelmax OY에서는 새로운 마케팅 자료를 드미트리에 제공하기로 하였다. 신발을 도입한 후 한국의 드미트리는 Feelmax Korea로 이름을 바꿔 이름과 브랜드를 통일함으로써 소비자에게 좀더 친숙하게 다가가고자 하였다.

요즘 중국의 저렴한 경쟁자에게 밀릴 수밖에 없다는 필패론이 한국 경제를 뒤덮고 있지만, 아직 한국 제조업체는 강점을 많이 가지고 있다. 이를 활용할 수 있는 방법을 개발하면 할수록 우리 경제는 더 활기를 띠게 될 것이다. 그런 면에서 마케팅은 현지 파트너가, 생산은 한국에서 진행하는 필맥스 사례는 수출마케팅 담당자들에게 참고가 될 만하다.

핵심정리

역할 분담을 하기 위한 준비사항

1. 현지 바이어의 제품 수정 요구를 적극적으로 받아들여야 한다.
2. 현지 바이어와 한국 수출자가 장기계약을 맺어야 한다.
3. 현지 바이어에게 독점권을 주어야 한다.
4. 판매제품이 다른 경쟁제품으로 대체가 어렵거나 시장 적응속도가 매우 빨라야 한다.

왜 박람회에 참가해야 하나

처음에 인터넷이 등장했을 때 많은 사람이 오프라인 홍보수단이 사라질 것이라고 했다. 나도 그 당시 인터넷을 이용하기 위하여 홈페이지를 만들었다. 외주업체에 발주하자니 비용과 시간이 너무 많이 들어 내가 직접 소싱코드를 쳐가면서 만들었다. 그러면서 내 것만 하는 게 아니라 남의 회사 제품도 같이 인터넷을 통하여 판매하는 사이트를 만들면 어떨까 싶어 시도해본 적이 있다. 이름하여 '사이버 박람회'였다. 형태로만 보면 알리바바나 Ec21 같은 사이버 무역 사이트였다.

우여곡절을 겪으면서 끝내 완성하지 못하였지만, 지금 와서 보면 그런 형태의 사이트들이 별로 힘을 발휘하지 못하고 있다. 그런 개념 자체가 별 소용이 없어서라기보다는 구글, 야후, 네이버 같은 포털 검색업체가 그 기능을 모두 하기 때문이다. 이러한 검색업체에 들어가 '발가락양말'을 치면 검색창에는 그야말로 십만 개가 넘는 웹페이지가 뜬다. 결국 찾고자 하는 모든 정보는 인터넷에 있다고 할 수 있다.

박람회의 메카라는 독일이나 미국 라스베이거스의 박람회가 이전보다는 규모가 많이 줄어든 것이 사실이지만, 해마다 신제품은 모터쇼, 전자쇼에서 소개된다. 나는 박람회 산업의 필요성 자체가 줄었다기보다는 박람회 산업의 중심이 제조업 중심으로 되어가는 중국으로 옮겨가고 있다고 본다. 하지만 오프라인의 박람회는 여전히 존재하고 있다. 왜 그럴까?

보통 박람회의 주기능을 정보 수집기능, 판매기능, 커뮤니케이션기능으로 나눈다. 인터넷은 단지 정보만 제공한다. 하지만 오프라인의 전통적 박람회는 제품 정보, 시장 정보뿐만 아니라 소비자, 판매자, 제조자가 서로 커뮤니케이션하면서 제품과 시장에 대한 의견을 교환할 수 있게 해준다. 그뿐만 아니라 현장에서 제품 수정과 재수정을 하면서 직접 주문받을 수 있는 판매기능도 담당하고 있다.

미국과 독일 마케팅 조사업체의 조사에 따르면 박람회를 가장 효율성이 높은 마케팅 수단으로 인정하고 있다. 객관적으로 보아도 세일즈맨 한 사람이 10개 업체를 만나기 위하여 소요되는 비용으로 박람회에 참가한다면 30개 이상 신규업체를 만날 수 있는 것으로 나타났다.

이뿐만 아니라 세일즈맨은 보통 자신이 기왕에 알고 있는 업체를 지속적으로 방문하는 경향이 있지만, 박람회에서는 내가 알지 못하더라도 바이어가 자기 필요에 따라 내 부스로 들어와 기꺼이 소중한 시간을 투자하려고 한다.

세계적으로 유명한 박람회나 지역적으로 유명한 박람회는 기본적으로 국제적 성격을 띤다. 그러니까 라스베이거스에서 개최된다고 해서 미국 바이어들만 오는 것이 아니라 전 세계 관련업계 바이어들이 오는 경우가 많다. 또 두바이에서 열리는 박람회에는 인근의 중동 바이어들이 몰려든다. 따라서 미국을 겨냥하거나 두바이를 겨냥해서 박람회에 참가해도 뜻하지 않게 영국이나 이란의 바이어를 만날 수도 있다는 말이다.

나는 이것을 '의도된 우연성'이라고 한다. 이러한 '의도된 우연성'이 참가업체에게 상당히 많은 기회를 제공한다. 우선 전시장에서는 비교적 참가업체나 참관하는 사람들의 마음이 열려 있다. 평소라면 잘 말하지 않을 만한 기술상 문제도 서로 거리낌 없이 토론한다. 그런 과정에서 내 제품이 무엇을 잘 만들었고, 무엇을 고쳐야 하는지 알 수 있다.

박람회장을 방문하는 사람은 참가하는 사람만큼이나 절실하다. 남들보다 좋은 제품을 찾아내 더 빨리 시장에 내놓아야 하는 절박함이 있기 때문이다.

흔히들 사는 사람은 파는 사람보다 여유가 있을 것이라고 하지만, 사실 구경 오는 사람도 나름대로 이유가 있어 시간과 비용을 들여가면서 박람회장에 온다. 박람회는 '좋은 제품과 파트너를 찾아야 하는 필연성'과 '이전에는 알지 못했던 제품과 파트너를 알게 되는 우연성'이 겹치는 곳이다.

실제로 자기 홍보수단이 매우 제한되어 있는 중소기업들이 해외바이어를 만나기 위한 수단으로 박람회만한 것이 아직은 없다. 물론 인터넷을 통하여 거래제의를 받는 일도 많지만, 실제로 그러한 제안은 여러 위험이 따른다. 우선 내 경쟁자가 자기 신분을 감춘 채 내 정보를 빼내기 위함일 수도 있다.

하지만 즉석에서 샘플을 보여주고 만지며 상담하는 박람회장에서는 거짓 정보가 나올 확률이 인터넷에 비하여 매우 적을 뿐더러 상담의 효율성도 꽤 높다. 그래서 나는 항상 비즈니스하는 사람에게는 될수록 많은 박람회에 참가하라고 권유한다.

박람회의 마케팅적 특성

마케팅에는 텔레비전 광고, 잡지 광고, 길거리 이벤트, 언론홍보 등 상당히 많은 수단이 있다. 그리고 마케팅을 행하는 수단을 통틀어 촉진 믹스라고 한다. 박람회는 매우 효율적이고 독특한 특성이 있다.

첫째, 선택된 매체이다. 광고를 볼 때는 고객의 관심을 집중하기 위하여 시간을 강요한다. 프로그램 중간에 보고 싶지 않은 광고를 보아야 하고, 신문을 볼 때 간지 사이에 있는 광고지를 빼내야 하고, 라디오도 중간중간 들어야 한다. 그렇지만 박람회는 바이어가 스스로 들어와서 지식을 습득하고, 새로운 아이디어를 모색하기 위하여 판매원과 상담한다. 내 제품을 알리려는데 고객이 스스로 와서 의견을 제시하고 상담을 한다.

둘째, 3차원적 특성, 즉 실물을 만지고 느끼고 할 수 없는 매체는 대부분 제품 특성을 글로 된 설명과 사진으로만 이해할 수 있지만,

박람회에서는 실물이 전시되어 오감으로 제품을 확인할 수 있다.

셋째, 효과의 즉시성이다. 신문, 텔레비전, 카탈로그나 인터넷 홈페이지 등을 통해 바이어의 관심이 유발되었다면 더 많은 정보를 구하기 위하여 더 많이 노력해야 한다. 하지만 박람회장에서는 바이어에게 필요한 제품의 거의 모든 정보를 즉시 제공할 수 있다. 이뿐만 아니라 여러 경쟁기업이 동시에 참가해 현장에서 상호 비교까지 가능하므로 바이어가 구매결정을 더 신속하게 할 수 있다.

넷째, 다양한 기회를 제공한다. 즉, 세일즈맨은 새로운 고객을 발굴하기보다는 친숙한 고객을 방문하는 성향이 있지만, 박람회는 이런 문제를 해결해준다. 언제나 새롭고 다양한 바이어를 만날 수 있다.

다섯째, 경제성 있는 마케팅 활동이다. 이런 특성이 있어 결과적으로 잠재고객과 접촉하는 비용을 줄여준다.

라스베이거스에서 해마다 두 차례 열리는 패션박람회인 매직쇼(Magic Show)에 참가했을 때를 설명해본다. 그 쇼에 참가하기 위하여 기본적으로 양말을 1,000켤레 이상 가지고 간다. 그때는 미국 바이어들이 좋아할 만한 색상과 디자인으로 샘플도 만들고, 더 멋지게 보일 수 있는 조명장치나 사진 등도 가져간다. 전시장에 설치된 9m² 공간은 바이어와 상담하기 위하여 내 사무실보다 더 잘 준비되어 있다.

이런 공간에 생전 처음 보는 바이어가 들어온다. 누굴까? 회사에서 라스베이거스 매직쇼를 보라고 출장을 보낼 정도면 그 분야의 상당한 전문가이고, 의사결정력도 있는 사람이다. 그리고 회사는 물론 바이어도 매직쇼 출장에서 뭔가 얻어가기를 바란다. 그런 사람이 내 부스에 들어왔다는 것은 내 제품이 그에게 상당한 관심을 불러일으켰다는 증거다. 내가 그를 억지로 불러들인 것이 아니다.

만일 내가 그를 만나려고 그의 사무실로 갔다면 오랜 시간 단둘이 내 양말만을 놓고 상담할 수 있을까? 그렇지 못할 것이다. 끊임없이 걸려오는 전화와 다른 직원들과의 대화 때문에 상담은 지속적이기도 어려울 뿐더러 시간적으로 오래하지도 못할 게 뻔하다.

하지만 박람회장의 내 부스에 들어온 순간 그와 나는 세상에서 분리된다. 넓지 않은 공간에서 온전히 내 제품만 가지고, 그것도 내 공간에서 하는 상담이란 내가 어느 때보다도 더 효율적으로 설명할 여건이 되어 있다는 것이다. 나는 완전한 주도권을 가지고 있는데, 바이어는 다른 업무의 압박감도, 걸려오는 전화도 없는 무방비 상태가 된다. 즉, 바이어는 부스에 들어온 순간 내 설명을 자세히 들을 준비가 되어 있고, 상당한 호감을 표현한 셈이다.

카탈로그나 홈페이지에 아무리 좋은 문구나 멋있는 사진으로 설명해도 실물을 만져보느니만 못하다. 그러니 '백문이 불여일견'이라는 말이 박람회장만큼 실감나는 곳도 없다. 해외바이어를 상대로 파는 사람이 홈그라운드의 이점을 살릴 수 있는 경우는 많지 않은데, 적어도 전시회 기간에는 그것이 가능하다.

게다가 바이어의 질문도 즉각 나오기 때문에 그의 주된 관심사가 무엇인지 파악할 수 있다. 이메일이나 팩스로 하는 질문과 달리 표정과 몸짓, 억양 등 비언어적 커뮤니케이션을 통하여 그의 관심과 호감 정도를 더 확실히 알 수 있다.

그리고 나는 그의 호감을 더 강화할 샘플과 전시자료를 보여줄 수 있고, 바로 근처에 있는 경쟁제품과 비교하여 내 제품의 특성 내지는 우수성을 확인해줄 수 있다.

이러한 현장비교 특징은 산업재일 경우 더욱 빛을 발한다. 산업재는 소비재와 달리 샘플을 요구할 수도, 출장자가 가져갈 수도 없지만, 박람회장에서는 집채만한 기계도 전시하기 때문이다.

실제로 내 경우도 매직쇼에서 만난 바이어와 오랫동안 거래를 지속하고 있고, 한두 명은 아직도 내 제품을 구매하고 있다. 할리우드의 유니버설 스튜디오 기념품 판매장과 샌프란시스코의 피셔맨스 와프 기념품 판매장에 내 양말이 걸리게 된 것도 매직쇼 덕분이다.

수출상담회를 활용하자

새로운 수출 아이템을 찾았다. 오래전부터 욕심 나는 품목이라고 생각했던 것이다. 그리고 어떻게 할지 고민하고 있다. 찾아보니 방법은 꽤 많다. 그런데 해외 박람회를 나가거나, 세일즈 출장을 나가기에는 좀 부담스럽다. 우선 국내에서 할 수 있는 방법이 무엇일지 고민하다가 '수출상담회'로 시작하기로 했다.

> 광주시는 18일 김대중컨벤션센터에서 '해외바이어 초청 수출상담회'를 성황리에 개최했다.
>
> 이번 수출상담회는 '산업화 디자인 프로젝트' 사업의 하나로 디자인비엔날레 본전시 5관에 비즈니스 라운지를 운영하고 스마트가전, 생체의료소재부품, 에어가전, 디자인 등 광주지역을 대표하는 제조 및 서비스 산업군 중소기업의 해외 진출 및 판로 다양화를 위해 마련됐다.
>
> 특히 기업의 해외 판로개척과 해외기업의 투자유치를 목적으로 해외

바이어와 지역기업 간 1 대 1 상담을 통해 지역 제조기업의 글로벌 브랜드 경쟁력을 강화하는 데 초점을 맞춰 진행됐다.

상담회에는 광주시가 지원한 광주 산업화 디자인 프로젝트의 사업 성과물을 보유한 기업들과 지역의 우수 제조기업 및 디자인기업 등 광주지역 중소기업 56개사와 해외바이어 18개국 50명이 참가해 수출 및 마케팅 제휴 방안을 논의했다.

이를 통해 스타트 여성 청년기업 파디엠사는 중국 쿽 줌 테크놀로지사와 330만 달러 규모의 호신용품 제품 판매 계약을 체결했다.(출처 : 전자신문)

수출상담회는 해외의 바이어를 국내로 초청하여 좋은 제품을 판매하는 업체와 상담을 주선하는 것이다. 이때 해외바이어의 국내 방문 비용 대부분을 중앙정부나 경기도 같은 지방자치단체에서 부담한다. 별도로 참가비를 내야 하는 것도 아니다. 내가 준비해야 할 것은 바이어들과 만나기 위한 샘플, 영문 카탈로그와 명함 정도만 있으면 된다. 복잡한 시장조사나 바이어 발굴에 필요한 노력과 비용을 들이지 않아도 된다.

문제는 수출상담회는 전시회와 달리 해마다 몇 월 며칠에 주기적으로 열리는 것이 아니라는 점이다. 경기가 좋거나 수출이 호조를 보일 때는 오히려 횟수가 줄어든다.

수출상담회가 많이 열릴 때는 경기가 어렵다거나 중소기업이 어렵다는 기사가 신문에 자주 날 때다. 지역경제를 활성화하고자 할 때나 중소기업에 뭔가 새로운 기회를 만들어야 한다는 공감이 있을 때 갑자기 열리는 경우도 많다. 그래서 어디서 열리는지 잘 찾아보아야 한다. 코트라에서 확인하는 것이 제일 빠르다.

종이학습용품이기도 하면서 공예로 들어갈 수도 있는 제품을 만드는 사람이 있다. 아직까지 해외 수출은 해보지 않았다. 하지만 내수 판매는 제법 되면서 국립박물관, 대형 마트와 에버랜드 같은 곳에 납품되고 있다.

모델은 한국의 문화재나 동물들의 모형이 주를 이룬다. 문화재 모형은 해외 판매가 어렵지만, 동물 모형은 판매가 가능할 것으로 보인다. 문제는 수출상담회를 할 때 타깃으로 하는 국가의 해당 제품을 수입하는 바이어가 들어올 것인지 예측하기 어렵다는 것이다.

이때 먼저 샘플을 가지고 코트라의 담당자를 찾아가서, 제품에 대하여 상세히 설명하고 신청서를 내보아야 한다. 그럼 코트라의 해외무역관에서는 수출 가능 여부를 검토한 뒤 바이어 초청 대상 품목에 포함시킬 것이다. 그리고 내가 아는 바이어들에게도 새로운 품목에 대한 설명서를 보내고, 6월 중 한국에서 상담회가 있으니 한국에 와서 같이 검토해보자고 하려 한다.

바이어로서도 항공료와 호텔비용을 중소벤처기업부에서 지원하니 시간만 된다면 큰 부담이 되지 않아 방문하는 데 큰 어려움이 없을 것이다. 그동안 필맥스 브랜드의 제품을 수입해왔기에 현지 무역관에서도 초청 대상에 내 바이어들을 포함시키는 데 어려움이 없으니 나로서는 꿩 먹고 알 먹는 기회가 될 것이다.

바이어 초청 대상 품목에 들어갔다면, 본격적으로 수출 상담 준비를 해야 한다. 이제까지 국내에서 판매된 모델, 샘플을 만들기는 했지만 판매되지 않았던 모델을 전부 다시 꺼내 바이어들이 좋아할 만한 제품을 골라낸다. 그리고 제품의 개념과 조립 방법을 설명하는 영어 설명서를 파워포인트로 만들어 보기 쉽게 한 뒤 상담해야 한다.

수출상담회에 임박해서는 코트라에서 나에게 상담 가능한 바이어 명단과 상담 예약시간을 통보해줄 텐데 아마도 내 바이어뿐만 아니라 몇몇 바이어가 추가될 것이다. 그럼 이들이 좋아할 만한 모델을 한두 가지쯤 추가로 만들어 제시하는 것도 상담 성공 가능성을 높여준다. 처음 수출하는 제품이라 주문이 많지 않을 테니, 당분간 이미 제작되어 있는 모델을 주로 하고, 시간이 흘러가면서 바이어 요청에 따른 모델 개발을 염두에 두어 제작비 부담을 더는 방향으로 상담하려고 한다.

이번 수출상담회에는 내가 아는 바이어 두세 명에, 코트라에서 새로 연결해주는 바이어 서너 명은 만날 수 있으리라 기대한다. 그럼 나는 국내에 앉아서 지하철 비용과 시간만 대면 3~4개국 바이어를 만나 새로운 제품의 수출을 시도해볼 수 있다. 이런 예를 보면 우리나라는 참 좋은 나라다. 수출하겠다고만 하면 이렇게 좋은 기회가 많으니 말이다.

핵심정리

성공적인 수출상담회 준비방법

1. 해당 지방자치단체와 코트라의 수출상담회 개최일정을 확인한다.
2. 주관기관에 참가신청을 한다.
3. 보유한 바이어 명단이 있으면 주관기관에 초청을 요청한다.
4. 방문 바이어의 명단을 확인한 뒤 바이어별 특성에 맞게 상담을 준비한다.
5. 상담장에 미리 가서 바이어가 상담하는 모습을 보고 대화 내용을 구상한다.
6. 가급적 상담한 뒤 개별 만남을 요청하여 추가 상담할 시간을 확보한다.

지사화사업이란

2000년부터 본격 추진된 지사화사업은 KOTRA의 119개 해외무역관이 국내 수출기업의 현지 지사 역할을 하면서 세계 시장을 향한 도전을 지원하는 사업이다. 전 세계 무역관이 해외지사와 같은 역할을 수행하여 수출기업이 적은 비용으로 최대 효과를 얻도록 지원하며, 해외 진출 결정부터 수출 성공 단계에 이르기까지 해외시장 개척에 필요한 활동을 종합적으로 지원한다. 나 역시 샌프란시스코무역관을 지사화업체로 활용하여 상당한 성과를 거둔 바 있다.

필맥스가 발가락양말을 처음 수출할 때였다. 유럽에서의 판매는 순조로웠지만 지구상 가장 큰 시장인 미국 수출을 생각하고 있었다. 그래서 미국에서 가장 큰 패션쇼인 라스베이거스 매직쇼를 해마다 봄가을 두 차례 참가하였다.

그러던 중 전시회에서 만난 바이어들을 상대하다보니 해결하기 어려운 문제에 봉착했다. 미국의 소매상이나 도매상들이 의외로 무역에 대한 개념이 없다는 것이었다. 게다가 아직 발가락양말이 시장에서는 너무 작은 부분이었기에 바이어들이 흥미는 있어 했지만 크게 신경 쓰지 않는 듯했다. 그들에게 좀더 지속적인 관심을 유발할 뭔가가 필요했다.

그들에게 가능한 한 많은 모델의 샘플을 주면서 그간 우리가 유럽에서 이룬 성과를 자세히 설명하였다. 그리고 고민 끝에 전시회가 끝나고 샌프란시스코로 가서 무역관을 방문했다.

현지 무역관 직원에게 필맥스가 매직쇼에서 겪은 상황을 설명하고 지사화업체를 하기로 하였다. 그리고 무역관의 노력으로 상당 기간 그들과 거래를 계속하였다. 이 글을 읽는 독자들 중에서 샌프란시스코의 Pier 39나 로스앤젤레스의 MGM 스튜디오에서 필맥스의 발가락양말을 샀다면 그런 과정이 있었음을 알아주었으면 한다.

코트라가 국내 기업의 해외 수출을 지원하기 위한 기관이라 여러 가지 사업을 하는데, 반응이 가장 좋은 사업이 바로 지사화업체라고 할 수 있다. 그렇기 때문에 해외 수출에 대하여 누군가 나에게 물을 때 이 사업을 이용할 수 있다면 아주 성공적인 케이스가 될 확률이 높다고 말한다.

문제는 수출하고자 하는 제품이 목표로 하는 시장에서 받아들여질지가 더 중요하다는 것이다. 신청자가 워낙 많다보니 현지 수출 가능성을 미리 검토한 뒤 대상업체를 선정하기 때문이다.

해외무역관 관할지역의 수출 유망품목 제조업체를 선정하되, 소프

트웨어나 문화상품 등 무형상품 수출업체도 포함된다. 신청 절차는 다음과 같다.

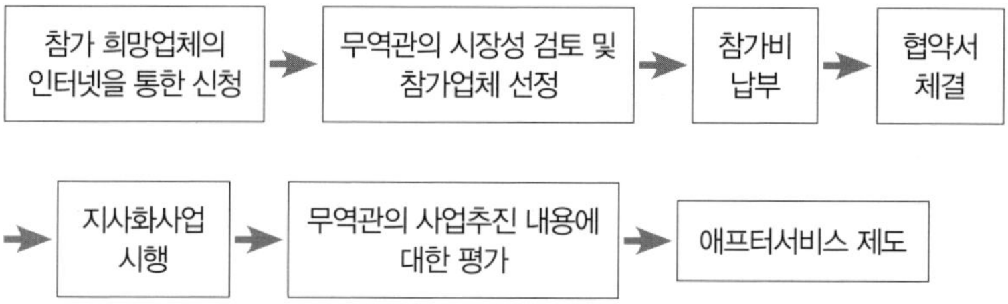

그런데 돌이켜보면 샌프란시스코무역관과 지사화사업을 진행했을 때 좀더 잘할 수 있었다는 생각이 든다. 무역관에 카탈로그와 샘플만 주고 더 발전하기 위한 노력을 게을리했기 때문이다. 모든 걸 무역관에서 해주기만 기다리다보니 실제로 거둘 수 있는 성과보다 적었다.

무역관 직원들은 필맥스의 발가락양말에 대하여 잘 알지 못한다. 유럽에서 쓰려고 만든 자료 가운데 무역관에 보내지 않은 것도 많았다. 원래 하인을 잘 쓰려면 주인이 부지런해야 한다고 했다. 신제품이 나오면 바로 보내고, 현지 마케팅에 도움이 될 만한 소식이 있으면 이메일과 사진을 무역관 담당자에게 보내면서 끊임없이 바이어 만날 구실을 만들었어야 했다. 그런 면에서 난 좋은 하인을 부릴 만한 주인은 아니었던 셈이다.

핵심정리

지사화업체를 잘 활용하기 위한 코트라의 조언

1. 현지 무역관에 전폭적인 도움을 주려고 노력한다.
2. 회사 및 제품 소개서는 물론 가격조건 등 상담에 필요한 마케팅 자료를 전달한다.
3. 회사와 제품의 현지 전시회, 무역사절단 참가 등 행사가 있을 경우 무역관에 알려준다.
4. 제품의 기술적 자료는 물론 인증, 관세장벽, 보이지 않는 조건을 충분히 검토한다.
5. 자사의 지사화 전담직원 교육자료를 가급적 자주 보낸다.
6. 지사화 전담요원이 적어도 2년 이상 끈기 있게 세일즈할 여건을 만들어준다.

인터넷은 친구이자 적이다

중국으로부터 20년 넘게 꾸준히 받는 이메일이 있다. 발가락양말을 수출하는 업체인데 직접 제조하는지 아닌지는 확실치 않지만 나를 위하여 발가락양말을 만들어주겠다는 제안이다. 물론 그는 내가 한국에 필맥스 양말공장을 보유하고 있으며, 해외 파트너들에게 공급한다는 것을 알고 있을 것이다. 그런데도 그는 나에게 20년 넘게 같은 제안을 하고 있다.

그뿐만 아니라 다른 곳에서도 자주 그런 이메일을 받는다. 경쟁자가 직접 만드는 사람에게 제안할 정도이면 내 파트너들에게는 얼마나 많은 중국의 수출상이 한국에 있는 필맥스 대신에 자기가 만들게 해달라고 제안할까?

인터넷이 생기기 전에는 기껏해야 팩스를 보내면서 그런 제안을 했을 것이다. 그때 팩스는 비용이 무척 비쌌다. 그런데도 무작위로 수천 명에게 20년이 넘는 동안 같은 내용의 팩스를 보냈을까? 팩스

전성기는 불과 몇 년이었다. 그전에는 텔렉스라는 것으로 보냈는데, 문자·숫자까지 감안해 내용을 작성해야 했고, 텔렉스실이 따로 있어서 전담하는 사람만 보낼 수 있었다. 그러니까 통신비가 비싸기도 했거니와 텔렉스선이 서로 연결되어 있지 않으면 보낼 수도 없었다.

그럼 중국의 수출상들은 어떻게 내 이메일 주소는 물론 전화번호, 팩스번호까지 알고 있을까? 심지어 내 파트너들이 모두 필맥스라는 것도 알고 있다.

그리고 그들에게 이렇게 만들 수 있다면서 내 제품의 모델 색상을 그대로 적용해 만든 양말과 짝퉁 포장지까지 샘플로 보냈다. 내가 새로운 제품을 만들면 그들은 금방 같은 모양을 만들어 보이곤 한다. 내가 뭔가 한다는 것을 그들도 안다. 나도 그들이 어디에 있으며, 어떻게 만드는지 대략 알고 있다.

그 대신에 나도 필맥스라는 범위를 벗어나고자 하면 누구에게 내 양말을 제안해야 하는지 알고 있다. 어쩌면 나에게 20년 넘게 이메일을 보내는 그 경쟁자의 거래처일 수도 있다. 그들이 나에게 하는 것처럼 나도 그들에게 할 수 있다는 말이다.

우리는 20년이 넘는 동안 한 번도 본 적이 없고 목소리를 들어본 적도 없지만, 서로 웬만큼 알고 있다. 그리고 언젠가는 협조할 수도 있다. 분명히 경쟁자이기도 하지만 내가 손을 뻗기만 하면 언제든 친구로 변할 수도 있다. 만일 내가 한국에서 양말 만들기를 포기하고 값싼 중국산 양말을 팔기로 한다면 누구보다도 그와 접촉하게 될 것이다. 다행히 요즘은 중국산 양말이나 한국산 양말이나 가격 차이가 별로 나지 않아서 그럴 일이 줄어들었다.

그런데 또 다른 문제가 있다. 미국에서 내 양말을 파는 사람끼리 경쟁한다는 점이다. 현재 미국에 필맥스 양말을 파는 경로는 두 가지다. 한 사람은 로스앤젤레스 쪽에 근거지를 두고 있으면서 샌프란시스코에도 지점을 두고 있다. 다른 한 사람은 사우스조지아에 있으면서 필맥스 제품을 판다.

이처럼 거리상으로는 서울에서 부산보다 멀리 떨어져 있으면서도 이베이나 아마존에서는 서로 경쟁한다. 같은 브랜드에 같은 제품이라서 차별성이 전혀 없다. 그게 나를 곤혹스럽게 한다.

이게 끝이 아니다. 이베이가 한국의 옥션과 G마켓을 인수하면서, 미국이나 유럽에 올라 있는 이베이 제품도 한국어로 자동 번역되어 한국의 '네이버'나 '다음'에서도 검색되어 팔린다. 물론 외국 이베이에서 올라 있는 경우는 운송비 때문에 별 문제가 안 되지만, 마음만 먹으면 이 운송비마저 별 문제가 되지 않는다.

제품을 만들어 파는 처지에서 보면 이게 큰 문제다. 특히 브랜드가 좀 크고 알려져 있다 싶으면 반드시 겪어야 하는 문제가 '병행수입'이다. 외국과 한국의 가격이 바로 비교되고 그 차이를 노리는 사람들이 생기게 마련이다. 그럼 같은 브랜드끼리 경쟁하는 일이 생긴다. 이처럼 인터넷은 나에게 큰 도움을 주기도 하지만, 한편 무척 불편하게 한다.

전략을 만드는 데 유통망이 이리저리 얽히고설키다보니, 이전처럼 한눈에 모든 상황이 다 보이지 않는다. 어렴풋하지만, 제대로 파악하려고 들여다보면 쉽사리 한마디로 정리되지 않는다. 외국에서 내 제품을 인터넷으로 한국에 파는 사람은 적일까, 친구일까?

인터넷은 무역을 하고자 하는 사람, 특히 공장을 가지고 있거나 나름대로 브랜드를 유지하고자 하는 사람에게는 양날의 칼과 같다. 잘 이용하면 세상의 모든 사람을 친구로 만들어주지만, 자칫하면 세상의 모든 경쟁자가 내 정보와 사업운용 방식을 알아채고 따라하거나 더 잘할 방도를 만들어낸다.

하지만 그게 무서워서 인터넷에 내 정보를 올리지 않을 수는 없다. 그건 '검색되지 않는 자, 존재하지 않는 것과 같다'는 검색업계의 속담처럼, 내 홈페이지가 없으면 바이어들은 내가 있는지조차 모른다. 설령 알게 되었다 하더라도 상당한 의심을 갖게 하고, 사업 내용을 홈페이지에서 확인하는 요즘 시대에 업무 진행에서 무척 어려움을 겪게 된다.

따라서 무역을 하고자 하는 마케터는 우선적으로 홈페이지에 어디까지 정보를 공개하고, 어떻게 수출입할지 잘 구상해야 한다. 어떻게 하는 게 '잘'이냐고 묻는다면, '회사마다, 상품마다, 상황마다 그때그때 달라요'라고 할 수밖에 없다.

10장

정부지원 활용

수출을 위한 정부지원을 최대한 활용하자

어느 나라나 마찬가지로 '수출은 부의 유입, 수입은 부의 유출'로 간주된다. 그렇기 때문에 수출을 지원하는 나라는 많지만, 수입을 지원하는 나라는 없다. 특히 부존자원이 전혀 없이 인구는 많은 우리나라는 더욱 그렇다. 그래서 정부에서는 수출을 늘리고, 고용을 늘려서 경제를 안정화하려는 노력을 많이 한다.

따라서 수출하고자 하면 내가 어떤 지원을 받을 수 있는지를 알아보는 것이 좋다. 그냥 좋다는 게 아니라 받아야 할 이유가 몇 가지 있다.

수출능력 배양지원

뭐든지 잘 모르거나 처음 시작할 때는 막막한 기분이 든다. 그럴 때 혼자 하려고 하는 것보다는 누군가의 도움을 받으면 훨씬 쉬워진다. 백지장도 맞들면 낫고, 책 100권보다 선생님 한 사람에게 배우는 것이 더 쉽다는 말이 있다.

무역협회, 지방자치단체, 고용노동부 산하기관 등 몇몇 기관에서 무역실무 교육을 진행하고 있다. 이들 기관의 교육은 정부지원을 받기 때문에 매우 저렴한 비용으로 무역 전반에 대하여 공부할 수 있다. 교육내용은 무역실무뿐만 아니라 여러 가지 해외마케팅 수단도 다루기 때문에 실행능력도 매우 높아진다.

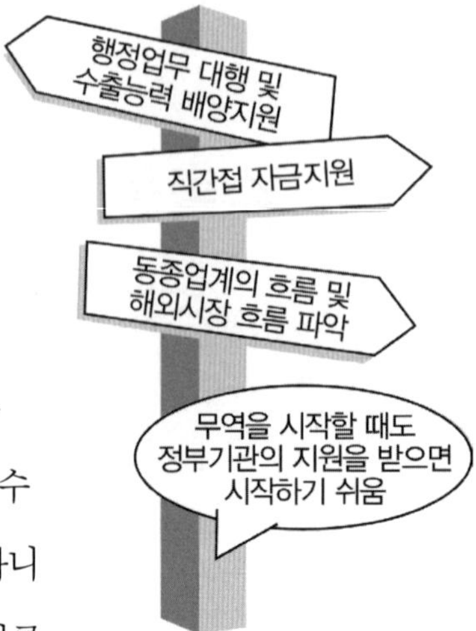

정부자금과 행정력 지원

수출은 그야말로 의욕과 정보만 있으면 가능하다. 나도 처음 수출할 때 중남미에서 철강 30만 달러어치 오더를 받고는 이 물건을 어떻게 사나 고민했다. 고민 끝에 무역보험공사에 갔더니 마스터신용장이 있으니 선적 전 보증을 받을 수 있다고 하여 이를 근거로 수출 물건을 구매한 적이 있다.

그리고 처음 수출하고자 한다면 중소벤처기업부의 '수출기업화 사업'에 지원을 신청하면 1,000만 원 상당의 지원금을 받을 수 있다. 물론 현금은 아니고 영문 홈페이지 작성, 영문 카탈로그 제작 등 수출에 필요한 준비나 교육을 받을 수 있다.

해외전시회를 가겠다면 전시회 참가비의 50% 정도를 지원받고, 시장개척단에 참가한다면 바이어 찾기와 상담 장소 사용 등에 대한 일체의 비용은 물론 항공비도 지원받을 수 있다. 그렇다고 내가 그 과정을 해야 하냐면 그것도 아니다. 샘플을 가지고 몸만 가면 된다. 나머지는 다 알아서 해준다.

시장의 흐름 파악

정부의 지원은 일회성으로 끝나지 않는다. 해외시장 개척단이나 해외전시회에 참가하면 바이어는 물론이고 동종업계 사람들과 친분을 맺게 된다. 경쟁적 관계일 수도 있고, 동종업계이지만 다른 품목을 할 수도 있는 사람들과 며칠씩 같은 장소에 머물며 여행하게 된다. 그러다보면 시장 흐름이나 정보를 교류하게 된다.

그리고 코트라, 무역협회, 중소벤처기업부, 경기도경제과학진흥원, 서울산업진흥원 등에 회원으로 가입하면 품목별 해외시장정보가 날마다 이메일로 들어온다. 그러니 앉아서 국내외 정보를 파악할 수 있다.

수출지원은 경제가 어려우면 어려운 대로, 해외시장에서 일본이나 중국이 수출주도형으로 정책이 바뀌면 바뀌는 대로, 환율이 변하면 변하는 대로 지속적으로 강화되고 있다. 이는 수출 의존도가 매우 높고, 좁은 땅덩어리에 인구밀도가 높은 나라에서 경기 활성화란 수출 말고는 달리 방도가 없기 때문이다. 따라서 수출하고자 하면 필요한 거의 모든 지원을 받을 수 있다.

중소벤처기업부에서 정리한 수출지원제도를 모두 모아보니 89가지나 되지만, 세세하게 따져보면 수백 가지가 넘는다. 무슨 제도가 있는지 찾아보려면 중소벤처기업부에서 인터넷판으로 발간한 '궁금한 수출지원 꼼꼼한 가이드, 중소기업이 꼭 알아야 할 수출지원제도 89가지'를 검색해보면 웬만한 제도는 거의 나와 있다.

무역을 하면서 '이거 정말 어렵네!'라는 생각이 들 때마다 '혹시 이런 문제를 풀어주는 수출지원제도가 없을까?' 하면서 여기저기 뒤져보기 바란다. 그러면 거의 대부분 활용할 만한 정부지원이 있을 것이다. 그리고 그런 지원을 받는데 전혀 망설일 필요가 없다. 그게 다 내가 낸 세금으로 만들어지는 것이니까. 그리고 지원을 많이 받을수록 세금을 더 낼 가능성이 높아지니 오히려 당당하게 받아야 한다.

코트라를 잘 이용하자

1986년 말, 일본 도쿄역에서 나는 초조한 표정으로 누군가를 기다리고 있었다. 한 30분쯤 지났을까? 한국인 한 사람이 황당한 표정으로 허겁지겁 나타났다.

"아니, 아무런 사전연락 없이 이렇게 불쑥 오셔서 업체를 찾아내라고 하면 어떻게 합니까? 우리가 뭐 슈퍼맨도 아니고." KOTRA 도쿄지사 직원은 잔뜩 볼멘 목소리로 그렇게 말했다. "죄송합니다. 워낙 아는 게 없다보니." 나는 허리를 깊숙이 숙이며 사과했다.

한 시간 전, 나는 도쿄역에 내려 KOTRA 도쿄무역관에 전화했다. 그리고 간단히 나를 소개한 뒤 "일본의 피팅(Fitting) 관련업체를 소개해달라"라고 부탁했다. 난데없는 전화를 받은 담당직원은 "피팅이 뭐냐?"는 물음부터 던졌다. 짧은 설명을 들은 그는 길 잃은 아이 데려가는 심정으로 부랴부랴 달려온 것이다. KOTRA 도쿄지사 전화번호 하나만 달랑 들고 나선 일본행. 나는 비장한 결심을 하고 있었다.

무턱대고 찾아온 나를 KOTRA 도쿄지사 직원은 성심껏 도와주었다. 그는 여러 가지를 조사한 뒤 일본상공회의소로 나를 데려갔다. 그곳에서 장시간 상담한 뒤 '도키야정기(精機)'라는 곳을 찾아갔다. 이어 기술이전과 수출협약이 이루어졌다.

우리는 그들에게서 많은 것을 배웠다. 만들어진 제품의 수출도 시작했다. 첫 수출액은 1만 달러 정도. 1987년 한 해에 5만 달러를 기록했다.(이택우 삼원테크 사장, 《대한민국을 세일즈하라》에서)

"독일차 부품시장 뚫은 '중소기업의 저력'"

기술력과 품질을 인정받은 우리나라 자동차부품이 3년간의 긴 협상 끝에 유럽 굴지의 글로벌 기업과 손잡고 독일 자동차시장에 본격적으로 진출하게 됐다. KOTRA는 국내 자동차부품 중소기업 (주)한도가 스위스 글로벌 기업 티센크루프 프레스타(ThyssenKrupp Presta, TKP)에 2022년까지 10년 동안 5,000만 달러 규모의 부품을 공급하는 장기 계약을 체결했다고 27일 발표했다.

한도(대표 김정배)는 천안에 소재한 종업원 120명의 중소기업으로 자동차 조향장치 부품 기업이다. 지난해 수출 500만 불 탑을 수상했다. 이번 공급계약으로 자동차 조향장치 부품을 올 하반기부터 향후 10년간 폭스바겐, 아우디, BMW 등 독일산 프리미엄 자동차에 장착하게 됨으로써 매년 500만 달러의 신규시장을 확보하게 됐다.

한도와 장기 구매계약을 체결한 스위스 TKP(매출액 15억 달러)는 티센

크루프(연매출 527억 달러)의 자회사로, 자동차 조향장치 분야의 글로벌 선도기업이다. 조향장치와 모듈을 자체생산 또는 소싱을 통해 폭스바겐, 아우디, BMW, 벤츠 등 글로벌 자동차 메이커에 공급하고 있다.

이번 수출 건은 KOTRA 취리히무역관의 역할이 컸다. TKP는 독일 자동차업계로부터 조향장치 핵심부품에 대한 소싱을 의뢰받고 중국, 인도 등의 기업을 물색하고 있었다. 이에 대한 정보를 입수한 취리히무역관은 경쟁국에 비해 기술수준, 품질관리, 납기 등에서 한국 기업이 월등히 우수하다고 설득하고 해당 부품 제조업체인 한도를 발굴해 우선협상기업으로 상담을 지원했다.

그러나 해외 수출 경험이 적은 내수 중심의 중소기업이 글로벌 기업을 접촉하고 협상하는 길은 험난했다. 글로벌 기업으로부터 가격뿐만 아니라 품질과 기술수준, 납기조건, 공장실사, 대량생산 능력 및 재정상태 등 경영전반에 걸친 검증을 거쳐야 했다.

밤낮을 가리지 않는 컨퍼런스 콜이 이어졌고 협상을 위한 수차례 출장길에 올랐다. 결국 한도는 그동안 축적한 기술력을 바탕으로 TKP의 까다로운 기술요구조건에 맞춰 생산설비 확충계획을 수립하고 다수의 샘플 테스트에 통과한 후 가격협상 끝에 품질과 안정적인 납품 능력을 인정받고 공급계약을 따내게 됐다.

이 과정에서 한도는 KOTRA가 개최한 GP프로젝트에 참여해 국내외 상담을 효과적으로 진행했다. KOTRA는 중소기업의 안정적인 수출 확대를 위해 경쟁력 있는 부품 및 소재를 글로벌 기업에 공급하는 글로벌 파트너링(GP) 프로젝트를 2011년부터 추진해왔다. 그동안 미국, 일본의 기계류, 자동차 시장진출에 이어 보수적인 유럽에서 최대의 성과를 겨냥한 글로벌 동반성장의 성공사례를 일궈왔다.

글로벌 기업과의 협상에 직접 참여했던 한상곤 취리히무역관장은 "글로벌 기업의 적기 수요 발굴, 국내 중소기업의 기술수준과 대량생산 공급능력, 정부의 기술개발 자금지원, 국내 기업-KOTRA-글로벌 기업 간 신뢰성 있는 상담채널 구축을 통한 협상력 제고 등이 성공요인이 됐다"고 밝혔다.(출처 : 디지털타임스)

앞의 이야기처럼 코트라를 이용해 수출에 성공한 사례는 무지 많다. 그럼에도 수출하는 업체 중에서 실제로 코트라를 이용하는 비율은 그리 높지 않은 것 같다. 그건 우선 공공기관이나 공기업에 대한 부담감 때문일 수도 있다. 하지만 적어도 코트라에 대하여는 그런 부담감을 갖지 않았으면 한다.

코트라(KOTRA, 대한무역투자진흥공사)는 1962년 6월 20일 대한무역진흥공사법에 의거하여 설립된 특수법인으로, 국제수지 개선과 자립경제의 달성을 목적으로 내세웠다.

주요 업무내용은 첫째 국내 기업을 위한 해외시장 개척이다. 이를 위해 전략산업 해외마케팅 및 맞춤형 수출지원 활동 등을 벌인다. 해외 진출 지원 및 정보 조사도 한다.

또한 국내 기업 해외 투자 및 프로젝트 진출을 지원하며 해외시장

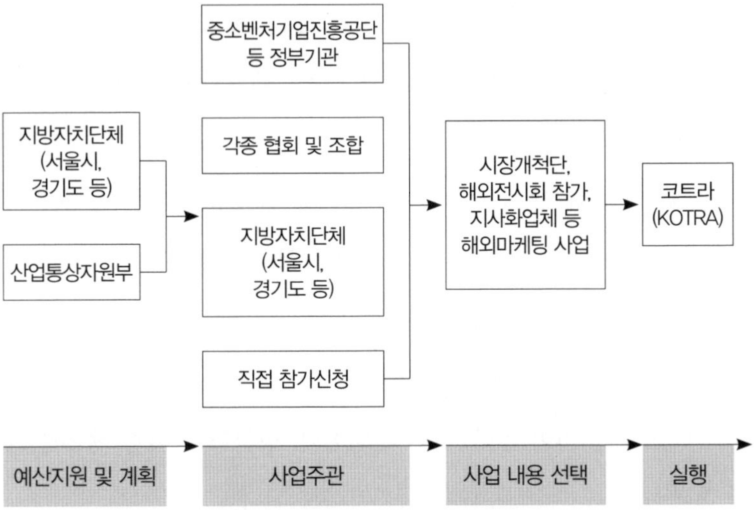

중소기업 수출지원 정책의 실행과정

정보의 수집과 전파 활동을 한다. 외국인 투자 유치를 위해 한국에 진출해 있는 외국인 투자기업의 정착을 돕고 고충을 처리해준다. 또 EXPO 참가 및 무역·투자 유치 정책 수립을 지원하는 역할도 맡고 있다.

전 세계 대부분의 나라에는 무역 진흥을 위한 기관이 있다. 일본의 JETRO, 중국의 CCPIT 등이 한국의 코트라와 같은 성격의 기관들이다.

코트라는 이들 기관들과 비교해서도 비교적 규모가 크고 잘 조직된 기관이라는 평가를 받고 있다. 2004년도에 세계무역기구(WTO)에서 수여하는 세계 베스트 무역투자진흥기관상을 수상한 적도 있다.

코트라의 주업무는 '수출 진흥'이다. 그러니 한국의 어느 업체라도

'나 수출하겠소!' 하면 환영한다. 그리고 그 업체들이 '코트라 덕분에 우리도 수출을 많이 했습니다'라고 사람들에게 말해주면 자신들의 소임에 뿌듯해하는 곳이다.

코트라는 해외 84개국에 128개 무역관을 보유하고 있고, 직원은 대부분 현지어를 구사할 줄 안다. 이들을 활용해 수출을 늘리고자 하는 것이다.

한마디로 내가 외국에 뭔가를 수출하고 싶다는 생각이 들 때는 코트라에 가보는 것이 좋다. 그럼 환영한다. 방문이 여의치 않으면 그냥 홈페이지(www.kotra.or.kr)를 둘러보아도 된다.

일단 방문했다면 1층에 회원상담소가 있다. 회원이 아니어도 되고 나중에 가입해도 된다.

양말을 독일에 수출하고 싶다면 양말 담당자를 찾든지, 독일 담당자를 만나자고 해서 물어보아도 된다. 자판기 커피 한잔 앞에 놓고 묻고 싶은 것을 부담없이 마음껏 물어보면 된다. 그들이 아주 전문적인 내용까지는 알지 못할지라도 웬만한 품목은 자기가 있던 곳의 시장상황에 대해 한 시간 정도는 같이 수다 떨어줄 정도는 된다.

그런데 수입하고자 할 때는 별로 권할 만한 방법이 아니다. 그들은 수출을 위하여 태어났으니까.

핵심정리

코트라를 잘 이용하는 방법

1. 잘 알아야 한다. 코트라 홈페이지에서 하루이틀 놀아본다.
2. 코트라를 이용한 성공사례를 인터넷에서 찾아 읽어본다.
3. 한번 가본다.
4. 회원가입을 해서 정보를 앉아서 받아본다.
5. 이거다 싶으면 일단 코트라에 가서 물어본다.

중앙경제평론사 Joongang Economy Publishing Co.
중앙생활사 | 중앙에듀북스 Joongang Life Publishing Co./Joongang Edubooks Publishing Co.

중앙경제평론사는 오늘보다 나은 내일을 창조한다는 신념 아래 설립된 경제 · 경영서 전문 출판사로서
성공을 꿈꾸는 직장인, 경영인에게 전문지식과 자기계발의 지혜를 주는 책을 발간하고 있습니다.

현장에서 바로 써먹는 무역실무 마케팅

초판 1쇄 인쇄 | 2022년 5월 23일
초판 1쇄 발행 | 2022년 5월 28일

지은이 | 최병훈(ByungHun Choi) · 홍재화(JaeHwa Hong)
펴낸이 | 최점옥(JeomOg Choi)
펴낸곳 | 중앙경제평론사(Joongang Economy Publishing Co.)

대　　표 | 김용주
책임편집 | 한옥수
본문디자인 | 박근영

출력 | 삼신문화　종이 | 에이엔페이퍼　인쇄 | 삼신문화　제본 | 은정제책사

잘못된 책은 구입한 서점에서 교환해드립니다.
가격은 표지 뒷면에 있습니다.

ISBN 978-89-6054-299-0(03320)

등록 | 1991년 4월 10일 제2-1153호
주소 | ㉾ 04590 서울시 중구 다산로20길 5(신당4동 340-128) 중앙빌딩
전화 | (02)2253-4463(代)　팩스 | (02)2253-7988
홈페이지 | www.japub.co.kr　블로그 | http://blog.naver.com/japub
페이스북 | https://www.facebook.com/japub.co.kr　이메일 | japub@naver.com
♣ 중앙경제평론사는 중앙생활사 · 중앙에듀북스와 자매회사입니다.

중앙경제평론사/중앙생활사/중앙에듀북스에서는 여러분의 소중한 원고를 기다리고 있습니다. 원고 투고는 이메일을 이용해주세요. 최선을 다해 독자들에게 사랑받는 양서로 만들어드리겠습니다. **이메일** | japub@naver.com